CONTOURS DU JOUR QUI VIENT

L'auteur

Née à Douala, au Cameroun, en 1973, **Léonora Miano** vit en France depuis 1991. Saluée par la critique et plébiscitée par le public, elle reçoit en 2005 le prix Révélation de la Forêt des Livres, ainsi que le prix Louis Guilloux en 2006 pour son premier roman, *L'intérieur de la nuit* (Plon, 2005), classé 5e au palmarès des meilleurs livres de l'année par le magazine *Lire*. Son deuxième roman, *Contours du jour qui vient*, paru aux éditions Plon en 2006, a été distingué la même année et a reçu le prix Goncourt des lycéens.

Léonora Miano

CONTOURS DU JOUR QUI VIENT

PLON

Loi n° 49 956 du 16 juillet 1949 sur les publications
destinées à la jeunesse : janvier 2008.

ISBN 978-2-266-17694-1

Préface de l'éditeur

Dernier roman d'une trilogie qui s'intitulera *Suite africaine*, *Contours du jour qui vient* a été publié après *L'intérieur de la nuit*, paru en 2005. Le maillon manquant, second roman encore inédit – plus violent, plus politique, « plus masculin » aussi, selon l'auteur –, s'intitulera *Les aubes écarlates*. Les trois livres ont pour décor le Mboasu, un pays imaginaire d'Afrique équatoriale, mais qui, à bien des égards, ressemble au pays natal de Léonora Miano : le Cameroun.

Contours du jour qui vient est un récit dense et fort, qui transcende tous les genres habituellement répertoriés dans la littérature française. En effet, nous sommes ici tout à la fois dans le roman, la fable philosophique, le conte et l'essai anthropologique.

C'est l'histoire attachante de Musango, une fillette chassée à neuf ans de la maison paternelle dans des circonstances atroces, par sa mère Ewenji. La guerre civile ravage la région et jette sur les routes des « enfants sorciers », prétendus « mangeurs d'âmes », vivant de rapines et n'ayant plus rien à perdre.

Ces bandes enlèvent Musango et la vendent à l'une des nombreuses sectes « évangéliques » qui prospèrent dans une société en pleine désagrégation économique, morale et culturelle. Séquestrée pendant trois ans dans le *Soul Food*, ancienne boîte de nuit réhabilitée en « centre de rééducation spirituelle », la fillette émerge cependant peu à peu de la nuit à force de volonté.

Cette remontée vers la lumière, véritable itinéraire initiatique, est une double quête racontée par Musango qui a maintenant douze ans. Quête de sa mère Ewenji qu'elle interpelle en la tutoyant tout au long du livre. Mais aussi, quête de l'Afrique dont l'image métaphorique et emblématique ne cesse de se dessiner en surimpression au-delà du personnage d'Ewenji.

Dans la lente et irrésistible résurrection de la fillette, la promesse de jours meilleurs naît et enfle comme dans un negro-spiritual. Elle est scandée poétiquement par l'image du « jour qui vient » dont l'aube définitive point dans toute sa splendeur dès le début de la coda, le dernier mouvement musical du livre.

Bien que personne ne l'ait couvée comme un poussin, Musango « va briser sa coquille ». Dans le même temps, l'éveil de l'Afrique sera symbolisé par grand-mère Mbambè, l'aïeule gardienne des traditions, inépuisable source de sagesse sur les chemins boueux de la vie :

« Ce que vous devez faire pour épouser les contours du jour qui vient, c'est vous souvenir de ce que vous êtes, le célébrer et l'inscrire dans la durée. »

La portée du roman va donc bien au-delà de l'histoire de Musango. Le personnage est « investi de l'expérience d'une génération entière trop tôt écartée de l'enfance et devant se construire sur une terre qui lui est devenue trop dure ».

Léonora Miano revendique pour cette génération « le droit et le devoir de vivre », ce « dur désir de durer » qu'évoquait en son temps le poète Paul Eluard. Ils ne cessent d'être psalmodiés dans ce puissant blues romanesque dont la portée, comme dans toute musique de jazz, est universelle.

Pour cette génération.

« Je vois tous les vivants qui vont sous le soleil être avec l'enfant,
Et c'est d'une foule sans fin qu'il se trouve à la tête. »

L'ECCLÉSIASTE 4, 15-16.

I am an endangered species
But I sing no victim song [...]
I sing of rebirth, no victim song

DIANNE REEVES, « Endangered Species »,
Art and Survival.

Down here below
The winds of change are blowing
Through the weary night
I pray my soul will find me shining
In the morning light
Down here below

ABBEY LINCOLN, « Down Here Below »,
A Turtle's Dream.

Prélude : absence

Il n'est que des ombres alentour, c'est à toi que je pense. Non pas qu'il fasse nuit, et que les vivants aient soudain épousé les couleurs du moment. Il aurait pu en être ainsi, si le temps prenait encore la peine de se fractionner en intervalles réguliers : secondes, minutes, heures, jours, semaines... Mais le temps lui-même s'est lassé de ce découpage. Le temps a bien vu comme nous toutes, comme moi, que pareil décompte ne faisait pas sens. Pas ici où nous sommes. Qu'il y ait un matin ou qu'il y ait une nuit, tout est semblable. Il n'est plus que des ombres alentour, je suis l'une d'elles, et c'est à toi que je pense. La dernière fois que nous nous sommes vues, tu m'avais attachée sur mon lit. Tu m'avais rossée de toutes tes forces avant de convoquer nos voisins, afin qu'ils voient ce que tu comptais faire de cet esprit malin qui vivait sous ton toit et se disait ta fille. Ils attendaient déjà sur le pas de la porte, attirés par mes cris. Ce n'était pas pour me porter secours qu'ils étaient là. Ils ne venaient jamais en aide à quiconque, se contentant de faire des commentaires en attendant les pompiers, la police, une ambulance, cependant qu'une femme battue ou un accidenté de la route se vidait de son sang. Ils parlaient de la vilaine blessure, là sur le front. Sûr qu'on ne pourrait pas exposer le corps, lors de la veillée mortuaire. Enfin, ils s'y rendraient quand même. S'il n'y avait pas de corps à voir, s'ils ne pouvaient observer le moindre détail du costume du défunt ou la qualité de son maquillage, il y aurait au moins quelque chose à se mettre sous la dent. Au sens propre : la famille servirait un repas. Au sens figuré : les pleureuses, la chorale, la mine éplorée des proches, tout cela assurerait un spectacle. Et si c'était raté, on y serait allé pour pouvoir répandre la nouvelle dans tout Sombé, qu'untel ne savait pas vivre. Qu'aux funérailles d'un des siens passé dans l'autre monde neuf jours auparavant, il n'y avait eu que de la bière chaude et une veuve qui faisait sa mijaurée, au lieu de se rouler par terre comme son chagrin le commandait. Encore une qui se prenait pour une Blanche, refusant de salir ses vêtements sur la terre de ses ancêtres.

Tu les as appelés. Puisqu'ils étaient déjà devant le portail, ils n'ont eu qu'à entrer. Ils n'ont eu qu'à piétiner la pelouse que plus personne n'entretenait. Ils n'ont eu qu'à pousser la lourde porte d'acajou que tu n'avais pas verrouillée. Tous, ils sont venus. Ils se sont arrêtés un temps dans la salle de séjour, pour sentir sous leurs pieds nus l'épaisseur de la moquette, et se laisser éblouir par les bibelots d'ambre et de malachite. Curieux, ils ont regardé la collection de disques de jazz de papa, observé les livres richement reliés de l'immense bibliothèque. Pour la plupart, c'était la première fois qu'ils voyaient de notre maison autre chose que la cour. Papa ne voulait pas qu'ils viennent. Du temps où il était parmi nous, nous ne recevions que quelques membres de sa famille et de très rares amis. Il ne détestait personne, mais se méfiait de tous. Il disait qu'il y avait longtemps que tous ces gens n'étaient plus une communauté, seulement une populace aigrie de n'avoir rien pu faire d'elle-même. Rien qu'une grappe de gens malveillants qui finissaient par causer le malheur des autres à force de le souhaiter. Telle était, disait-il, l'unique communion dont ils étaient dorénavant capables : la haine de celui qui s'en tirait, celui qui avait un emploi et de quoi envoyer ses enfants à l'école. Ils l'attendaient parfois devant la maison, guettant l'heure où il allait travailler. Ils venaient lui parler de leur enfant malade, de la femme qu'ils devaient doter, de leur mère qui était déjà morte le mois dernier et qui avait remis ça. Ne tenant pas le journal de leurs mensonges éculés, ils n'hésitaient pas à les rééditer, et fréquemment. Ils prenaient les quelques billets qu'il leur tendait, le cœur rempli d'amertume parce qu'il était en mesure de leur venir en aide. Ils remerciaient en lui souhaitant secrètement des maux qu'ils n'auraient pas voulu voir s'abattre sur leur pire ennemi. Alors, ces gens étaient là. Ils avaient pénétré dans la maison, ausculté meubles et tentures, avant d'arpenter les couloirs jusqu'à la chambre d'où émanaient tes hurlements et mes supplications. Une fois entrés, ils avaient regardé, ils avaient écouté. La veuve de l'entrepreneur en bâtiment, fébrile et hystérique, sur le point de mettre à mort le fruit de ses entrailles. Tu criais : *Elle a tué son père ! C'est à cause d'elle qu'il est mort et que nous sommes pauvres à présent ! Cela m'a été révélé, et je dois me débarrasser d'elle...* Ce n'était pas la première fois, qu'ils te voyaient dans cet état. Une fois déjà, tu m'avais attachée au manguier de la cour, et m'avais fouettée jusqu'au sang, *pour extirper le démon qu'elle abrite en elle et qui cause notre malheur*. Quelques jours auparavant, une voyante avait confirmé tes soupçons à mon égard. Elle avait dit : *C'est ta fille. Tu crois qu'elle est ton enfant, mais c'est un démon que ta sœur Epéti a envoyé te terrasser. Tu sais qu'elle ne voulait pas que tu épouses cet homme ! Vois toi-même : au bout de neuf ans de vie commune, il a quitté ce monde sans faire de toi sa femme, ni devant la coutume, ni devant le maire. Tu dois te débarrasser de cette petite, sinon elle te tuera. C'est un vampire.*

Elle était venue aussi, Sésé. La prétendue voyante, la diseuse de nos mésaventures. Le jour où tu m'avais pendue à cet arbre, tu n'avais pas encore le courage de m'ôter la vie. Tu m'avais seulement battue jusqu'à ce que je perde connaissance. Tu m'avais ensuite détachée pour laver mes plaies en pleurant, et mise au lit en murmurant que maintenant tout se passerait bien. Le démon qui m'obligeait à me repaître de vies humaines m'avait quittée. Je deviendrais bientôt une enfant comme les autres, et on n'aurait plus besoin de m'emmener à l'hôpital pour soigner ce mal incurable qui me rongeait le sang. La vieille avait affirmé que certainement, les Blancs qui avaient formé les médecins des hôpitaux nommaient cette entité démoniaque à leur façon. Le nom scientifique de ma maladie ne l'intéressait pas. Pour elle, tout était clair : une infirmité du sang ne pouvait être qu'un envoûtement. Tu lui avais dit que papa prétendait que cette affection venait des parents, que c'étaient eux qui la transmettaient aux enfants, et qu'elle était plus grave s'ils en étaient atteints tous les deux. Sésé t'avait demandé, en me regardant dans le blanc des yeux, pourquoi dans ce cas j'étais la seule à en souffrir à ce point. Ses yeux s'étaient ensuite fixés sur toi et elle avait dit : *Ne vois-tu pas qu'elle se porte mieux depuis que son père n'est plus ? Elle fera bientôt de nouvelles rechutes, et il lui faudra du sang. Alors, elle tuera de nouveau.* Te prenant à part, elle t'avait indiqué, je suppose, la marche à suivre. Nous avions quitté sa petite cabane de tôle entourée de flaques d'eau stagnante. Deux jours plus tard, tu m'avais attachée la tête en bas à une branche du manguier. Tu avais empoigné des bambous encore verts et ils avaient fendu l'air pour venir me déchirer la peau, encore et encore et encore... Tu tremblais de tout ton être, alors que tu t'acharnais sur moi. Tu disais que ce n'était plus possible. Que depuis que papa était mort, tout ce que nous possédions passait dans le paiement de mes soins médicaux. Mes frères quant à eux n'étaient pas malades. Il ne t'est jamais venu à l'idée que c'était peut-être parce qu'ils n'étaient pas de toi, parce que papa les avait eus d'un premier lit. Ce n'était pas moi, mère, que tu frappais ainsi. Ce n'était pas moi, mère, que tu avais ainsi attachée sur ce lit, et que tu t'apprêtais à arroser de pétrole devant la foule immobile de nos voisins. Toute cette colère n'a jamais rien eu à voir avec moi. Il m'a fallu arriver ici et devenir une ombre pour voir, au-delà des apparences, la détestation profonde que tu as de toi-même, de tout ce qui vient de toi.

Lorsque tu t'es saisie de la dame-jeanne de pétrole que nous gardions pour allumer des lampes tempête au cours des trop nombreuses coupures d'électricité, la vieille Sésé s'est approchée. Elle a retenu ton bras. Tous, ils t'avaient vue me garnir les oreilles, les narines et le sexe de papier journal, afin que le feu prenne plus vite. Mes bras étaient attachés à la tête du lit. Tu m'avais sanglé les jambes après les avoir écartées. J'étais nue et ma peau portait encore les marques laissées par les bambous. Des chéloïdes se formaient à peine sur mon dos déchiré. Sésé s'est approchée, alors que tous retenaient leur souffle, s'apprêtant à détaler aussitôt que tu m'aurais enflammée.

On ne savait jamais, si les flammes venaient à les toucher... Elle t'a parlé de sa voix rauque aux accents traînants : *Ne fais pas cela. Tu dois te débarrasser d'elle, mais ne la tue pas. L'essence des démons n'est pas charnelle. Il ne suffit pas que tu brûles son corps pour lui ôter tout pouvoir. Si tu te contentes de cela, cette force ne la quittera que pour s'emparer d'un de nous... Tu dois la chasser. Je viendrai ensuite purifier ta maison. Elle ne pourra plus jamais y pénétrer*. Tu la regardais, hagarde, les lèvres tremblantes. Tu transpirais à grosses gouttes. Tu avais la fièvre, mère, sans doute à cause de ce mal qui me vient de la macération en ton sein. Combien de fois t'ai-je vue garder le lit, combien de fois t'ai-je entendue te plaindre de ces douleurs, les mêmes que les miennes, dans les os, dans des parties du corps qui n'ont pas de nom et qu'on ne sait situer ? Sésé m'a détachée. Elle charriait avec elle une odeur d'eau saumâtre, celle des mares qui jouxtent son habitation. Elle sentait aussi l'urine et la sueur. Son être entier était une intense effluence. En dénouant mes liens, elle me regardait comme le jour où tu m'avais emmenée chez elle. Elle avait fait brûler des écorces, avant de jeter au sol une poignée de cailloux qui, disait-elle, étaient ses oracles. Les cailloux avaient décrété qu'un mauvais génie était entré en moi à l'heure même de mon vagissement. Ils n'avaient cependant pas répondu à la seule question que tu aurais dû te poser : pourquoi ? Tu aurais dû te demander pour quelle raison c'était ton enfant à toi que les démons avaient élue, afin d'accomplir leur œuvre destructrice sur la terre des humains.

Sésé m'a chassée de la maison. Elle m'a dit de m'en aller aussi loin que je le pourrais, immédiatement, et de ne plus me risquer à paraître dans les environs. Après l'avoir écoutée, je t'ai regardée. C'était toi, ma mère. Pas elle. Tu as répété ses paroles, pour m'ordonner de déguerpir aussi loin que possible et de ne plus me présenter devant toi. Je t'ai suppliée de ne pas me rejeter. Alors, tu as hurlé les mots de Sésé que tu avais faits tiens : loin, immédiatement, plus jamais devant toi. Il a bien fallu me soumettre. Je ne tenais pas sur mes jambes. J'étais chétive, alors. Je le suis toujours. Depuis trois jours, tu ne m'avais pas nourrie. Tu avais eu ce regard un peu fou qui précédait tes crises de violence, avant de déclarer qu'il n'y avait pas assez à manger pour nous deux. Tu n'avais pas d'argent. Tu n'avais pas de métier. Tu dépendais totalement de papa. À sa mort, sa famille avait fait main basse sur tous ses biens. Les terrains, les villas, les comptes bancaires. Ils t'avaient laissé quelques semaines pour débarrasser le plancher, et retourner chez les tiens. Tu n'avais pas de relations. Ils en avaient. Tu n'avais aucun droit. Ils les avaient tous. Papa ne t'avait pas épousée. Sa femme devant la loi et devant Dieu, c'était toujours celle d'avant, la mère de mes frères. Celle qui avait quitté son mari pour suivre un artiste guyanais dans son pays. Elle se trouvait toujours là-bas, sur ce territoire coincé entre la forêt amazonienne et l'océan Atlantique. Morte ou vive, elle ne faisait pas mine de revenir au Mboasu. Ses fils n'avaient jamais reçu de ses nouvelles. Tout ce qu'ils savaient, c'était le nom de ce pays dans lequel ils iraient la chercher un jour, cette terre de France perdue en Amérique du Sud. La Guyane, dont ils avaient entendu le nom dans les murmures des grandes personnes qui ne disaient jamais aux enfants ce qu'ils avaient besoin de savoir. La Guyane, une terre ignorée, un secret trop bien gardé, le lieu qu'avait choisi leur mère pour mettre le plus de distance possible entre elle et l'homme qu'elle avait dû épouser. Ils iraient patauger dans les marais de Kaw, pour la délivrer du féroce caïman noir. Ils iraient voir si au cœur des Îles du Salut, elle avait trouvé la félicité. Ils s'y préparaient inlassablement durant leurs jeux. Leur mère finissait par se confondre avec cette terre sauvage. Elle était l'Amazonie, le Maroni, une langue créole dont ils inventaient la musique, ne l'ayant jamais entendue. Comme ils comprenaient sa fuite ! Papa était sévère avec eux. Il ne leur donnait rien pour rien, ne leur parlait jamais, attendait de voir craquer les coutures de leurs pantalons pour les remplacer. Il avait fini par les envoyer à l'internat. Ils lui rappelaient trop son humiliation. Ils ressemblaient trop à leur mère. Et toi qui n'avais pu lui donner qu'une fille, tu avais été ravie de le voir éloigner ses fils. Il ne t'était pas venu à l'esprit que le présent était bref et ton statut précaire.

Je me suis levée. Je ne sais comment j'ai pu arriver dans la rue. Ils me regardaient tous, nos voisins. Ils m'insultaient, répétant les paroles de la vieille : loin, immédiatement. J'ai couru comme j'ai pu. Le jour s'était enfui. Des réverbères envoyaient un éclat jaunâtre sur la terre. Mes jambes ne me soutenaient qu'à peine. Lorsque je suis sortie de notre quartier, on ne m'a guère accordé d'attention. Les gens avaient l'habitude de voir des démentes déambuler nues dans les rues. Elles étaient rarement aussi jeunes que moi, mais en ces temps déraisonnables, tout pouvait arriver. Rien ne les étonnait plus. Quelques jours auparavant, ils avaient vu Epupa, la folle la plus célèbre de Sombé, étrangler son fils en plein jour. C'était un nourrisson. Elle ne supportait pas l'idée d'avoir mis au monde un enfant mâle. Ils m'ont laissée tranquille, et j'ai marché ma route. Au bout d'un temps indéfini, je suis arrivée à Sanga, devant la maison de ma grand-mère paternelle. Le veilleur de nuit n'a pas voulu me laisser entrer. Il me connaissait pourtant. Il est allé chercher quelqu'un à l'intérieur. Un de mes oncles est sorti. Il m'a regardée comme on ne peut regarder sa nièce, surtout lorsqu'elle n'a que neuf ans, et qu'elle en paraît sept. Il est retourné à l'intérieur. Ma grand-mère est venue. Elle s'est adressée à moi : *Que se passe-t-il, pour que tu te présentes chez moi à cette heure, seule et entièrement nue ?* Je lui ai dit : *Grand-mère, il faut m'aider. Maman est devenue folle. Elle a tenté de me tuer, puis elle m'a chassée. Cela fait trois jours que je n'ai rien mangé...* Je crains de ne pas l'avoir émue. Elle te détestait tant qu'il lui était impossible de venir en aide à ta fille. Elle a seulement dit : *Si ta mère te hait à ce point, elle seule sait pourquoi. Je ne peux rien pour toi.* Après avoir dit ces mots, elle s'est tournée vers mon oncle, et lui a dit : *Epéyè, va lui chercher une robe. Demande à Sépu si elle n'a pas une vieille chose qu'elle ne veut plus porter.* Il a obéi. Lorsqu'il est revenu, il tenait un grand tee-shirt sans forme, avec lequel ladite Sépu avait dû faire de l'aérobic au siècle dernier. J'ai pris le vêtement et je m'en suis allée, non sans avoir remercié ces personnes dont je portais le nom.

La nuit était chaude et les rues bondées. Après la guerre qui venait de tailler le pays en pièces, les habitants de Sombé recommençaient à vivre, mais pas comme avant. Ce n'était pas pour aller au restaurant qu'ils sortaient. Ils n'allaient pas voir un film, ni se trémousser au rythme des chansons branchées. Ils allaient dans des temples. Il n'y avait plus que cela, partout. Des églises d'éveil, comme on les appelait. Toutes millénaristes, toutes arc-boutées sur les passages les plus effrayants ou les plus rigides du Livre. Ils n'avaient pas l'intention d'aimer leur prochain comme eux-mêmes. Il n'entrait pas dans leurs projets de trouver ce qui en eux avait été créé à l'image du divin, ce qui était grand et beau, ce qui était lumineux. Tout ce qu'ils voulaient, c'était ériger la noirceur en principe inébranlable. La haine du vivant avait élu domicile dans la cité, et on avait déboulonné tous les lieux de plaisir et de joie. La salle de concerts *Boogie Down* était désormais une salle de lecture tenue par des évangélistes américains, aussi blancs que des cachets d'aspirine, et aux cheveux d'un roux qui ne ressemblait à rien que nous connaissions par ici. On les voyait souvent rougir douloureusement au soleil, vêtus de chemises blanches à manches courtes et de pantalons noirs, et on se disait qu'ils avaient de bonnes raisons pour venir si loin de chez eux, souffrir sous l'ardent soleil de notre Afrique équatoriale. On supputait abondamment concernant ces raisons que nul ne connaissait. Ceux qui venaient à eux avaient toujours une idée derrière la tête : une idée de voyage au loin, de mariage avec un Étasunien. Les missionnaires étasuniens avaient repeint en blanc les murs jadis rouge brique et avaient rebaptisé le lieu ÉGLISE DE LA PAROLE LIBÉRATRICE, mais pour tous ceux qui passaient par là comme pour ceux qui venaient suivre leur enseignement, c'était toujours le *Boogie Down*. La boîte de nuit le *Soul Food* avait gardé son nom, pour abriter un centre de rééducation spirituelle, d'inspiration afro-chrétienne. On y enseignait une approche africaine des Écritures, parce qu'il devait y en avoir une. *La Cité des Merveilles* qui n'était pas un lieu ouvert à tous mais qui constituait une attraction majeure parce que c'était la plus grande habitation de la ville, était devenue le temple de *La Porte Ouverte du Paradis*. Il s'agissait d'une maison tenue par un couple de personnes âgées, Papa et Mama Bosangui, spécialisés dans les prières de combat, les ordalies – se rapportant souvent aux démons dissimulés dans les familles –, et des pratiques mystérieuses dont on disait qu'elles vous rendaient riche du jour au lendemain. D'ailleurs, ils roulaient en Jaguar sur l'asphalte défoncé des rues de la ville. Les habitants de Sombé se pressaient vers ces lieux, vêtus de soutanes blanches, rouges ou bleues selon leur obédience. Ils tenaient à la main des cierges noirs qui brûleraient aussi longtemps qu'il le faudrait pour assurer leur salut. Ils n'avaient d'yeux ni pour moi, ni pour rien d'autre que les ténèbres qui s'épaississaient à mesure qu'ils les contemplaient. Ils n'allaient pas se repentir, mais se plaindre. Ils n'allaient pas chercher comment recréer l'harmonie au sein de leurs familles, mais comment bouter hors de leur domicile le sorcier qui, ayant pris l'apparence d'un proche, avait précipité leur ruine. Ils n'allaient pas élever leur âme, puisqu'ils n'aspiraient qu'à descendre, toujours plus bas, là ou c'était le plus obscur, là où les pulsions de mort se faisaient passer pour des règles de vie honorables. Ceux d'entre eux qui cherchaient sincèrement Dieu espéraient trouver en Lui une sorte de vaisseau spatial vers une planète plus tranquille. Ils en avaient par-dessus la tête de devoir prendre leur vie au collet chaque jour que Nyambey faisait, pour n'arriver à rien. Ils priaient non pas pour demander la force d'affronter la vie, mais pour en être délivrés, pour que tombent enfin les barreaux qu'elle érigeait autour d'eux. Ils voulaient s'évader du monde réel, n'y avoir aucune responsabilité, n'avoir jamais à s'y engager. Ils priaient comme certains se font un fix : pour planer.

Telle était la ville, désormais. Les rebelles et l'armée régulière n'avaient laissé que cela, ce désespoir qui usurpait le nom de foi. Nous ne sommes pas un peuple cartésien. Nous n'avons pas à l'être. Il est légitime de croire à ce qu'on ne voit pas, et dont on sent pourtant les manifestations, comme le vent qui soulève la poussière et fait se pencher les roseaux sur les rives de la Tubé. Il n'est pas stupide de considérer que si ce monde existe, il peut y en avoir de nombreux autres. Ce qui est incompréhensible, c'est la raison pour laquelle notre croyance se laisse si volontiers couler vers les abysses les plus ténébreux. Nous n'aimons rien autant qu'éteindre toutes les lumières, afin de ne laisser brûler que les brasiers qui nous consument de notre vivant, faisant du lendemain une impossibilité. Après la guerre, il ne restait plus que le présent, et il n'était plus que perte de sens. J'ai marché un long moment et je me suis retrouvée à Kalati, au marché principal de Sombé. Là, des revendeuses de vivres attendaient le matin. Elles venaient de la campagne et n'avaient nulle part où loger en ville. Par ailleurs, je l'ai découvert au cours de cette nuit-là, des arrivages de marchandises avaient lieu en pleine nuit, et il valait mieux rester sur place. Les prix étaient plus avantageux. Certaines avaient leurs enfants avec elles. Elles les garderaient toute la nuit, tout le jour d'après. Elles avaient fait un feu au milieu du marché. À mon arrivée, du poisson et des plantains cuisaient sur la braise. Je me suis assise sur une caisse vide que quelqu'un avait retournée. Je n'ai pas dit un mot. Rien. Je n'ai fait que m'asseoir. Elles ne m'ont rien demandé. Poser des questions, cela implique de prendre sur soi la charge des réponses. Après, on ne peut plus faire comme si on ne savait pas. Or, par les temps qui couraient, nul n'avait les moyens d'une telle politique.

Les marchandes ont mangé. Au bout d'un moment, celle qui avait retourné la caisse est revenue. Elle était grande, massive, une apparition soudaine et éminemment tangible. On aurait dit une statue de bronze surgissant des profondeurs de la terre pour s'avancer vers le groupe. De longues tresses poivre et sel s'échappaient d'un foulard qu'elle avait noué en turban sur une partie de son abondante chevelure. Sa main farfouillait dans la poche droite de son ample robe en tissu pagne. Le lieu était trop mal éclairé pour que je puisse en distinguer la couleur ou les imprimés. La femme est arrivée à ma hauteur. Elle a dit : *Alors, je ne peux plus aller pisser ? Lève-toi, c'est ma place.* Je lui ai obéi, et je suis restée debout, là, sans rien dire. Des étincelles rouges voltigeaient dans la nuit. Je les fixais des yeux. Elles étaient si fragiles, des miettes d'un grand feu dont elles ne gardaient la couleur qu'un bref instant, avant de disparaître. Je les regardais, et je me demandais si les hommes étaient cela, non pas des parcelles de l'Éternel, mais seulement des étincelles de Lui.

De petits fragments inaptes à retenir Sa force et Sa lumière, appelés à s'éteindre presque sans laisser de traces. La femme qui m'a fait me lever a demandé à ses compagnes si elles m'avaient donné un petit quelque chose à manger. On lui a répondu que non. Si elle voulait partager ce qu'elle avait, c'était son affaire. Quant à elles, elles ne pouvaient pas se le permettre. *Kwin*, lui a dit l'une d'elles, *tu sais bien que ce sont nos marchandises que nous mangeons là. Nous les avons eues à crédit, et il nous faut les vendre, je te signale. Pas question de nourrir une bouche de plus ! Tu la connais, toi, cette petite ?* Elle avait répondu calmement : *Non, Tutè, je ne la connais pas. Tout ce que je vois, c'est qu'elle pourrait être ma petite-fille.* Après m'avoir regardée un long moment de ses yeux qui semblaient des pierres brutes, elle m'a tendu un bout de plantain braisé, sur lequel elle avait versé un filet d'huile de karité. Je l'ai remerciée d'un signe de la tête et me suis assise par terre pour manger. Trois jours entiers, que tu ne m'avais rien donné.

Cette nuit-là, je n'ai pas dormi. J'ai regardé les marchandes se planquer sous leurs étals, s'allonger sur des planches recouvertes d'un bout de carton et posées à même le sol boueux, puis s'enrouler dans leurs pagnes sales. Elles se sont endormies peu après minuit, après le dernier arrivage de vivres. De vieilles guimbardes complètement démantelées, débarrassées de leur siège arrière, transportaient les marchandises. Elles surgissaient en trombe au milieu du marché et les femmes leur couraient derrière. Celle qui mettait la main la première sur un régime de bananes ou sur un sac de manioc pourrait en discuter le prix, et peut-être l'acquérir. La bataille était rude. Ces femmes n'avaient pas les moyens de retourner à la campagne pour s'approvisionner régulièrement. Une fois qu'elles étaient à la ville, elles attendaient ces livraisons nocturnes. Le jour venu, elles revendaient les légumes achetés la veille. Lorsqu'elles se sont couchées, je suis restée assise par terre à les regarder. Kwin m'avait donné un pagne pour me couvrir, en me disant de sa voix caverneuse : *Tu voudras bien excuser le confort médiocre de notre résidence. Nous n'avons guère l'occasion de recevoir des invités. Dors, maintenant*. Et elle était partie, ses pieds se confondant avec le sol terreux où ses pas s'imprimaient. Le feu a continué à brûler un moment, avant de s'éteindre comme on soupire de tristesse. Une nuit sans étoiles a finalement cédé la place au jour. Les femmes ont de nouveau allumé un feu, pour préparer de la bouillie de manioc accompagnée de beignets faits avec de la farine de maïs et des plantains trop mûrs qu'elles ne pourraient plus vendre. Je n'avais pas faim. Je me suis éloignée de la troupe. Bientôt, elles auraient du travail. Il ne fallait pas les déranger. Je me suis assise au coin de la rue. Il y avait un bar au nom pittoresque : *On dit quoi, mon frère ?* En effet, il était temps de se demander ce que nous avions à dire au monde.

C'est au coin de cette rue qu'Ayané m'a trouvée, au bout d'une semaine. Elle travaillait bénévolement pour une association qui prenait en charge les enfants des rues. Quelqu'un lui avait signalé une gamine mutique qui passait ses journées près d'un bar de Kalati, non loin du marché de Sombé. On lui avait dit que j'étais bizarre, sans doute un peu débile. Je n'avais adressé la parole à personne, et seule Kwin s'était approchée de moi. C'est à elle que je dois de n'être pas morte de faim. Ayané m'a prise par la main et je l'ai suivie. J'étais fatiguée. Je n'ai pas eu la force de lui répondre, lorsqu'elle m'a demandé mon nom, que je m'appelais Musango. Elle m'inspirait confiance. Quelque chose me disait qu'elle était aussi seule, aussi perdue que moi. Nous avons marché main dans la main, jusqu'à Sanga. Nous sommes passées devant la maison de ma grand-mère paternelle. Le portail métallique se dressait si haut qu'on ne pouvait voir la maison de la rue, et les murs d'enceinte avaient été plantés de tessons de bouteilles, pour décourager les voleurs. Nous sommes arrivées là où l'association avait ses locaux. C'était une villa à un étage, qu'entourait une simple haie de bambous. Dans le jardin qu'on traversait pour atteindre la maison, des arbres fruitiers poussaient. Le parfum des corossols se mêlait à celui des papayes. C'était comme si ce lieu n'avait pas appartenu à Sombé. Il n'avait pas été frappé de cet effroi qui avait rigidifié le monde autour de lui. Une migraine atroce a entrepris le siège de mon crâne, juste au moment où Aïda venait à notre rencontre.

Aïda était une Française tombée amoureuse de ce pays il y avait bien longtemps, lorsqu'il s'agissait encore d'un pays et que son peuple avait un avenir. La maison lui appartenait. À l'époque où elle était venue vivre au Mboasu, la situation économique y était similaire à celle de la Corée du Sud. Elle s'est penchée vers moi et m'a caressé les joues du plat de sa main. Je crois que personne ne m'avait jamais touchée de cette façon. Ayané m'a portée, en disant à son amie : *Je vais lui donner un bain et l'aider à dormir. On m'a dit qu'elle s'appelait Musango, et que sa mère l'avait chassée en l'accusant de sorcellerie.* Aïda a répondu : *Une de plus...* Et Ayané a soupiré : *Oui. Un voisin de la famille l'a reconnue au marché de Kalati et m'a alertée.* C'est en les écoutant que j'ai su que nous étions nombreux, que de plus en plus de familles démunies cherchaient des prétextes pour se défaire de leurs rejetons. Le père perdait son emploi. Au bout de quelques jours à tourner en rond et à se noyer au fond d'une bouteille d'alcool de maïs, il empoignait un de ses enfants et le jetait dehors. La mère faisait une crise de nerfs à l'idée d'affronter une journée de plus sans savoir ce qu'on mangerait à la maison. Soudain, elle trouvait qu'un de ses enfants avait décidément un regard étrange. Un regard qui l'accablait, elle qui avait pris la responsabilité de le mettre au monde. Quelquefois, ces parents allaient chercher l'approbation des esprits qui la leur accordaient toujours, une fois qu'ils avaient payé le marabout, ou donné quelques billets au pasteur. Les esprits s'étaient syndiqués et leur convention collective se résumait en quelques mots : payez avant d'être servis. Dans bien des cas, c'était la population du quartier qui scellait le sort de l'enfant banni, sitôt qu'il se trouvait dans la rue. Elle lui faisait passer publiquement des tests.

Quelqu'un lui mettait un bout de paille dans la bouche et lui disait : *Si tu es un sorcier, ce bout de paille s'allongera.* Pris de peur, doutant tout à coup de sa propre nature, le gamin mordait naïvement la brindille, pour s'assurer qu'elle ne s'allongerait pas. Les adultes s'exclamaient alors : *Tu es un sorcier pire que ce que nous pensions ! Tu as raccourci la paille !* Parfois, dans les familles sur lesquelles le nouvel esprit de Sombé était descendu, c'étaient les Écritures qu'on utilisait pour éprouver le suspect. On lui tendait le Livre, puis une clé qu'il fallait faire tourner sur la couverture cartonnée de l'ouvrage. Elle devait effectuer un nombre précis de tours, et ne tomber qu'après s'être tenue droite et immobile un certain nombre de secondes. Surtout, il ne fallait pas qu'elle tombe du côté gauche ! Le petit tremblait. Généralement, il n'avait dans l'assemblée que des alliés très silencieux. Lorsque les épreuves avaient confirmé son essence démoniaque, l'enfant subissait des sévices supposés déloger le mal. Cela durait plusieurs jours. Certains enfants prenaient la fuite. Beaucoup mouraient. D'autres finissaient par croire qu'ils étaient réellement les jouets du Mal et méritaient leur châtiment. Respectueux de la hiérarchie, ils ne songeaient pas à mettre en doute la parole des adultes.

Dans la maison d'Aïda, il y avait plein d'enfants comme moi. Certains avaient été recueillis à leur naissance. Ils s'étaient présentés par le siège, et la coutume voulait qu'on leur fracasse le crâne sur le tronc d'un arbre. Ils avaient été trouvés agonisant au fond d'un caniveau, recouverts d'ordures. D'autres avaient fui les mauvais traitements, ou étaient handicapés et inutiles. Enfin, tous avaient de bonnes raisons d'être là, et c'étaient peut-être ces raisons qui poussaient ceux qui les avaient mis au monde à se masser dans les temples. Ils incarnaient les échecs de leurs géniteurs. Ils étaient la ruine et la destitution faites chair. Le bruit courait en ville que rien n'arrivait à Aïda, qui hébergeait tous ces enfants dits sorciers, uniquement parce qu'elle venait d'ailleurs et que leur magie ne pouvait l'atteindre. On ne disait rien d'Ayané ni de sa tante Wengisané, qui étaient bien d'ici, et qui ne semblaient subir aucun effet surnaturel. Ayané m'a lavée et mise au lit. Ma fièvre venait de me reprendre. Après cette semaine passée dans les rues, j'étais épuisée. J'ai dormi tout de suite, et j'ai rêvé de toi. Tu m'avais suspendue au plafond d'une pièce qui ressemblait à une remise. Par un système de poulies, tu me faisais monter et descendre à l'envi. Quelquefois, lorsque je me trouvais assez près de toi, tu m'immobilisais avant de me tailler les chairs. Tu recueillais ensuite mon sang dans une bouteille en plastique. L'ayant observé un long moment, tu affirmais : *Ce sang n'est pas le mien. La vieille Sésé a raison. Tu n'es pas mon enfant.* Ensuite, tu criais : *Maintenant, je te demande de me dire où est mon enfant ! Qu'en as-tu fait ?* Tu te tirais les cheveux, tu te les arrachais par poignées, me dardant de ce regard jaune qui est le signe de notre affection commune. J'ai souvent fait ce rêve. Chaque fois que j'ai voulu te dire que tu ne pouvais pas être ma mère et que j'exigeais de savoir ce que tu en avais fait, je rassemblais mes forces pour m'adresser à toi, et puis je m'éveillais.

Tu n'as donc jamais su, mère, ni en songe ni en réalité, que moi non plus je ne te reconnaissais pas. Tu n'as jamais su que si j'avais passé l'année de mes sept ans accrochée au portail de notre maison, ce n'était pas seulement pour regarder les enfants jouer. Tu sais, ceux que papa et toi appeliez *les enfants de quartiers*, et dont la compagnie m'était interdite. Si je me tenais là comme un piquet tous les après-midi jusqu'au crépuscule où tu venais me chercher pour dîner, c'était parce que je fixais la route. Je me disais que si je regardais vraiment attentivement, je finirais par la voir. Sa silhouette se formerait au loin, et elle viendrait me chercher. Ma véritable mère. J'étais persuadée d'être à une autre, que tu avais dû voler le bébé d'une autre pour pouvoir t'installer sous le toit de papa. N'avait-il pas coutume de dire que tu étais venue le voir un matin en disant : *C'est ta fille...* Voici ce qu'il disait : *Sais-tu que je n'ai pas vu ta mère enceinte ? Elle s'est seulement présentée ici un jour, et tu étais dans ses bras.* Alors que j'attendais ma mère, la vraie, tu n'avais pas encore commencé à me haïr.

Je t'étais seulement indifférente, et tu repoussais ma tendresse. Tu ne cessais de raconter les douleurs de ton enfantement : comment il avait fallu te traîner par terre pour dire à ta mère que tu venais de perdre les eaux, comment tu avais senti ton corps se fendre de bas en haut alors que je naissais. Tu regardais quotidiennement les marques de mon passage, les mutilations que je t'avais infligées : ces vergetures désormais sur ton ventre, boursouflures serpentant sur ta peau, comme des marques de brûlures. Tu auscultais sans arrêt ce qui révélait déjà ma nature de vampire : cette poitrine qui s'était affaissée parce que, disais-tu, j'étais si vorace... C'était cela qui te faisait le plus de peine. Tes seins qui ne tenaient plus comme avant, qui ne dressaient plus fièrement leurs mamelons à l'assaut du monde. Leur peau qui s'était tellement distendue qu'elle se plissait parfois comme celle d'aubergines trop mûres. Tu reprochais à papa de t'avoir forcée à m'allaiter si longtemps. Tu t'en fichais de lui plaire encore, depuis qu'il t'avait avoué que sa femme avait refusé de donner le sein à leurs fils. Il était certain que si elle l'avait fait, jamais elle n'aurait pu les abandonner. Lorsqu'il t'avait confié cela, tu avais songé que cette autre aurait toujours un avantage sur toi : elle avait conservé sa beauté. Dans la mémoire de cet homme que tu ne parvenais pas à conquérir tout à fait, elle demeurait intacte, parfaite. Tu t'étais mise à en vouloir à papa de te désirer, quand tu te faisais horreur. Très vite, vous avez cessé de partager la même couche. Il ne comprenait pas que tu n'étais plus toi-même – et que c'était ma faute.

Papa racontait autrement mon entrée dans sa vie. Il y avait vu une promesse de bonheur annoncée par ce bélier blanc qui avait élu domicile dans notre jardin, pendant plusieurs mois. On avait tout fait pour l'éloigner, mais il revenait toujours. Alors, mes frères l'avaient nourri. Ils s'y étaient attachés et l'avaient baptisé Arès. Ils étaient férus de mythologie grecque. C'était une belle bête, d'après papa. Dodue et d'un blanc aussi immaculé que le coton encore sur pied. Arès s'en était allé de lui-même, la veille du jour où tu étais venue dire : *C'est ta fille*. Mes frères en avaient conçu de la tristesse. Je devais leur sembler beaucoup moins attrayante. Ils ne m'ont jamais fait de mal, mais ils m'en ont voulu, je crois, de l'attention que papa me portait. C'est lui qui m'a nommée. Musango [1], comme pour signifier son désir de faire taire le tumulte qui l'habitait depuis que l'amour de sa vie l'avait quitté. Je ne crois pas qu'il ait goûté au bonheur grâce à moi, mais il me semble lui avoir fait approcher l'idée de la paternité. Il avait besoin que l'enfant ait une mère, pour tenter d'endosser ce rôle et devenir enfin un homme. Une fois sa femme partie, il n'avait jamais pu se sentir le père de leurs fils. Ils avaient six et huit ans, lorsqu'il

1. *Musango*, c'est la paix, en langue douala du Cameroun.

s'est désintéressé d'eux. Quant à moi, j'ai eu tous ses regards. Cela non plus ne te plaisait pas beaucoup. Il n'a jamais oublié de m'acheter de nouveaux vêtements et j'ai toujours eu plus de jouets que je n'en désirais. Il me lisait les livres qu'il aimait et me faisait écouter du jazz vocal, sa musique préférée. Je n'ai subi aucune contrainte venant de lui. Tout ce qu'il m'interdisait, c'était de passer le portail et d'adresser la parole aux *enfants de quartiers* ou à leurs familles. Un soir, quelques semaines après que j'ai eu neuf ans, il n'est pas rentré dîner. Nous l'avons attendu deux jours, et un officier de police est venu nous voir. Il a dit qu'il y avait eu une attaque de gangsters : *Vous savez, madame, que ces voyous pullulent désormais en ville ! Ils se droguent et sont prêts à tout pour se procurer leur dose... Le corps de votre mari est à la morgue de l'hôpital général.* Il n'était pas ton mari, et il avait fallu avertir sa famille qui seule avait des droits sur sa dépouille. La veillée avait eu lieu dans la maison de Sanga, et nous n'y avions pas été conviées. Nous nous y étions rendues néanmoins, à l'instar de nombreux curieux. Il y avait tant de monde qu'on avait installé des chaises sur la voie publique, sous des bâches. Le maire avait donné l'autorisation d'interdire la circulation sur la route qui passait devant la maison. Nous n'avions pas reçu le pagne aux couleurs de la famille que portaient toutes les femmes et toutes les jeunes filles ce soir-là. Personne ne nous a adressé la parole.

Lorsque ma grand-mère paternelle s'est exprimée devant la foule, elle n'a mentionné que les deux enfants du défunt. Ses petits-fils. Elle n'avait pas de petite-fille. Nous étions rentrées comme nous étions venues, sans nous faire remarquer. Le jour de l'enterrement, nous n'avions pas pu nous approcher de la tombe. De trop nombreux ayants droit en empêchaient l'accès. Tu tremblais de rage. Tu criais qu'il était sur le point de faire annuler le mariage que les siens lui avaient arrangé avec une femme de leur milieu qui ne valait pas grand-chose, puisqu'elle s'était enfuie en abandonnant ses fils. Il allait t'épouser, ce n'était qu'une question de temps ! Et puis, il avait reconnu votre enfant ! Qu'on lise donc son testament : il m'aimait si fort qu'il n'avait pas pu oublier de m'y inscrire, et en bonne place ! Mais il n'avait pas laissé de testament, et aucun avocat de Sombé ne se serait risqué à affronter sa famille. Tu les as tous rencontrés, ne pouvant promettre de les rémunérer qu'avec l'argent obtenu à la fin de la procédure. Ils t'ont ri au nez. Ta fureur s'est aggravée. Tu ne voulais pas retourner dans ta famille à Embényolo, ce quartier mal famé de Sombé. Tu avais tellement rêvé d'une autre vie, et tu l'avais vue de si près... Nous ne sommes jamais allées ensemble voir les tiens. Tu t'y rendais toujours seule, parée de tes plus beaux atours, tes cheveux minutieusement défrisés remontés en un chignon qui te dégageait la nuque. Tu sortais de chez nous aussi abondamment parfumée que si tu avais nagé quelques brasses dans le *Shalimar* de Guerlain. Tu te composais la mine pincée de celle qui avait presque réussi. Tout ce que je savais de ta famille, c'était ce que papa en disait, puisque tu n'en parlais jamais. Il prétendait qu'il n'y avait que des filles : douze sœurs de pères différents et leur mère. Tu étais la huitième. Parfois, certaines d'entre elles venaient te voir à la maison. Tu les recevais dans la cuisine d'où tu me chassais. Je sais qu'elles avaient besoin d'argent et que tu ne leur en donnais pas toujours. Tu n'en avais pas à toi, et n'osais pas trop en demander à papa. Alors, elles te disaient : *C'est parce que tu n'as pas réussi à te faire épouser ! Ce n'est pas la même chose, avec Epéti... Elle est mariée, elle.* Epéti était celle qui te précédait dans la lignée, une sorte d'icône pour vous toutes, d'après papa. La seule qui ait pu être autre chose qu'une maîtresse ou une concubine. Ton aînée de huit mois, elle était ta rivale. Les autres vous comparaient inlassablement. Tu ne supportais pas qu'on t'envoie sa réussite à la figure, son mariage et le fait que son époux lui ait permis d'apprendre le métier de secrétaire. Tu n'avais pas de profession. Tu hurlais à faire s'effriter les murs de la maison : *Mais alors, qu'est-ce que tu fais là ? Va donc taper Epéti, au lieu de venir me voir !* Celle qui était venue demander un peu d'aide s'en allait alors, non sans t'avoir rappelé que les plantes ne poussaient pas sans terre, et que tu aurais toujours besoin de ta famille.

Peu de temps après mon arrivée chez Aïda, un jeune homme y avait été accueilli. C'était un de ces enfants soldats qui venaient de la frontière entre le sud et le nord du Mboasu, où on disait que des combats avaient eu lieu entre les rebelles et les forces loyalistes. En réalité, il n'y avait eu que des pillages, les rebelles démunis fondant sur les villages de la région afin de dépouiller les populations. C'était cela, leur guerre de libération. Une fois qu'ils avaient tout pris, ils étaient redescendus en ville, et on les voyait dans les rues, ces garçons en guenilles, alcooliques, drogués et sans repères. La guerre était finie, disait-on, mais elle ne devait en fait jamais cesser, prenant les formes que lui imposaient les contingences. Il n'y avait plus de sécurité. Les rebelles s'étant emparés de Sombé, le président Mawusé ayant été lâché par ses alliés occidentaux qui ne voulaient plus que protéger leurs ressortissants sur place. Les deux parties avaient été contraintes de ratifier des accords de paix. Pour faire bonne figure. Marquer leur volonté de réconciliation nationale. Les vivres manquaient, les braquages battaient leur plein, on ne trouvait plus de médicaments, et ceux qui fréquentaient l'hôpital général de Sombé devaient s'y rendre avec de quoi se faire soigner. Sinon ce n'était pas la peine d'y aller. Ce jeune homme, qui est arrivé un jour après s'être évanoui dans ce bar de Kalati près duquel Ayané m'a trouvée, s'était enfui peu avant que les rebelles abandonnent leurs positions à la frontière. Il pensait trouver de l'aide pour sauver les gamins en compagnie desquels il avait été enrôlé de force dans l'armée. Il avait les pieds en sang. On les lui avait brûlés avec des tisons enflammés et les brûlures n'avaient jamais été soignées. Il avait dû rechausser ses baskets de toile pardessus et ne les avait jamais quittées. Je ne sais pas comment il a pu marcher de la frontière jusqu'à Sombé, dans un état pareil. Ayané lui accordait une attention toute particulière, parce qu'il venait de son village, et qu'elle s'y trouvait la nuit où lui et d'autres avaient été enlevés. Il dormait mal, la mémoire remplie d'images violentes et le cœur serré à l'idée de ne jamais revoir ses frères. Il s'appelait Epa [1]. Un jour, des rebelles sont venus chez Aïda. On leur avait dit que la maison appartenait à des Français. Depuis quelque temps, tous les Français étaient agressés par les anciens rebelles, alliés à la jeunesse désœuvrée de Sombé, avec laquelle ils partageaient au moins l'objectif de recevoir enfin le paiement de la dette coloniale. Ils considéraient en effet que le compte des Français était depuis trop longtemps débiteur. Il était

1. Voir les personnages d'Ayané et d'Epa dans *L'Intérieur de la nuit*, le précédent roman de Léonora Miano, Plon, 2005.

temps de remettre de l'ordre dans tout ça. Alors, ils étaient arrivés un jour, vers midi. Ayané et sa tante Wengisané nous avaient fait sortir, moi et d'autres enfants. Je ne sais pas ce qui s'est passé après notre fuite. Je n'ai pas revu Ayané, qui avait préféré rester avec Aïda, certaine que Wengisané pourrait prendre soin de nous.

Nous avons couru à travers Sanga, pour nous retrouver à Dibiyé où habitait Wengisané. Je n'allais pas très vite et nous avons pris un taxi. Ne sachant si nous avions été suivies, nous avons passé un mauvais quart d'heure en l'attendant. Tous ceux qui se présentaient avaient déjà des passagers. N'y tenant plus, Wengisané a proposé une fortune à l'un d'eux pour qu'il nous emmène. Les voyageurs ont dû descendre. Ils nous ont lancé des injures et des malédictions, mais nous avons enfin pu nous éloigner de Sanga. Nous sommes restés trois jours chez Wengisané, terrés dans les chambres de ses enfants. Nos repas n'étaient pas bien copieux. Elle n'avait pas prévu d'avoir à nous nourrir tous. Le quatrième jour, nous avons été réveillés à l'aube par des cris. Des jeunes du quartier venaient nous avertir que les anciens rebelles faisaient la tournée des maisons pour trouver des voitures. Tous ceux qui en possédaient devaient les leur donner. Les affrontements n'allaient pas recommencer, mais parmi les divers trafics qui étaient devenus monnaie courante à Sombé, il y en avait un qui concernait les pièces détachées de voitures. Je soupçonnais ces jeunes hommes qui venaient nous réveiller ainsi d'être les chevilles ouvrières de ce commerce. Wengisané a ouvert la porte d'entrée. Le chef de la bande s'est engouffré à l'intérieur pour lui tenir ce langage : *Maman, il faut que tu caches ta voiture, sinon ils vont te la prendre.* Elle lui a répondu : *Mais qu'ils le fassent ! Plus personne ne la conduit depuis que mon mari est mort.* Le gars a insisté : *Ce serait idiot de la leur laisser... Si tu n'en veux plus, tu pourras toujours la vendre plus tard...* Wengisané avait vraiment autre chose en tête, et elle n'avait jamais songé à tirer quelque argent de la berline japonaise de son mari. Elle a demandé : *Mais où veux-tu que je cache une voiture, Maboa ?* Là, il lui a souri de toutes ses dents : *Ne t'en fais pas, maman. On a notre technique. On enterre les voitures dans des champs à la sortie de la ville. Donne-moi seulement les clés.* Afin qu'il s'en aille au plus vite, Wengisané est allée chercher les clés. Il lui a fallu presque une demi-heure pour les trouver. Il y avait si longtemps que cette voiture n'avait pas servi... Pendant qu'elle les cherchait, le dénommé Maboa qui ne cessait de nous regarder a fait entrer un de ses compagnons. *Major,* lui a-t-il dit, *je connais les enfants de Wengisané, mais les autres ne sont pas d'ici. Les as-tu déjà vus quelque part ?* Le gosse a regardé attentivement chacun de nos visages. Il s'est arrêté longuement sur le mien, puis il a dit : *Celle-là, je la connais. On l'a chassée de sa famille pour sorcellerie. Les autres, je ne sais pas...* Maboa m'a observée avec un sourire en coin. Il avait déjà une nouvelle idée pour se faire de l'argent. Il a pris les clés que lui tendait Wengisané, en affirmant qu'il reviendrait bientôt lui dire où elle pourrait récupérer son véhicule. Bien sûr, il lui demanderait un petit dédommagement.

Au milieu de la nuit, nous avons été attaqués. Nos assaillants portaient des cagoules et ne communiquaient que par gestes. J'ai néanmoins reconnu Maboa à sa démarche. Une légère claudication le ralentissait un peu. C'est lui qui m'a attaché les poignets et bandé les yeux, alors que certains de ses amis nous tenaient en joue avec des mitraillettes et que les autres feignaient de s'intéresser au vieux téléviseur. En réalité, il n'y avait rien à voler. Ces messieurs le savaient. C'était pour moi qu'ils venaient, comme me l'avait promis le sourire en coin de Maboa. Ils nous ont bandé les yeux et bâillonnés, après nous avoir fait asseoir. Ils ont fouillé les tiroirs et renversé quelques meubles pour faire semblant de chercher quelque chose. Au bout du compte, ils n'ont emporté que moi. Je me suis retrouvée dans le coffre d'une voiture, à la place de la roue de secours. Le métal était rugueux et chaud. Près de moi, des bidons de plastique avaient été oubliés. Il y avait une odeur de pétrole, peut-être d'essence. J'avais si chaud qu'il me semblait pouvoir embraser ces effluves. La voiture a plongé un long moment dans les ornières et les crevasses des rues de Sombé, et je me suis cognée un nombre incalculable de fois contre les parois du coffre. Comme je n'étais pas attachée, j'ai donné quelques coups pour attirer l'attention des passants, en vain. Ils ont dû croire que le véhicule perdait des pièces en roulant, ce qui est fréquent par ici. Nous sommes finalement arrivés à destination. Quelqu'un a ouvert, et l'air tiède de la nuit m'a tirée de la torpeur qui me gagnait, sans doute à cause de ces émanations de gaz. On m'a mise debout et poussée en avant pour me faire comprendre que je devais marcher. C'est ce que j'ai fait.

Il m'a semblé qu'on buvait, qu'on parlait fort, qu'on riait à gorge déployée. Puis, on a fait silence. Je ne sais quel était cet endroit. Il me souvient seulement d'avoir entendu Maboa dire à un homme : *J'ai quelque chose pour toi, Lumière.* L'homme a dit d'un ton méprisant : *Si c'est ce que je vois là, tu sais bien que cela ne peut m'intéresser. Elle est trop petite.* Maboa ne s'est pas démonté : *Je sais que c'est ta façon de marchander, Lumière. Don de Dieu m'a dit que vous cherchiez des petites pour le ménage, des fillettes que personne ne viendrait réclamer... Celle-ci a été chassée par sa famille, pour sorcellerie.* Lumière a ri : *Une sorcière ! Exactement ce qu'il nous faut. Nous allons faire descendre l'esprit sur elle, je te prie de me croire. Combien en veux-tu ?* Ils se sont éloignés pour discuter, et je ne peux te dire quelle valeur ils m'ont accordée. On m'a mise dans le coffre d'une autre voiture, sur une étoffe qui sentait les vivres avariés. C'est au bout de ce dernier voyage que je me suis retrouvée ici, dans ce lieu que je ne saurais ni nommer ni situer. Sommes-nous au nord ou au sud de la ville ? Sommes-nous même encore au Mboasu ? Nous avons roulé toute la nuit, et j'ai cru parfois entendre des transactions entre celui qui conduisait et des coupeurs de routes. Ce que je peux te dire, c'est que la brousse encercle ce lieu. Nous l'avons traversée à pied durant ce qu'il m'a semblé être une éternité. Un homme marchait devant moi, tandis que deux autres suivaient. Ils trébuchaient sur les racines adventives des arbres et poussaient des jurons qui se rapportaient toujours aux parties intimes des femmes : *Nom d'une chatte pourrie ! Le cul de ta mère !* Tels sont les chants qui ont rythmé ma venue en ce monde où il n'est que des ombres. C'était il y a trois ans. J'ai compté les jours, mère, et cela n'a pas été facile. Le temps est ici une masse compacte et immobile, que seule l'agilité d'un esprit opiniâtre à le sonder peut déterminer. Je me suis astreinte à cet effort, pour ne pas finir par oublier mon nom et mon histoire. Et toi, mère, qu'as-tu fait de mon souvenir ?

Premier mouvement : volition

Elle vient me voir à la même heure tous les matins. Cela fait plusieurs jours que je n'ai pas pu me lever. Une douleur aiguë me terrasse. Je la sens dans mes os, comme si quelque chose voulait me les briser de l'intérieur. Parfois, je fais des rêves somptueux. J'implose. Mes os s'émiettent. Un souffle en propulse la poudre dans mes chairs qui se lézardent avant de craquer. Mon sang ressemble à des myriades de paillettes rouges. Il tombe en poussière sur le sol d'une pièce toute de métal argenté. C'est mon sang. Pas le tien. Il est sec. Il est joli. On dirait des cristaux de couleur, sur le sol d'argent. Je suis morte. Délivrée du mal. Je suis belle à l'intérieur. Je n'ai jamais su à quoi je ressemblais vraiment, vue de l'extérieur, de là où tes yeux s'appliquaient à m'éviter. Chétive, c'est tout ce que je sais. C'est ce qu'elle me dit tous les matins, depuis que je suis malade et qu'elle vient me voir : *Mon Dieu, qu'elle est maigre ! Tu vas te lever bientôt, dis ? On n'a vraiment pas fait une affaire avec toi ! J'ai dit à Lumière qu'il fallait qu'on trouve quelqu'un d'autre, hein, qu'on se débarrasse de toi ! Il ne m'écoute jamais. Tiens, avale ça.* Elle me donne une potion concoctée à partir de plantes amères. L'amertume a des vertus curatives. C'est ce qu'on croit ici : que le mal soigne le mal. J'avale pour qu'elle me laisse en paix. Elle s'en va en pestant. Je me demande pourquoi je ne meurs pas. Un jour où nous étions allés voir le médecin, il a dit à papa que mon corps fabriquait des globules rouges de mauvaise qualité. Ils sont en forme de faux, au lieu d'être ronds. Ils s'attaquent entre eux. Je m'autodétruis involontairement. Je devrais déjà être morte, depuis trois ans. Mais non. La mort qui m'habite ne parvient pas à triompher de moi, de l'idée que je ne suis pas née pour rien. Il n'est pas question que je sois une ombre toute ma vie. Je vais sortir d'ici. J'ai déjà essayé. Ils m'ont reprise. Ce n'est pas grave. J'attends seulement mon heure.

La maison appartient à Lumière. La femme qui vient me donner à boire cette potion verte où surnagent des bouts de feuilles et de nervures, s'appelle Kwédi. C'est la seule dont nous connaissions le nom. Les autres, les hommes, utilisent tous des pseudonymes. Ils ont dû changer de nom, disent-ils, lorsque leur mission leur a été révélée. Ils sont donc désormais Lumière, Don de Dieu et Vie Éternelle. En fait de maison, il s'agit d'une grande baraque en bois bâtie à la va-vite, sur un terrain dont personne ne se soucie. Nul ne vient jamais ici, en dehors des trois hommes qui amènent de temps en temps de nouvelles filles. Ce sont elles, les ombres qui m'environnent. Certaines les ont suivis de leur plein gré. La plupart y ont été poussées par leurs familles. Elles viennent en principe pour ce qu'ils appellent des séances de réarmement moral. C'est de cette manière qu'ils en parlent, lorsque je me trouve près d'eux. En réalité, ni les filles ni les trois hommes, ni même Kwédi, ne s'inquiètent du moindre réarmement moral. Les filles viennent ici avant d'entreprendre un voyage vers l'Europe. Lumière et Don de Dieu s'occupent de la paperasse lorsque c'est possible. Quand ça ne l'est pas, elles empruntent des chemins de traverse. Des passeurs les emmènent par les déserts du Tchad et du Niger, vers la Méditerranée où des canots les attendent. Le rôle de Vie Éternelle est de les protéger spirituellement. Moi, je porte les repas que leur prépare Kwédi, avec ce dont elle dispose. De la viande de brousse : du porc-épic, du serpent, du singe boucané parfois. Souvent, il n'y a que des tubercules ou des plantains. Les filles sont entassées dans la même pièce. Au début, elles ne se connaissent pas, mais elles finissent toujours par échanger quelques mots. Certaines racontent leur vie. Pendant qu'elles mangent, je m'assieds par terre. J'attends qu'elles finissent pour ramener les écuelles. Elles ne quittent jamais cette pièce. Je leur porte des seaux d'eau pour leur toilette. Il ne faut pas qu'elles se lavent comme Kwédi et moi à l'extérieur de la maison qui ne dispose pas de sanitaires. Vie Éternelle dit que des esprits pourraient pénétrer leur vagin, afin d'élire domicile en elles. J'ignore pour quelle raison Kwédi et moi serions à l'abri de ces malfrats invisibles. Enfin, je sors et je nettoie les pots de chambre. C'est certainement cela qui fait tant enrager Kwédi : d'avoir à nettoyer leurs excréments pendant que je suis malade.

En trois ans, j'en ai vu passer, de ces filles. Elles viennent ici, y demeurent quelques semaines, des mois parfois, puis elles disparaissent. Je ne sais ce qu'elles deviennent, si elles obtiennent ce qu'elles étaient venues chercher. En ce moment, elles sont sept. Il y a Siliki, qui a le crâne rasé, contrairement aux autres qui vouent une détestation si féroce à leur chevelure crépue qu'elles s'acharnent à y coudre des perruques ou à y poser des rajouts. Il y a Enangué aux jambes aussi fines et longues que les lianes qui s'enroulent autour des arbres de la brousse. Mukom, qui a des lèvres si rouges qu'on la croirait constamment maquillée. Ebokolo, dont la peau est si noire qu'on la distingue à peine, dans cette pièce sombre où elles sont enfermées. Il y a encore Siké la bagarreuse, Musoloki la mélancolique, et Endalé, la pieuse, la plus jeune, qui ne doit pas avoir vingt ans. Elles ne font rien de la journée. Elles sont seulement là, dans cette pièce obscure qui sent la sueur et le renfermé. Elles se racontent leurs vies, et aussi des histoires pour se persuader que la lumière les attend au bout du tunnel. Au fond, elles ont accepté l'idée que leur vie entière soit souterraine, ici ou dans cet ailleurs où elles se rendront bientôt. Elles se font des tresses avec des rajouts usés, en parlant du jour où elles pourront enfin s'en payer de nouveaux. Elles s'achèteront des mèches de cheveux véritables, des cheveux vendus par des femmes asiatiques aussi pauvres et désespérées qu'elles. Elles pourront alors faire ce mouvement sec de la tête pour renvoyer en arrière une touffe rebelle, comme le font les femmes blanches qui sont l'inaccessible horizon de celles du monde entier. Les rajouts de Mukom sont rouges, mais comme elle ne s'est pas fait teindre les cheveux, elle a des tresses à moitié bicolores. Sa coiffure est rouge et noir sur toute la longueur de ses cheveux véritables, et ensuite il n'y a que du rouge. La dernière fois que je suis allée les voir, elle parlait des raisons qui l'avaient poussée à suivre Lumière et Don de Dieu. Elle disait :

J'ai une cousine qui s'appelle Welissané. Elle a fait la France. C'est comme ça qu'elles disent toutes, pour parler de ceux qui ont voyagé hors des frontières du continent. C'est comme si l'Occident était une grande guerre à laquelle ne survivaient que les plus méritants. *Elle a fait la France. Elle est partie sans papiers, il y a seulement deux ans. Là-bas, elle a pu trouver du travail et un Blanc qui l'a épousée. Elle n'a pas eu à se vendre comme nous devrons le faire. Alors, je me dis qu'une fois partie, je ferai ce que bon me semble. Comme elle, je trouverai un emploi.*

Après tout, elle n'a rien de plus que moi. Et si un Blanc a bien voulu de sa peau aussi noire que le charbon et de ses cheveux aussi rêches que la paille de fer dont on se sert pour récurer le fond des marmites, il y en aura bien un pour moi. Il y a quelques mois, elle est revenue au pays. Elle voulait présenter son Blanc à la famille parce qu'ils allaient bientôt se marier. Elle en avait, de jolies robes ! Et puis des pantalons en cuir. Elle ne parlait plus comme nous, et même son odeur avait changé. Elle sentait la France. Elle était devenue une déesse.

Tout le monde la regardait. Tous avaient une requête à lui soumettre, un conseil à lui demander. Avant, elle était comme moi. Personne ne prenait sa hauteur. Elle mangeait dans la cuisine, lorsque les hommes de la maison avaient terminé. Son mari et elle n'ont pas logé dans la famille. Ils étaient habitués à un autre confort que celui de nos nattes posées à même le sol où se dandinent des cafards si gros qu'on croirait des crabes. Ils avaient pris une suite au Prince des Côtes.

Les autres l'écoutaient sans rien dire. À travers les interstices qui séparaient les planches montées à la va-vite, un rayon de soleil tentait une percée et éclairait son visage. Ensuite, il trouvait un autre espace où s'infiltrer et délaissait un moment sa figure de cuivre. Elle s'est tue un instant, et puis elle a soupiré : *J'ai bien observé tout cela. Comment Welissané n'avait plus une minute pour moi qui étais la seule informée de ses projets de fuite. Je ne l'ai jamais trahie. Quand on a demandé où elle était, j'ai haussé les épaules. Elle avait un fils de trois ans que sa mère a dû prendre à sa charge. La famille a cru qu'elle était morte, mais on s'est refusé à la pleurer tant qu'on n'avait pas vu le corps.*

À son retour, on a présenté son fils à son mari en lui disant que c'était son petit frère. On lui a dit que les enfants d'ici appelaient toutes les femmes maman, que c'était normal. Elle n'a porté le gamin que deux secondes. Il était si sale ! Elle avait les yeux qui lui disaient mouf dé[1]. *Je ne l'ai pas trahie. Elle ne m'a pas adressé la parole et ne m'a même pas apporté un soutien-gorge, mais je ne l'ai pas trahie... Quand je pense qu'elle avait emporté deux de mes robes et une paire de Charles Jourdan que m'avait donnée ma patronne !*

Oui, je l'ai bien regardée. J'ai pensé à toutes les prières que j'avais dites pour que Nyambey la protège. Moi aussi, j'avais fini par la croire morte. Nous nous étions dit qu'elle m'écrirait... J'avais loué une boîte exprès, au bureau de poste. Elle n'a jamais écrit. Pas un mot. Je me suis dit que je partirais aussi.

1. *Mouf*, déformation de l'anglais *move*. *Mouf dé*, déformation de *move there*. Ces termes, issus du pidgin english du Cameroun, sont des invites à aller voir ailleurs.

Welissané et moi étions les moins chères[1] *de la famille. On nous traitait comme des esclaves et nous dormions toutes les deux dans une vieille case en carabote*[2]*. Notre logis prenait l'eau dès les premières pluies.*

J'ai économisé mon salaire pendant des mois. Il n'était pas suffisant pour payer le passage. Je suis allée voir Lumière. Je lui ai demandé de m'avancer le reste. Il a dit que c'était beaucoup d'argent, que je devrais le rembourser. Je le ferai. En un rien de temps, c'est certain. Il n'a fallu que deux ans à Welissané. Moi aussi, je ferai l'Europe. Je reviendrai et j'achèterai une maison près des rives de la Tubé. Il y aura une terrasse tout en haut d'où on pourra voir l'Afrique entière, comme chez ma patronne.

Avant de se trouver parmi les ombres, Mukom était femme de ménage chez des bourgeois de Sombé. Elle avait parlé sans une expression sur le visage. Ce n'était pas après un rêve qu'elle courait, mais après une revanche sur la vie. Elle était à la fois orgueilleuse et naïve. Elle pensait vraiment que les trottoirs de Paris ou de Madrid la laisseraient s'échapper pour aller trouver un emploi et un mari blanc. Parce que c'est pour faire le trottoir qu'elles partent toutes. Combien de temps faudra-t-il avant que Lumière s'estime remboursé ? Au moins, sa cousine n'avait-elle pas eu de créanciers sur le dos. J'ignore comment elle s'est débrouillée, mais si elle avait dû payer une dette,

1. Moins chère : qui n'a pas de valeur.
2. Carabote, déformation de l'anglais *cardboard*. Est employé au Cameroun pour désigner un habitat pauvre et précaire, non pas en carton, mais en contreplaqué.

elle ne serait pas revenue au bout de deux ans, auréolée de gloire. Lorsque Mukom a fini de parler, la voix éraillée de Siké s'est fait entendre. Elle a dit : *Mais ta sœur là, tu ne l'as pas coincée quelque part pour lui botter les fesses ? Après tout ce que tu avais fait pour elle ! Pourquoi n'es-tu pas allée les voir, elle et son homme, pour leur demander de l'argent ? Tu aurais même pu la faire chanter.* Mukom a répondu : *Je ne veux rien d'elle. Pas même une paire de Charles Jourdan. Je veux seulement qu'elle sache qu'elle ne me dépasse pas. Je ne suis pas sa moins chère. Donc, rendez-vous sous le soleil d'ici deux ans. Il brillera aussi pour moi.* Elle le disait pour s'en convaincre. Les autres n'avaient pas tellement envie d'évoquer leurs désirs secrets. Elles voulaient bien dire comment elles en étaient arrivées là, mais pas plus. Elles savaient qu'il ne servait à rien de parler de ce qu'on voulait faire. Il fallait le faire, c'était tout. Les mots s'envolaient, emportant au loin des bribes de cette énergie vitale qu'on devait concentrer sur l'objectif. Et puis, les paroles attiraient les mauvaises pensées des autres qui, à force de souhaiter l'échec, le faisaient advenir. Le cœur de ces femmes était donc muet. Il ne dévoilait rien de ce qui lui importait. Et lorsque leurs bouches s'exprimaient, on ne pouvait démêler le vrai du faux. On ne pouvait savoir qui avait été vendu par une famille redevable à Lumière ou à Don de Dieu, ni qui était comme Mukom venu de son plein gré pour se lancer dans la bataille européenne. Le dernier jour que j'ai passé auprès d'elles, je n'ai pu me faire une idée précise. Je regardais Endalé, la pieuse, toujours assise dans son coin à réciter des psaumes vengeurs, très souvent à voix haute : *Dieu des vengeances, Éternel ! Dieu des vengeances, parais,* disait-elle. Puis, elle ajoutait : *Heureux l'homme que tu châties, O Éternel !*

Et que tu instruis par ta loi[1]. Ensuite, elle se taisait. Il me semblait qu'elle s'en allait expier quelque faute pour laquelle elle consentait à être jetée en enfer. Je me demandais ce qu'une si jeune femme pouvait bien avoir à se reprocher.

Je me suis souvenue de la veille au soir. Vie Éternelle était venu voir les filles comme il le faisait tous les deux jours, ce qui signifie que la ville n'est pas si loin, que nous sommes encore au pays. Il était venu comme d'habitude. Je les avais épiés à travers les lattes mal assemblées, tapie dans un coin à l'extérieur de la maison. À cette heure-là, Kwédi somnolait dans la cuisine. Elle savait que la brousse était si sombre que je n'oserais pas prendre la fuite et que Vie Éternelle fouillerait la voiture avant de s'en aller, pour s'assurer que je ne m'y cachais pas. C'était lui qui m'avait trouvée la dernière fois que j'avais essayé de m'enfuir. Maintenant, il se méfiait, mais je l'aurais. Un de ces jours. Il avait rejoint les filles, muni d'une lampe tempête et du Livre. Il avait aussi une besace contenant ses poudres et ses écorces. On ne savait jamais, si Dieu n'était pas réellement omnipotent... Toutes, elles s'étaient levées pour le saluer. Elles avaient baissé la tête et fait silence. Au bout d'un long moment passé à les observer, il s'était enfin décidé à parler : *Bien,* avait-il dit, *louons le Seigneur. Endalé, veux-tu réciter le Pater Noster ?* Elle avait récité avec ferveur, et après que toutes eurent dit : *Ainsi soit-il*, Vie Éternelle avait souri à la jeune femme. *Je vois,* lui avait-il dit, *que ta foi croît de jour en jour ! C'est bien. Plus que tes sœurs qui sont ici, tu dois t'en remettre au Très-Haut. Bien, bien. Asseyez-vous, à présent. Nous avons un rite de protection à effectuer.*

1. Psaume 95 pour les deux extraits.

Je ne sais quelle mouche a piqué Endalé, qui ne disait habituellement que des psaumes. Elle lui a demandé : *Pourquoi tout cela, puisque l'Éternel est notre berger ?* Vie Éternelle lui a souri : *C'est Lui qui nous a donné tous ces pouvoirs. N'avait-Il pas doté Moïse d'un bâton capable de se changer en serpent et de fendre les flots de la mer afin de laisser passer son peuple ? De même, Il nous a donné ces écorces et le pouvoir qu'elles recèlent. Tenez, mangez ça.* Il a tendu à chacune un œuf dur d'où un bout d'écorce dépassait. Elles l'ont mangé, avalant entier le bout d'écorce impossible à mâcher. Vie Éternelle a dit que c'était bien. Que là où elles allaient, il fallait vraiment que toutes les énergies actives en ce monde soient de leur côté. Ensuite, il leur a demandé si elles avaient bien gardé les rognures d'ongles et les mèches de cheveux qu'il leur avait réclamées. Chacune lui a donné ce qu'elle avait conservé. Siliki n'avait pas l'air de vouloir le faire. Elle n'avait pas le choix. Elle a donné

de maigres rognures d'ongles et de fines mèches de cheveux. Elle se rongeait les ongles, les avalait et prenait soin de se raser le crâne tous les jours à l'aide d'une lame de rasoir qu'elle cachait quelque part. Elle se la passait elle-même sur la tête, tous les matins, d'un geste assuré. Elle s'asseyait en tailleur, la tête penchée en avant, et de minuscules mèches lui tombaient comme de la poussière entre les jambes. Ensuite, elle les brûlait avec un briquet qu'elle avait toujours sur elle. Tout le monde sait ici qu'il faut faire disparaître ses cheveux quand on les a coupés ou même seulement peignés. Il faut agir de même avec ses ongles. Si quelqu'un s'en saisit, il peut les employer à concocter un sort d'autant plus puissant qu'il se sera servi d'un support émanant du corps de sa victime. Les cheveux et les ongles sont comme le squelette. Ils demeurent longtemps après que toute vie a déserté le corps. Ils continuent à pousser sur les cadavres. Les donner soi-même à quiconque, c'est se soumettre sa vie durant à sa volonté.

Vie Éternelle a disposé le tout sur un petit plateau qu'il laissait toujours dans la pièce et auquel j'avais interdiction de toucher lorsque j'y venais. Il a bien pris soin de séparer ce qui appartenait à chacune. Il a récité sept courtes prières à l'entité qu'il invoquait, en imposant les mains sur les éléments qu'il avait recueillis. Ensuite, il s'est tu et a fourré les rognures d'ongles et les cheveux dans de petites bourses de couleurs différentes. Une pour chaque fille. Une fois chez lui, il ferait certainement des choses que nul ne devait voir. J'ai vu qu'une larme dévalait la pommette gauche de Siliki. Son regard était froid et humide. Il ne suffisait pas qu'elle soit contrainte d'aller au loin se prostituer. Il fallait qu'elle soit également à la merci de cet homme. Elle était la seule à ne jamais rien dire, mais je connaissais son histoire. Don de Dieu l'avait racontée à Kwédi, qui me l'avait répétée un jour où elle avait besoin de parler. Siliki aimait les femmes, et un de ses oncles qui soupçonnait ce penchant avait fait en sorte de surprendre ses ébats avec son amie. Siliki avait dû confesser sa faute devant toute la famille. Il avait été décidé qu'on ne pratiquerait pas l'ablation du clitoris, châtiment prescrit par la tradition dans de tels cas. On était moderne désormais. Les petites coupures valaient mieux que cette mutilation. Alors, Siliki avait été vendue à un trafiquant de Nasimapula, qui l'avait cédée à Lumière. Elle venait du nord du pays, là où la forêt équatoriale résiste encore aux assauts des hommes. Elle était la seule à ne rien dire et à ne pas retenir ses larmes. Vie Éternelle s'est tourné vers les filles et leur a dit : *N'oubliez jamais les risques que nous prenons pour vous aider à vous en sortir ! Je parle bien sûr de celles qui sont venues à nous. Quant aux autres, elles nous appartiennent et sont priées de s'en souvenir.* Il s'est approché d'elles et leur a maculé le visage d'une poudre lactescente. Comme chaque fois qu'il venait les voir, il avait ôté la soutane blanche qui était son vêtement quotidien dans les rues de Sombé, pour revêtir un pantalon de satin noir et une chemise rouge aux manches bouffantes, taillée dans une sorte de voile. Cela donnait à ses gestes une amplitude étrange, dénuée de grâce et menaçante. Il leur a demandé de se mettre à genoux et de répéter après lui un serment d'allégeance. Puisqu'il détenait des morceaux de leurs corps, où qu'elles soient, il serait à leurs côtés. Il viendrait marcher dans leurs rêves et il leur arriverait malheur si elles tentaient de le trahir. Mukom a prononcé ces paroles comme les autres, les yeux fermés et en tremblant. Je me demande si elle songeait encore en cet instant qu'un prince charmant au visage pâle puisse la délivrer de la misère et la hisser sur une terrasse surplombant l'Afrique entière. Elle ne pouvait être si naïve, ni croire à ce point à sa destinée. Tout ce qu'il lui restait, c'était un espoir ténu et déjà bien audacieux.

Le rituel de protection s'est enfin achevé et Vie Éternelle s'est adressé à Endalé. Il lui a dit que son cas était particulier. Elle avait besoin d'une abrasion minutieuse des scories que sa faute avait laissées sur son âme. Elle a acquiescé d'un hochement de tête. Il lui a demandé : *Quand as-tu vu ton sang dernièrement ?* Elle a répondu : *Je suis impure en ce moment même.* Il a rugi comme une armée de lions dans la savane : *Mais ne pouvais-tu le dire avant, petite imbécile ? Il faudra faire de nouvelles protections pour toi ! Celles de cette nuit n'auront pas d'effet ! Une femme impure est inaccessible aux esprits...* Il a chuchoté cette dernière phrase, avant d'ajouter : *Bon. Au moins, je peux savoir quand tu verras de nouveau ton sang. Je t'emmènerai lorsque l'heure sera proche.* Il leur a tourné le dos et a quitté la pièce, emportant sa lampe

tempête et les abandonnant dans l'obscurité. Elles n'avaient pas d'eau pour se laver le visage, puisque je ne leur en apportais que le matin pour leur toilette et un peu au moment des repas. Elles se sont étendues à même le sol sur les nattes et sur les pagnes qui leur servaient de couche. Elles ne se parlaient pas. De l'extérieur, j'entendais leur respiration superficielle, comme si elles réprimaient des sanglots. Je ne peux expliquer ce que je vais te dire maintenant, puisque Vie Éternelle avait emmené la lumière et que je ne voyais plus leurs visages poudrés de blanc, mais je sais que toutes avaient les yeux ouverts dans le noir.

Je suis certaine qu'à chacune des visites de leur protecteur, ce n'était pas seulement le faible éclat d'une lampe tempête qui leur était ravi, mais tout espoir de paix. Chaque fois qu'elles se soumettaient à un de ces rituels, elles faisaient un pas de plus dans le néant, ce lieu immatériel où les êtres n'ont plus ni substance ni conscience. Elles seraient des mortes vivantes une fois qu'elles arriveraient là-bas. Elles supporteraient tout sans rien tenter pour s'évader. Peut-être que le dimanche il y aurait un temple, une église quelconque où prier pour trouver un jour la terre opportune où les derniers deviennent les premiers. Ce serait là leur unique acte de rébellion. Leur foi en Dieu n'irait jamais jusqu'à faire fi des rognures d'ongles et des mèches de cheveux données à Vie Éternelle. Elles seraient à jamais des ombres, pour n'avoir pu se résoudre à faire un choix entre la vie et la mort. Toujours cette ambivalence, cette incapacité à se déterminer. Toujours cette hésitation, ce doute, qui donne aux événements de se conduire eux-mêmes quand la volonté des hommes devrait tenter sa chance. Crois-tu, mère, que Nyambey ne nous ait créés que pour que nous soyons de petites choses rampant à la surface du globe ? Crois-tu qu'Il ait voulu que nous nous soumettions à de la poudre blanche et aux petits cailloux d'une prétendue voyante qui peut dire à une femme que la chair de sa chair n'est pas un être humain ? Je ne sais ce que tu crois, et d'ailleurs je m'en fiche. J'ai fait mon choix, en trois années passées ici. Un choix en conscience qui me maintient en vie.

Je suis ici et je compte les jours. Bientôt, Vie Éternelle reviendra voir les filles. Kwédi l'accueillera en poussant de hauts cris à propos de cette gamine inutile qu'il faut soigner une fois tous les trois mois, puisque telle est la fréquence de mes crises. Elle lui demandera ce que Lumière et Don de Dieu attendent pour lui trouver une aide valable. Elle lui dira qu'elle est à leur service, mais qu'elle n'est pas leur esclave, que comme eux elle est née d'une femme et mérite un peu de considération. Puis, ils iront dans la cuisine où il se débarrassera de sa soutane pour enfiler sa tenue de cérémonie. Il ne lui dira pas un mot et apprêtera sa poudre blanche en écrasant des morceaux de kaolin sur la pierre où Kwédi prépare journellement épices et condiments. Il rejoindra les filles, la laissant soupirer longuement et en vain. Lorsqu'il sortira, elle demandera : *Quand serai-je autorisée à retrouver les miens ?* Il lui dira : *L'heure vient.* Pas un mot de plus ne franchira ses lèvres et il lui donnera le dos avant de regagner sa voiture, quelque part sur la route qui passe près de la brousse où nous sommes. Kwédi restera là à attendre la fin de sa captivité. Au début, il ne m'était pas apparu qu'elle était aussi prisonnière que nous toutes. J'étais recroquevillée sur moi-même, presque prostrée. Je demeurais assise dans un coin de la pièce où nous dormons elle et moi, les mains appuyées sur les paupières, pour empêcher mes yeux de s'ouvrir sur ce qui était devenu mon univers, ce cachot dans lequel j'avais été jetée. Je refusais toute nourriture, espérant que la faim me tuerait, mais elle ne faisait rien que me tordre les boyaux jusqu'à ce que, malgré moi, je picore dans l'assiette que Kwédi avait laissée à mon intention. Elle me regardait d'un air triste, convaincue que j'étais folle, et je l'étais sans doute d'une certaine façon, puisque ma perception du monde différait de celle du commun. Le monde pour moi n'était rien que l'air moite de la pièce et l'odeur de la terre battue du sol. Il n'avait de réalité que vaporeuse, comme si j'avais été déplacée dans une dimension non physique où les sensations n'incluaient pas la matière. Elles n'étaient qu'une valeur éthérée, impalpable. J'étais là, moi-même irréelle, ne pouvant croire ni comprendre que je puisse me trouver dans une telle situation. Le monde n'était plus que ce silence dans lequel je m'étais retranchée, incapable du moindre ancrage. Le premier jour, Lumière m'avait exposé ce que serait ma fonction, ce qu'il attendait de moi pour le prix qu'il avait payé. On ne viendrait pas me chercher. Personne ne pourrait me retrouver. Je l'entendais sans le voir puisque mes mains ne quittaient pas mes paupières, et je me disais qu'Ayané me chercherait si tu ne le faisais pas, si tu estimais n'avoir aucune raison de le faire, puisque j'avais gâché ta vie. Cette espérance diffuse ne reposait sur rien. Elle m'a finalement quittée, comme une fièvre de passage.

Au bout de quelques mois, j'ai commencé à sortir de la pièce. C'est là que j'ai vu les premières filles. Je ne me suis pas approchée d'elles. Lorsqu'on m'y a contrainte, elles n'ont pas accepté ma présence. Elles disaient que je leur porterais malchance, avec le tee-shirt de Sépu qui se décomposait à même ma peau sale, et l'odeur qui s'échappait de mes aisselles, de mon entrejambe, de mon être entier. Je commençais à peine à trouver la vie plus attrayante que la mort et je devais sentir le cadavre. Les filles voyaient en moi ce que tu as vu, un esprit maléfique. Mon mutisme en cette terre d'oralité criait ma non-appartenance au genre humain. Je ne leur ai pas demandé à quoi il servait de parler pour ne rien dire. C'est ce que nous faisons ici. Nous ne disons que la surface des choses qui n'est jamais la vérité. Puisqu'elles ne voulaient pas de moi et qu'elles ne m'intéressaient en aucune façon, je restais le jour durant près de la mare que Kwédi avait creusée, avec cette particulière conception de la propreté qui consistait à verser les eaux usées toujours au même endroit. Son opiniâtreté avait formé un trou qui gardait l'eau, l'aidant à croupir. Des crapauds y venaient. On voyait leurs têtards noirs et lisses nager au fond, jusqu'à ce qu'ils soient en mesure de bondir hors de la mare pour faire la chasse aux insectes qui abondaient par là. Je les attendais patiemment et en capturais un parfois, du plat du pied fermement posé sur sa tête. J'aimais sentir le froid de leur peau de batraciens et la vaine agitation par laquelle ils espéraient se sauver. Ils restaient longtemps à bouger les pattes arrière, que je regardais tressauter sous la plante boueuse de mon pied. Il m'arrivait de les relâcher, pour les voir s'en aller étourdis vers une destination indéterminée, tanguant comme des pochards, incapables un moment d'effectuer leurs sauts.

À d'autres occasions, selon mon humeur, je les enfouissais entiers sous mon pied, jouissant de les tenir en mon pouvoir, mue par le désir irrépressible de mettre fin à leurs jours. Je les écrasais alors, m'appuyant de tout mon poids sur leur existence fragile, et la sensation des viscères et du sang qui s'échappaient de leur corps m'instruisait sur la réalité de ma puissance. Ils mouraient et je vivais. Les choses me sont apparues sous un autre angle. Je suis allée voir Kwédi, et je lui ai parlé : *Madame,* lui ai-je dit, *pouvez-vous me dire comment je pourrais me laver, et s'il serait possible d'obtenir une vraie robe et aussi une culotte ? Je vous aiderai désormais comme cela m'est demandé.* Elle m'a regardée longuement, de bas en haut et de haut en bas. La boue avait séché sur mes pieds et les couches qui se superposaient chaque jour davantage à cause de mes activités quotidiennes près de la mare me les chaussaient de croûtes sèches. Entre les raies de mes nattes, des pellicules poudreuses côtoyaient des marques rouges là où je m'étais trop grattée. J'avais les ongles longs et pleins d'une pâte noire. Elle a répondu, en baissant les yeux sur le manioc qu'elle coupait pour le mettre à macérer dans de l'eau, jusqu'à ce qu'il fermente et qu'elle puisse le façonner en bâtonnets : *Ne m'appelle pas madame, on n'est pas chez les Blancs, ici. Tu pourrais être ma fille, alors dis Maman Kwédi.* Je lui ai dit que cela m'était impossible. Sans vouloir lui manquer de respect, j'avais déjà une mère. Elle m'a de nouveau regardée pour me demander : *En es-tu bien sûre ?* Je n'ai rien dit. On avait dû lui raconter mon histoire. *Soit,* a-t-elle conclu, *appelle-moi Tante Kwédi. Il y a de l'eau là derrière, dans le fût. Débrouille-toi pour m'en laisser la moitié. Nous verrons plus tard comment te vêtir.* Dès ce jour, je me suis montrée aimable avec toutes les femmes qui sont passées par ici. Bien que toujours silencieuse, je les ai servies de mon mieux et me suis employée à leur faire comprendre que je serais toujours discrète concernant leurs conversations. Elles parlaient aussi librement en ma présence, je crois, qu'en mon absence. Dans la pièce obscure qui leur avait été allouée, je les ai vues peu à peu disparaître pour devenir ce qu'on attendait qu'elles soient : des mortes vivantes. Comme tous les zombis, elles serviraient leurs maîtres sans qu'ils aient à craindre la moindre rebuffade. Au fil des mois et des visites de Vie Éternelle, dont le point culminant était le moment où elles lui donnaient des bouts de leurs phanères, elles s'éteignaient. Elles ne disaient plus que des paroles sans substance, tentant en vain de conjurer le silence sous lequel le monde les avait passées.

Il n'est que des ombres ici, te dis-je, qui vivent au temps présent le Jugement dernier. Toutes acceptent leur sort comme un passage obligé. Je suis une ombre par la force des choses, puisqu'elles déteignent sur moi, imprimant sur mes jours la non-vie dans laquelle elles se noient. Cependant, je n'ai rien à me reprocher. Rien, m'entends-tu ? Je suis née et ce n'est pas un crime, que je sache. Laisse-moi sortir d'ici pour te le dire en face : je saurai m'aimer sans que tu m'y aides. Tu n'es rien pour moi, que le trou par lequel j'ai dû me faufiler pour arriver sur terre... Où te trouves-tu maintenant, mère ? J'imagine parfois qu'ils sont venus, au jour dit, te chasser de chez nous. Tu n'as pas voulu t'en aller et ma grand-mère paternelle t'a dardée d'un regard méprisant, avant de te demander : *Tu ne croyais pas que nous allions t'accueillir au sein de notre famille ? Retourne chez les tiens !* Mes oncles t'ont jetée dehors et nos voisins t'ont regardée rassembler tes robes traînant dans la poussière. Il était cinq heures de l'après-midi et les enfants revenaient de l'école dans leurs uniformes. Ils grignotaient des beignets trop gras, frits dans une huile rance, et t'observaient sans émotion. Certains chuchotaient que tu perdais la raison, puis ils se taisaient, te regardant t'arracher les cheveux en criant que l'esprit de ton mari ne permettrait pas cela, que cette famille ne serait pas en paix après t'avoir traitée ainsi. Tu avais eu un enfant de lui. Vos deux chairs mêlées avaient créé une vie et Dieu n'accordait pas ce privilège à tous ceux qui unissaient leurs corps. C'était donc qu'Il avait béni votre rencontre. Ma grand-mère t'a demandé : *De quel enfant parles-tu ? Nous ne voyons aucun enfant ici ! Il n'y a que toi et les effets que mon fils t'a offerts.* Tu t'es mise à farfouiller dans des sacs de cuir, dans des sachets, dans de vieilles enveloppes, et tu as brandi mon acte de naissance. Elle t'a répondu : *Le papier ne nous est rien. Seuls la chair et le sang nous importent. S'il y a un enfant, nous voulons le voir. Nous le voulons vivant et portant sur la face son indiscutable appartenance à notre famille. Nous sommes ici au Mboasu. Il suffit de payer un fonctionnaire pour avoir tous les actes de naissance qu'on veut.* Tu t'es alors tournée vers la foule impassible des voisins, afin de leur demander de témoigner en ta faveur de ce que, durant neuf longues années, tu avais élevé l'enfant de cet homme dans sa maison. Oui, qu'ils disent que cette fillette illuminait ses jours, qu'elle était sa préférée, qu'il lui donnait tout ce qu'il refusait à ses fils. Les voisins n'ont rien dit. Tu ne pouvais rien leur offrir en échange de leur témoignage. Et puis, ils se souvenaient que personne ne t'avait vue enceinte, que tu étais venue là un matin avec un nourrisson dans les bras, que papa était allé déclarer ma naissance à la mairie une semaine plus tard. C'est lui qui a fixé la date de mon anniversaire, choisissant pour cela celle du départ du bélier blanc. Des yeux, tu cherchais Sésé. Elle qui avait prononcé ses incantations dans ta maison après t'avoir convaincue de chasser ta fille, où était-elle à présent ? Elle avait dit que moi partie, il ne t'arriverait rien de mal. Elle n'était pas là, cependant que la houle t'emportait pour te jeter exténuée sur le rivage désolé des temps premiers de ton existence.

Tu as eu trop honte de t'en retourner chez ta mère à Embényolo, dans cette bicoque misérable où vous avez vécu, tes onze sœurs et toi. Alors, qu'as-tu fait ? Où es-tu allée ? Je me dis que le souffle t'a manqué et que tu es morte d'un coup, de chagrin et de stupéfaction. Mes oncles ont changé les serrures et installé un veilleur de nuit devant la maison en attendant de la louer. Aucun d'eux ne souhaitait l'habiter. Ils s'en sont allés, enjambant ton corps, l'évitant comme les déjections d'un chien. Les voisins se sont ensuite approchés, silencieux et toujours aussi impassibles. Ils se sont penchés vers les valises et les sacs. Ils ne t'ont rien laissé, que tes sous-vêtements. Heureusement, tu portais un soutien-gorge seyant. Personne ne pouvait voir tes seins flasques se mettre à traîner dans la poussière. Quant aux vergetures que tu abhorrais tant, des hommes les ont regardées en connaisseurs et ont dit : *Quelle pitié ! Cette femme pouvait encore produire !* Oui, chez nous, ces zébrures sont appréciées. Les hommes les recherchent, les quêtent comme un trésor à même la peau des femmes. Elles sont un signe de fécondité. Or, nulle grâce n'est supérieure à la fécondité lorsqu'on est femme. Tu ne le savais que trop bien, toi qui étais venue tendre un nouveau-né à un homme en lui disant : *C'est ta fille*. Pour avoir prononcé ces trois mots, il t'avait ouvert sa maison et un pan de son cœur. Il était comme tous les autres, obsédé par l'idée de se reproduire, de laisser sur terre l'empreinte de son passage. Comme tous les autres, il croyait ainsi échapper à la mort. Il suffisait qu'il m'ait faite, qu'il ait engendré mes frères avant moi. Le souci de ce que je deviendrais après son départ, celui de la douleur qu'il leur avait plantée dans le cœur à force de désamour, rien de cela n'entrait en ligne de compte. Je pense parfois à mes frères. Les a-t-on laissés dans leur internat ou la famille les a-t-elle repris ? Ils doivent être grands, maintenant. Ils achèveront bientôt leurs études secondaires, et quitteront sans doute le pays pour étudier en France. C'est comme cela, dans toutes les bonnes familles. Une fois arrivés là-bas, ils feront leurs bagages et s'en iront sous le ciel de Guyane pour y voir voler les ibis rouges. La Guyane est à ma connaissance leur unique désir. Ils se fichent bien d'étudier pour devenir des rois borgnes au pays des aveugles, comme tous ces gens bardés de diplômes qui ne nous servent à rien, qui ne reviennent au pays que pour écraser les ignorants d'une médiocrité portant le label *Occident.* Tout ce que veulent mes frères, c'est ce qui nous est refusé, à nous de cette génération : la chaleur et l'amour. Ils ne reviendront pas. S'ils ne trouvent pas la Guyane, s'ils la trouvent et qu'elle ne leur donne pas cette pépite d'or impalpable qu'est la raison de vivre, ils se laisseront mourir. La famille n'y pourra rien. Elle ne leur a rien donné et n'a pas su les protéger. Ici, les familles ne savent qu'exiger, et c'est trop peu pour qu'on leur aliène sa liberté.

Peut-être les choses se sont-elles passées autrement. Peut-être as-tu rassemblé les restes de ces neuf années de tranquillité, avant de quitter le quartier. Tu n'avais pas d'argent pour prendre un taxi, alors tu as marché.

Incapable de retourner à Embényolo après avoir entrevu les hauteurs de ce monde, tu t'es dirigée la mort dans l'âme vers la demeure de ta sœur Epéti. Tu leur as demandé, à son époux et à elle, de bien vouloir t'héberger un temps. Ils recevaient des amis de l'autre bord de l'Océan et n'avaient pas de place pour t'accueillir. Ah, que ne les avais-tu prévenus plus tôt ! Tu as répondu que le malheur s'était présenté à ta porte sans crier gare et qu'il ne t'avait guère laissé le temps de te retourner. Tu ne voulais pas les déranger, alors tu t'en es allée. Tu t'es assise au coin d'une rue, sous un réverbère. Des enfants pauvres, des *enfants de quartiers* s'agglutinaient là. Ils n'avaient pas l'électricité à la maison, et repassaient leurs leçons sous les lampadaires. Tu les as regardés. Tu les as écoutés. Ils récitaient la leçon de choses du matin, la leçon de morale, la table de multiplication de huit. Ils riaient, se taquinaient. Parfois, quelqu'un en appelait un pour lui dire de rentrer dîner : *Eh, Dipita, dépêche-toi d'amener ton nez épaté par ici.* Nous avons la tendresse rude, au Mboasu. Plutôt que de passer sous silence les failles de ceux que nous aimons, nous les leur rappelons constamment, afin qu'ils les surmontent. Dipita devenu grand n'en aura rien à faire, d'avoir le nez épaté. Il aspirera tout l'air du monde de ses narines écrasées, fier d'exister, parfaitement légitime. Son copain Dikongué deviendra un séducteur au front bombé. Il y a encore parfois, dans ces quartiers populaires où la misère fait venir la folie, quelques débris d'une ancienne sagesse. Tu as regardé le gosse courir vers la voix qui l'avait appelé, tenant sous le bras un livre de sciences qui avait servi à des générations avant lui, et qu'il s'était procuré chez un marchand de manuels d'occasion. Après la mère de Dipita, d'autres femmes se sont tenues devant leur maison et ont hululé pour faire rentrer leur progéniture. Les enfants s'en sont allés d'un coup, et tu es demeurée seule sous le réverbère. Des larmes t'ont picoté les yeux, mais tu ne les as pas laissées couler.

Tu t'es passé mentalement le film de ta vie, et tu as fait tes comptes. Par quelque bout que tu prennes les choses, tu en arrivais toujours au même point : la case départ. Cette bicoque d'Embényolo dans laquelle tu t'étais juré de ne pas retourner. Tu n'avais plus qu'elle. Ce n'était pas en restant assise là que ton destin allait prendre tournure, que tu pourrais de nouveau tutoyer les éminences de Sombé. Tu t'es trituré les méninges des heures durant, jusqu'à ce que la police passe avec son fourgon bleu foncé et t'emmène au poste. Le lendemain matin, on t'a conduite à l'hôpital afin de te faire interner chez les fous. Tu avais été hystérique toute la nuit, criant qu'on verrait ce qu'on verrait, qu'on ne savait pas à qui on avait affaire, alors qu'on t'avait trouvée sur le trottoir d'un quartier populaire. Les psychiatres n'ont pas voulu de toi. En effet, on ne te connaissait aucune famille pour payer tes soins. Tu as été rendue à la rue, à la foule illuminée de Sombé. L'Esprit-Saint qui l'avait éblouie l'empêchait de voir les malheureux comme toi. Tu as frappé à la porte du *Soul Food* pour te remettre entre les mains du Christ africain. Là non plus, on n'a pas voulu de toi. Tu n'avais pas un sou à offrir au gourou en échange de son intercession auprès de la divinité réinventée. Tu n'avais même pas un petit champ à toi, afin d'en sacrifier les récoltes à la prospérité de la congrégation. Dans ces conditions, nul ne pouvait sauver ton âme. Les policiers t'avaient pris tes vêtements, tes sacs et tes chaussures, afin de les donner à leurs femmes ou à leurs maîtresses. Il ne te restait plus que la robe que tu portais sur toi depuis la veille, et la case d'Embényolo dans laquelle tu ne voulais décidément pas retourner. La faim t'a passionnément étreint les intestins, et tu ne t'es même pas rendu compte que tu te mettais à tendre la main aux clients de la *Pharmacie de la Tubé*. Tu voulais une pièce. Dieu leur rendrait leur bonté. Certains t'ont prise en pitié et t'ont donné de la ferraille. Tu t'es acheté une brochette chez un type qui faisait griller des morceaux de chien des rues. Il les faisait mariner si longtemps dans tant d'épices qu'on ne pouvait plus identifier la viande. Pour mieux brouiller les pistes, il la découpait en très fines lamelles. Tu as mangé de bon cœur, avant de retourner mendier. La nuit venue, tu as trouvé un bout de carton sous le porche d'une boutique de luxe que tu avais fréquentée dans le temps. Clocharde d'accord, mais avec un certain nombre d'étoiles ! Tu as mal dormi, obligée de faire le guet. La police raflait les vagabonds dans ton genre. Des bandes de braqueurs sévissaient également, que l'envie de s'amuser avec toi pouvait titiller. Dès le lendemain, tu as entrepris de retrouver Sésé. Elle te devait quelques explications. Rien ne s'était déroulé comme elle te l'avait prédit. Nulle part, tu n'as trouvé trace d'elle. Ceux des voisins qui ont daigné t'adresser la parole t'ont dit qu'elle était retournée dans son village, un endroit dont tu n'avais jamais entendu parler et que personne ne pouvait t'indiquer. De toute façon, tu n'avais pas les moyens de t'y rendre. Pourtant, on verrait ce qu'on verrait, on ne savait pas à qui on avait affaire. Très vite, tu as pris la place d'Epupa que son crime avait conduite en prison. Tu t'es mise à prêcher aux carrefours de la ville, ces lieux hantés par des esprits de toutes sortes. Ta robe bleue a perdu de sa fraîcheur. Tu es devenue ce visage émacié qui me poursuit en rêve, pour me répéter que mon sang n'est pas le tien. D'accord, mère, si tu veux. Sache seulement qu'il le vaut bien.

Il n'est que de l'ombre sur mes jours, et tu ne me quittes pas. Je compte les allées et venues de Kwédi dans la pièce où je suis allongée. Elles m'indiquent l'heure. Après le milieu de la nuit, elle vient partager cet espace avec moi. Elle refuse de rester dans la cuisine ouverte aux éléments et aux âmes errantes. Lorsqu'elle s'endort enfin, elle ronfle et parle dans son sommeil. Elle demande pardon à un certain Kingué. Elle lui dit : *Tu sais que je n'ai pas voulu ça... Mais quel choix avais-je, veux-tu me le dire ? Et puis, c'est toi qui voulais t'en aller ! Voilà, tu es parti et je suis là. Ils disent que le temps viendra bientôt. Je pourrai quitter ce lieu. Tu sais que je n'ai pas voulu ça, hein, Kingué.* Et puis, elle ne dit plus rien. Elle gémit pendant des heures et repousse de son mieux les forces qui l'assaillent. Sa nuit se passe à tenter d'échapper à leurs tentacules gélatineux. Le jour la trouve épuisée, mais contrainte de se lever pour s'acquitter de ses tâches, jusqu'à ce que l'heure vienne où elle sera libre. Elle aussi doit quelque chose à Lumière et à Don de Dieu. Peut-être Kingué est-il un fils, un frère qui rêvait de *faire la France* où même la Chine, afin d'y livrer n'importe quelle bataille, pourvu que ce soit bien au large du Mboasu. Peut-être a-t-elle vendu sa liberté contre un vrai faux passeport. Peut-être Kingué ne lui en demandait-il pas tant même si, au loin désormais, il vit sa vie. Et s'il dort parmi les pierres et les détritus du détroit de Gibraltar, au moins son rêve ne connaît-il pas de fin. Parfois, alors que Kwédi dort, je me glisse au-dehors. Ses ronflements m'empêchent de fermer l'œil. Je m'avance dans la nuit en direction de la brousse. Elle est une forme compacte dont les parties hautes se meuvent, poussées par le vent, tels les cheveux de la Gorgone. Elle est vivante. Sa parole de craquements et de crissements me parvient pour faire entendre qu'elle était souveraine, antan. Les humains pactisaient avec elle, avec les bêtes féroces dans lesquelles elle matérialisait sa puissance, afin de se rendre accessible à leur entendement. Chaque famille avait un totem, un animal dont l'esprit la protégeait, et qu'elle ne pouvait manger au risque de tomber malade ou de mourir. Les hommes savaient que la brousse et ses créatures étaient les formes que le divin avait choisies pour mieux s'offrir à leur piété. Ce n'était pas aux arbres, ni aux animaux, ni même aux éléments qu'ils adressaient leurs prières. C'était à Nyambey, qui est irreprésentable et qui sait combien les humains ont besoin de voir et de toucher pour croire.

À présent, la brousse n'est plus qu'un corps qu'ils mutilent de la pointe acérée de leurs couteaux, pour lui soutirer des écorces ou des herbes, sans prendre la peine de la remercier pour ses dons. Lorsqu'ils en invoquent les forces, ce n'est plus pour leur demander de les relier au Suprême, mais seulement pour obtenir immédiatement de quoi se remplir la panse. Pourtant, si ces énergies sont au service des hommes, il leur est impossible d'offrir ce que Nyambey donnerait. Ils n'en obtiennent donc rien de très grand, rien de très valable, et surtout rien de durable. Elles les soulagent de l'effort de trouver le sens de leur vie. Ils disent que c'est notre culture, cette soumission à l'immédiateté, cet abandon au besoin primaire. Ensuite, ils disent que c'est la faute des autres si nous sommes sous-développés. Ils devraient savoir qu'on ne peut se développer lorsqu'on s'arrime ainsi au jour qui fuit, au lieu de songer à celui qui vient. On ne peut rien bâtir lorsqu'on est inapte à envisager le futur. Nous sommes rétifs à cet exercice. Nous ne voulons régler que les affaires courantes. Oppressés par leur nombre et par leur urgence, il ne nous reste plus qu'à risquer nos vies pour aller *faire l'Europe*. Ensuite, ceux qui seront restés au pays verront, grâce aux paraboles qui la diffuseront de par le monde, l'image de nos cadavres carbonisés dans un immeuble de là-bas. Ils se diront : Chacun son destin. Ils prendront eux aussi la route du désert, pour suivre comme ils pourront, le tracé de leur ligne de vie. Ils oublieront que la ligne était dans leur main, et qu'elle n'indiquait pas la fuite.

Une nuit que je me trouvais ainsi hors de la maison, il m'a semblé apercevoir des silhouettes dans la brousse. On passait par ici, on repassait par là. On chuchotait, on cherchait le point de ralliement. En définitive, on s'était tu. Une chèvre avait bêlé. Une femme avait crié. Je m'étais approchée, le cœur battant, l'esprit déterminé à percer le mystère. Mes yeux s'étaient plantés dans un regard fixe. Il n'y avait rien d'autre que ce regard. Aucun visage autour. Cela m'avait glacé le sang et je m'étais enfuie vers la maison dont je n'avais plus bougé des jours durant. Alors que je courais de mon côté, le regard et ses comparses détalaient du leur. Quelques jours plus tard, Lumière et Don de Dieu étaient venus avec les sept filles qui sont là. Lumière avait dit à Kwédi : *J'espère que nous n'aurons pas à vous déplacer, nous aurions du mal à trouver un lieu plus discret*. Elle lui avait demandé pourquoi il songeait à changer d'endroit, et il avait répondu : *En traversant la brousse pour venir ici, nous avons trouvé les restes d'une cérémonie. Il y avait une tête de chèvre attachée au tronc d'un arbre, avec une liasse de billets dans la bouche. Il y avait aussi des bouteilles vides, sentant encore le vin de palme.* Kwédi avait hoché la tête, avant de dire sur le ton de l'évidence : *Oh, ils ont vendu quelqu'un, c'est tout. Ils ont sacrifié quelqu'un à un esprit qu'ils ont payé et nourri pour ses services. La chèvre représente cette personne et...* Lumière avait eu un geste impatient de la main : *Femme, crois-tu m'enseigner ces choses ? Je sais exactement ce qui s'est passé, et il me serait facile de découvrir qui a fait ce sacrifice. Ce que je pense, c'est qu'il faut trouver un moyen de faire en sorte que personne ne vienne si près de la maison.* Il avait murmuré qu'on pouvait compter sur lui pour s'en occuper. Apparemment, il savait tout de la noirceur qui recouvrait le pays, lui masquant pour jamais la vue du ciel. Je ne sais ce qu'il a fait, mais nul ne s'est plus aventuré dans ces parages. Je me suis parfois demandé si j'aurais dû alerter ceux qui étaient venus, si j'aurais dû leur demander de m'emmener avec eux. Il n'est pas certain qu'ils m'auraient fait un sort plus favorable. La chèvre avait bêlé et la femme avait crié. Rien de réjouissant. Ensuite, il y avait eu ce regard apparemment détaché de toute enveloppe charnelle. Je crois avoir eu raison de céder à la peur. Ce n'était pas seulement de la peur, c'était mon instinct de survie. Plusieurs nuits durant, ce regard avait hanté mon sommeil, coupant court à mes rêves d'implosion féerique, se substituant au tien lorsque tu auscultais mon sang avant de décréter qu'il n'était pas le tien. Bien sûr que ce n'est pas le tien, mère. C'est le mien. Attends que je quitte ce trou noir pour te le dire en face : la vie que tu as mise en ce monde est la mienne. Tu crois me l'avoir donnée, mais tu devrais savoir, toi qui es née ici au Mboasu, que personne ne donne la vie. Elle précède les hommes et demeure après eux sous des formes diverses. Il ne leur est donné que de la transmettre. Mon âme est peut-être plus ancienne, plus expérimentée que la tienne : songes-y. Si je ne t'avais pas vue souffrir du même mal que moi, j'aurais conservé la conviction de n'avoir pu macérer en tes entrailles avant de pousser mon premier cri. Si, même après t'avoir vue souffrir, j'avais aperçu au bout de la route de terre qui serpentait devant notre maison cette femme dont je rêvais sans jamais entrevoir ses traits, je l'aurais suivie. Elle n'est jamais venue.

Ce jour-là, lorsque les filles sont arrivées, je me suis fait la promesse qu'elles seraient les dernières que je verrais ainsi, la face attachée et le regard vide. Je n'en pouvais plus, de ces groupes de femmes qui venaient là, sans armes ni bagages, ployant sous le poids d'une croix invisible mais réelle. Elles devaient être les dernières. Je leur ai porté une bouillie de manioc que Kwédi avait légèrement sucrée et des beignets de maïs. Elles se sont restaurées sans un mot, cependant que je les observais de mon mieux dans la pénombre. Toutes avaient l'air affligé. Elles portaient le deuil d'elles-mêmes et savaient où leurs cadavres avaient été abandonnés. Elles seraient les dernières que je verrais, dussé-je arpenter seule la brousse pour m'y frayer un chemin vers le monde. Je devais trouver le monde. Trois ans, c'était assez. Cette deuxième gestation arrivait à son terme. Il ne m'était pas possible de me souvenir de toutes les femmes que j'avais vues, même si je m'en rappelais un certain nombre. Combien étaient mortes avant d'arriver à destination ? Combien étaient encore en Europe, leur dette s'étendant devant elles comme un océan infranchissable ? Il fallait que je parte, sans alliée dans ma fuite. Elles avaient donné leurs ongles et leurs cheveux, pas moi.

Deux mois après leur arrivée, j'ai eu cette crise qui me maintient couchée. Vie Éternelle a dit à Kwédi – et c'était la première fois depuis des années qu'il répondait à ses suppliques de trouver une aide valable – qu'ils ne pouvaient pas me ramener à Sombé parce que je pourrais parler, et qu'ils n'iraient pas jusqu'à me tuer. Même eux ne le pouvaient pas, avait-il dit. Chacun ne posait que les actes qu'il pouvait assumer. Lorsqu'il a dit cela, j'ai su que j'aurais une vie. Pas seulement la vie sauve : une vraie vie. C'est pour bientôt. C'est déjà en cours. La prochaine fois qu'il viendra, Kwédi ne manquera pas de se plaindre. C'est seulement une habitude, des mots qu'elle prononce pour meubler le silence et abolir sa peur. Puisqu'on me sait malade, on ne me cherchera pas. Vie Éternelle ne fouillera pas sa voiture. Je serai dans le coffre qui ne ferme plus bien et qu'il attache avec un bout de corde fixé sur la serrure, avant de l'accrocher à un clou enfoncé à l'intérieur. Il fait encore nuit, mère, mais le jour vient.

*
* *

Depuis plusieurs jours, la crise est passée, mais je feins de continuer à souffrir. Kwédi me donne de sa potion amère en pestant. Je l'avale, retenant mon souffle pour ne pas en sentir la saveur. Le goût est si fort cependant, qu'il me reste des heures durant agrippé aux papilles. Elle ne se doute de rien, habituée à me voir refuser le breuvage sitôt que je me porte mieux. Le moment venu, je me faufile dans les fourrés jusqu'à la voiture, priant Nyambey de protéger mes pas. Je Lui dis de ne pas trahir mon courage cette fois, que je suis prête. S'Il ne m'a pas encore rappelée à Lui, c'est bien qu'Il me destine à quelque chose. Il n'y a rien pour moi dans cette brousse. Je pénètre dans le coffre où une étoffe sent les vivres avariés, et je tiens la corde dans ma main pour qu'elle paraisse toujours rivée à son clou. Vie Éternelle n'y voit que du feu. Il revient avec Endalé. Il l'emmène pour lui administrer ce traitement particulier qu'il a évoqué. Après ces mois passés là, sa robe ne ressemble plus à rien d'autre qu'un assemblage de vieux chiffons roses. Ses souliers vernis brillent dans l'herbe, comme un fanal dérisoire dans l'opacité d'une nuit infinie. Le long du trajet, mon cœur bat à se rompre. S'il peut battre si fort, c'est forcément que la vie en moi domine la mort. Les globules en forme de faux peuvent bien se livrer une bataille sans merci, ils ne sont pas ma fin en soi. Ma fin serait de ne rien tenter, de me résigner à ne rien accomplir. Peut-être qu'un jour ils se désagrégeront pour m'emmener dans l'au-delà, mais j'aurai fait quelque chose avant. J'essaie de voir par où nous passons, mais je ne peux ouvrir le coffre assez grand. Il n'y a rien à voir, qu'une route de latérite bordée de plantes sauvages. C'est la campagne, n'importe quelle campagne d'Afrique équatoriale. Au bout d'un moment, après un quart d'heure de route environ, je vois tout de même quelque chose. C'est le point du jour. Vie Éternelle a passé la nuit avec les filles et s'est mis en chemin plus tard qu'à l'accoutumée. Des hommes vêtus de pantalons marron et de tee-shirts blancs apparaissent et disparaissent dans la végétation dense. Certains munis de canifs saignent des hévéas, avant d'y accrocher un récipient pour en recueillir la sève. D'autres portent sur l'épaule une longue tige de bois dont les deux extrémités sont lestées de seaux apparemment très lourds. Ils marchent à pas pesants, l'œil embué par le trouble de leur destinée. Leurs tee-shirts portent le logo de la compagnie étasunienne qui les emploie. Nous ne roulons pas très vite parce que la route est mauvaise. L'air sent l'ammoniaque dans lequel on verse la sève d'hévéa, afin d'en préserver la souplesse.

Je vois que nous entrons dans Sombé par le quartier nord de Lambolé. Nous passons devant le couvent du *Perpétuel Secours* où des rebelles ont assassiné douze religieuses européennes. Il est maintenant abandonné. Aucune église d'éveil n'a élu domicile en ses murs que des pluies torrentielles ont maculés de traînées vertes. Les habitants les plus démunis du quartier ne veulent sans doute pas s'approcher d'un lieu où tant de gens ont péri, et de manière si tragique. Des fantômes pourraient vouloir les châtier de n'avoir rien fait, alors que ces religieuses les avaient tellement aidés. Le lendemain de leur mort, quelques téméraires sont venus voir s'il n'y avait rien à voler. Ils se sont servis, sans manquer de faire une génuflexion devant le Christ grandeur nature qui trônait là, infatigable devant les péchés du monde, inlassablement commis et sans cesse à laver. Sa lessive n'aura pas de fin, mais il accepte stoïquement sa raison d'être. Ils l'en ont remercié et n'ont pas remis les pieds dans le couvent, abandonnant le fils de Dieu à sa mission. Leurs problèmes étaient d'une envergure moindre, mais ils les pressaient. L'existentiel peut être contingent, il n'en demeure pas moins urgent. Et puis, ils n'ont rien trouvé de conséquent. Les rebelles s'étaient servis avant eux, emportant les vivres et les draps, ne laissant que des objets rituels et des meubles souvent trop lourds. Leurs habitations ne pouvaient contenir ces bancs longs de deux mètres, ni ces consoles de bois massif. Les rebelles ont même pris les casseroles, n'abandonnant que des poêles et des moules à gâteaux, dont les badauds s'étaient emparés pour ne pas repartir les mains vides mais dont ils ignoraient l'usage. Dans les parages, la pâtisserie se limite aux beignets qu'on fait frire et à la noix de coco râpée ou aux arachides qu'on fait caraméliser. Ces satanées bonnes sœurs n'avaient même pas la télévision, rien qu'un pauvre transistor et une kyrielle de livres inutiles. On a beaucoup parlé de leur assassinat dans les journaux. Le Vatican s'en est offusqué, prenant néanmoins soin de ne pas qualifier le crime de barbare. Certains mots sont vexants, même appliqués à des rebelles sanguinaires : ils étaient noirs. Personne au Mboasu n'aurait toléré qu'ils soient traités de barbares. La population a pleuré les bonnes sœurs, et a demandé sans conviction qu'elles soient enterrées sur place, puisqu'elles s'étaient dévouées à ce pays durant des décennies. Ces murmures n'ont évidemment eu aucune portée. Leurs familles ont repris leurs corps, et on est passé à autre chose. C'était encore la guerre, et il fallait survivre deux fois plus ardemment qu'avant qu'elle sévisse.

Nous traversons la ville qui n'a pas changé depuis la nuit de mon enlèvement. Je me demande ce que sont devenus Wengisané et les autres enfants, ce qui est arrivé à Ayané et à Aïda après que nous les avons quittées. Le jour se lève et les habitants de Sombé sortent peu à peu de chez eux. Des enfants vêtus de tabliers roses prennent seuls le chemin de l'école maternelle. Un homme emmène ses fillettes sur son scooter Vespa, l'une assise entre lui et le guidon, l'autre se cramponnant à son dos. Tel un cascadeur aguerri, il évite les ornières et les nids-de-poule, ralentit dans les mares d'eau de vaisselle croupie pour ne pas salir les revers de son pantalon impeccablement repassé. Une fois qu'il aura déposé ses enfants, il se rendra dans le service de l'État pour lequel il travaille, et où on lui doit toujours un an et demi de salaire. À la fin de la semaine, il ira défricher un champ en bordure de la ville et relever des pièges, espérant y trouver un porc-épic que les asticots n'auront pas dévoré. Des adolescents se lavent devant des bicoques de contreplaqué, offrant à la ville et au monde une nudité qui ne semble pas avoir honte d'exister, en ces temps où les bigots trouvent le vivant obscène. Comme ils s'apprêtent à se saisir d'un seau d'eau pour rincer la mousse blanche qui les recouvre de la tête aux pieds, une voix stridente leur fait entendre que Dieu n'aime pas ces corps qu'Il a façonnés. Ils se retournent pour chercher l'origine du sermon et la trouvent sur la figure vérolée d'un homme bref, mais déterminé à leur faire admettre Ses lois. Il s'approche d'eux, la démarche ralentie par le poids d'un costume de gabardine noire trop grand pour lui et trop chaud pour le climat local. Lorsqu'il les rejoint, la voiture tourne au coin de la rue. Je me tapis au fond de la malle arrière.

J'entends les bruits de la ville. Les chants de force des pousseurs qui aident des gens à déménager leurs meubles : ils vont traverser l'agglomération à pied, faisant avancer une sorte de diable dangereusement chargé. Plus que leurs muscles, c'est leur volonté qui fait rouler l'engin. S'ils peuvent effectuer plusieurs voyages, ils se paieront peut-être un repas en fin de journée. Il y a aussi des rires d'enfants. Ils sonnent comme l'innocence même, comme la pureté, comme cette impossible insouciance. Je n'éprouve pas de joie en les entendant. Je me demande simplement combien de temps, combien d'heures il faudra pour que tout cela leur soit ravi. Moi, j'ai finalement assez peu ri en douze ans. Quand il a fallu m'y résoudre, cela n'a été que pour amuser papa. Il avait tant besoin de croire qu'il n'avait pas tout raté... Il avait besoin d'illusions, d'un coussin de velours posé sur le creux de son existence. Il avait voulu posséder une femme, et elle était partie. Il avait acheté une vache grasse et des tas d'autres choses réclamées par les siens, s'il voulait vraiment épouser leur fille au teint clair et diplômée de lettres. Il avait vu un marabout, pour s'assurer l'amour de la récalcitrante. Un jour, il lui avait même proposé de faire un pacte de sang. Il était si sûr dès le départ qu'elle ne pouvait être à lui, qu'il usurpait la place d'un autre, qu'il s'était résolu à ces folies. Tout tenter pour la retenir le plus longtemps possible. Il savait qu'elle s'en irait. Les sorts n'ont qu'un temps. Elle lui avait donné deux fils et lui avait tourné le dos, une fois le devoir accompli. Il ne pouvait rien lui reprocher. En lui laissant des héritiers, elle avait bien conclu un pacte de sang avec lui.

La voiture s'engouffre dans un garage. Vie Éternelle en descend le premier et Endalé le suit. Il ne s'inquiète pas du coffre, n'y ayant laissé que cette étoffe dont la puanteur me pénètre les pores. Je jette un regard alentour. Des jeunes gens en soutane blanche devisent dans une cour ouverte sur la rue. Il m'est impossible de sortir immédiatement, alors je tends l'oreille pour entendre leur conversation. Ils parlent de la fin des temps. Ils seront ce jour-là du côté des vainqueurs, car ils ont des oreilles et ont entendu[1]. L'un d'eux regarde sa montre et dit à ses compagnons : *Nous allons être en retard au lycée !*

---

1. « Celui qui a des oreilles, qu'il entende ce que l'Esprit dit aux Eglises : Au vainqueur, je ferai manger de l'arbre de vie placé dans le Paradis de Dieu. » Apocalypse, 2, 7.

Comme de nombreux jeunes gens, ils passent parfois la nuit entière dans leur *couvent* comme ils disent, à contempler en imagination l'instant fatal où le Créateur détruira rageusement le monde. Ils y demeurent parfois des semaines entières à jeûner jusqu'à ce qu'ils aient le sentiment de s'envoler, jusqu'à ce que la tête leur tourne, provoquant des visions, des hallucinations. Dieu ne leur révèle rien, alors ils inventent. Le corps affamé conduit rarement l'esprit sur les voies de la transcendance. Bien souvent, il s'arrête au délire. Peu importe, du moment qu'on prétend avoir vu quelque chose. Celui qui a eu une *vision* gagne le respect des autres et une place de choix dans la congrégation. Il devient un oracle, un prophète. Les ambitieux sont nombreux. Ils dévoient la pratique et le message, adoptant les méthodes éprouvées, répétant les paroles du Livre, pour se frayer un chemin dans la nouvelle société de Sombé. Bientôt, les jeunes gens quittent la cour et je les vois y reparaître quelques minutes plus tard, vêtus de l'uniforme bleu de leur lycée, livres et cahiers sous le bras. Lorsqu'ils s'en vont, je me précipite hors du coffre et m'autorise enfin à respirer. L'air qui m'emplit les poumons est chaud et humide : on ne peut pas dire qu'il soit agréable à respirer, mais c'est tout ce qu'on a. Des cantiques me parviennent de l'intérieur du bâtiment dont la façade se trouve de l'autre côté. Prise d'une stupide curiosité, je ne suis pas la voie qu'ont prise les garçons et qui mène pourtant vers l'extérieur. Accroupie le long d'un mur latéral, j'avance vers l'entrée principale. C'est le *Soul Food*. Son enseigne rouge illumine encore les nuits de ce quartier, mais plus pour la même cause. La lourde porte capitonnée de cuir cramoisi donne directement sur la chaussée. Une jeune femme très imprégnée de culture noire américaine chante, accompagnée de guitares et de percussions : *Je ne mourrai pas, je vivrai. Je chanterai les louanges de mon sauveur...* Elle ponctue ardemment ses couplets de *yeah*, et de *ooh*. Il faut que je la voie, et ce bâtiment n'a pas de fenêtre.

J'hésite une seconde à pousser la porte. Une voix grave dans mon dos m'encourage à entrer. Je me retourne, pour me retrouver nez à nez avec Lumière. Il sourit, mais ses yeux restent froids. Sa mâchoire supérieure porte des canines en or, et un collier à l'avenant pèse lourd sur sa soutane immaculée. Il me pousse. La porte s'ouvre. Je tombe sur les fesses, en plein milieu de ce qui semble être l'office du matin. On cesse de chanter. Je me relève pour regarder ceux qui sont là. Des dizaines de gens vêtus de blanc et pieds nus sont installés sur les fauteuils de velours bordeaux de l'ancienne boîte de nuit. Leurs chaussures sont alignées sous le portant dont les cintres accueillaient jadis vestes et blousons. Le bar a été transformé en autel, et la chorale se tient au milieu de la piste de danse. Je reconnais Don de Dieu derrière le zinc, et lui aussi me reconnaît. Lumière et lui échangent un regard aussi noir que les ténèbres d'avant que la lumière fût. Ils ne disent mot, mais se comprennent parfaitement. Don de Dieu fait un signe de la main à un homme assis sur une banquette, entre deux très jeunes filles au visage fermé : *Frère Colonne du Temple*, lui demande-t-il, *veux-tu bien me remplacer ici ?* Puis il s'adresse à l'assemblée : *Frère Lumière et moi vous prions de nous excuser. Louez le Père, et demandez-Lui de nous assister pour que Sa volonté soit faite.* Le dénommé Colonne du Temple s'exécute d'extrêmement mauvaise grâce. Sa soutane a été si bien amidonnée qu'elle ne fait pas un pli, pendant qu'il se dirige vers l'autel derrière lequel on voit encore des bouteilles d'alcools forts. Ses pieds nus s'enfoncent platement dans la moquette rouge et les ongles de ses orteils brillent comme s'il y avait passé du vernis transparent. Une fois à la place de l'officiant, il lève les bras au ciel, ce qui le fait ressembler à un gros oiseau blanc aux ailes trapézoïdales et à face noire. Ses mains semblent des serres, au bout de ses bras levés. Je voudrais encore observer cet étrange volatile, mais Lumière et Don de Dieu m'entraînent hors de la salle. Nous passons par une cuisine et par un petit salon. Ce doivent être les appartements de l'ancien propriétaire des lieux, un Occidental un peu baroudeur qui a fait le tour du monde avant d'accoster ici. On ne sait ce qu'il est devenu, s'il est mort durant la guerre, ou s'il a pu s'enfuir. En tout cas, les hommes qui me tiennent chacun par un bras n'ont pas l'air de craindre qu'on vienne un jour leur disputer ce local. Il faut emprunter un escalier étroit, et Don de Dieu m'y précède, pendant que Lumière ferme la marche. Ce n'est qu'en haut qu'ils se parlent.

La pièce est plutôt grande. C'est une salle de séjour aux murs tapissés de pourpre, portant des photographies en noir et blanc qui représentent exclusivement des hommes noirs dévêtus. Tous ont été photographiés de manière à mettre en valeur leur sexe ou leur postérieur. Ils n'ont pas de visage. Lumière se laisse choir dans un fauteuil de cuir, mais Don de Dieu est trop fébrile pour l'imiter. C'est lui qui parle le premier : *Cet idiot de Vie Éternelle ! Je t'avais dit qu'il était trop bête ! Maintenant, qu'allons-nous faire de cette gosse ?* Lumière répond calmement : *Il va falloir y réfléchir, d'autant qu'aucun de nous ne retournera à Ilondi avant plusieurs jours. Vie Éter-*

nelle est venu avec la petite qui a avorté. Ah oui, s'exclame Don de Dieu, *celle qui a fait un enfant à son beau-père ! Enfin,* réplique Lumière, *c'est plutôt lui qui le lui a fait et la mère de la gamine a pratiqué l'avortement à mains nues. La môme a eu une crise mystique. Elle s'est jetée dans nos bras après un service.* Ils rient. Ils ne font pas attention à moi. Je me rends compte qu'ils sont assez jeunes. Ils ont à peine la trentaine. Ils n'ont pas dû trouver leur place dans les bandes armées et aucun emploi ne les attendait nulle part. Ils ont alors créé leur petite entreprise. Ils font dans l'arnaque spirituelle et dans la traite des femmes. Au moins, je sais où j'ai été détenue pendant trois ans. Ilondi... Jamais je n'ai entendu ce nom auparavant, mais le pays regorge de petits trous perdus ne figurant sur aucune carte. Lumière se souvient de ma présence et me regarde attentivement. Ensuite, il soupire en se prenant la tête entre les mains : *Mais pourquoi j'ai acheté cette gamine ? Je savais bien que ce Maboa ne pouvait me proposer qu'une mauvaise affaire. Je ne peux pas la tuer ! D'abord, je ne suis pas un assassin. Et puis, je ne peux pas jeter quelque chose que j'ai payé.* Don de Dieu lui dit : *Dans ce cas, il faudra la ramener d'où elle vient. Sais-tu où est Vie Éternelle ? Non,* répond Lumière, *mais je vais lui passer un de ces savons ! Encore un coup comme ça et je le... Souviens-toi,* lui rappelle son ami, *tu n'es pas un assassin !* Ils rient encore. Moi, je reste là, debout.

Lorsque Vie Éternelle réapparaît, les deux autres lui remontent les bretelles et lui ordonnent de ne pas me quitter d'une semelle, jusqu'à ce qu'ils aillent chercher les filles à Ilondi. Il dit qu'il a à faire avec Endalé pendant neuf jours entiers. S'il doit me surveiller en permanence, cela l'obligera à me montrer des choses que je ne dois pas voir. Ils lui disent que j'en sais déjà pas mal de toute façon, et qu'il faudra simplement s'assurer de mon retour à la baraque perdue dans la brousse. Je ne suis donc plus une ombre, mais ma chair ne m'est pas restituée. Je marche dans les pas de Vie Éternelle qui surveille Endalé du matin au soir. Moi aussi, je porte une soutane blanche, désormais. J'assiste aux services et partage quelquefois les repas de la congrégation. Du matin au soir, des nuées de femmes s'affairent dans la cuisine pour préparer de quoi nourrir la multitude. Ce sont aussi elles qui nettoient les soutanes des membres importants de la congrégation que sont Lumière, Don de Dieu et Colonne du Temple. Qu'elles soient ou non mariées, elles emportent chez elles les soutanes sales et les ramènent parfaitement blanches, méticuleusement empesées et repassées. Je les imagine dans leurs maisons, en train d'attendre que des braises rouges fassent chauffer un fer à repasser en fonte. C'est ce qu'il y a de mieux pour des soutanes. L'électricité n'est plus fournie que de manière alternative et le fer à repasser en fonte a repris du service chez tous ceux qui ne peuvent s'acheter un groupe électrogène. Les femmes font la cuisine et le ménage le jour durant. Elles disent des prières et se taisent. Elles se taisent surtout. Elles portent des foulards noués sous le menton et qui dissimulent leurs oreilles. Leurs filles les rejoignent après la classe. Elles troquent leur uniforme contre un foulard et une soutane. Tout le monde a la même, pour signifier cette fraternité retrouvée en l'Éternel, et le fait que tous ont la même valeur à Ses yeux. Néanmoins, comme chacun doit prendre à sa charge de se la faire coudre selon la coupe précise élaborée par Lumière, on se la fait fabriquer dans l'étoffe qu'on a les moyens d'acheter. La qualité du tissu ne manque pas de faire savoir à Dieu aussi bien qu'aux hommes, qui est qui ici-bas.

Nous ne mangeons que peu de viande et jamais de porc. Le porc ne rumine pas. Le porc est l'animal dans lequel le Christ a envoyé les démons qu'il venait de chasser du corps d'un malheureux. Ils y sont toujours. Nous ne mangeons donc pas de cette bête maudite. Nous honorons la mémoire de prophètes africains que Don de Dieu, qui est toujours l'officiant principal, réhabilite avec ferveur. Pour un peu, on s'imaginerait qu'il y croit : *Dieu s'est adressé à tous les peuples du monde, et sur tous les continents, Il a envoyé des émissaires pour prêcher l'avènement de Son royaume. Chers frères et sœurs, je sais que vous avez longtemps vécu dans l'ignorance. Posez-vous seulement une question : Comment est-il possible que l'Éternel ait pu oublier de s'adresser à Ses premiers fils ? Car c'est bel et bien l'Africain qui est le plus à l'image de Dieu. Il nous a parlé avant même de songer à concevoir les autres espèces humaines !* Nous faisons donc connaissance avec ces prophètes du cru, avec leurs visions, avec leurs conversations en tête à tête avec Dieu, avec les miracles qu'il leur fut donné d'accomplir, avec les commandements qui leur furent dictés. Il y eut bien des buissons ardents, et cela nous fut caché. Les prophètes, dont le nom et le message furent effacés de nos mémoires, avaient bien entendu prévu tous nos malheurs. Nous disons des prières à des saints africains ignorés du monde. Lors de certaines cérémonies, nous nous passons du kaolin sur la figure comme au cours des rituels traditionnels. Je ne parle à personne, même pas à Vie Éternelle. Après que ses comparses lui eurent demandé de me garder, il m'a battue. Pas aussi violemment que tu as pu le faire, mais tout de même. J'avais presque oublié la chaleur cuisante de la chicotte. La sienne était une courroie de caoutchouc, probablement quelque chose qui venait de sa vieille voiture. J'en ai eu la peau boursouflée pendant deux jours, mais mon sang n'a pas coulé. La plupart du temps, nous restons avec Endalé. Il récite des prières écrites par lui et des incantations. Elle ne mange que des légumes verts. Vie Éternelle dit qu'il sait qu'elle verra bientôt son sang, qu'elle doit se tenir prête. Ils vont travailler sur elle jusqu'à ce qu'elle soit enceinte, ce qui la purifiera et lui accordera la protection du Très-Haut pendant le voyage. Il dit que les filles qui portent un enfant lors de la traversée arrivent toujours à destination, qu'il devrait systématiquement s'assurer qu'elles soient grosses en partant. *Mais voilà,* soupire-t-il, *Lumière et Don de Dieu ne m'écoutent jamais. Heureusement que je les ai persuadés de prendre en compte la faute d'Endalé. Elle a commis un meurtre ! Ils disent que cela les obligerait à les garder trop longtemps, si elles devaient toutes être enceintes, que les rituels suffisent, que ce qu'il faut surtout, c'est qu'elles les craignent et filent droit... Ce n'est pas mon avis. Il vaut mieux être certain qu'elles arrivent à bon port. Si elles meurent en cours de route, elles ne sont pas rentables, mais ils s'en fichent. Ils les remplacent si facilement !*

En effet, Lumière et Don de Dieu savent que les candidates au départ sont nombreuses, et prêtes à payer. En général, comme Mukom, elles ne peuvent avancer qu'une partie des frais et ont donc une dette envers eux. Quant à celles qu'ils achètent, elles ne leur coûtent pas cher. Leurs familles n'en veulent plus. Elles les échangent contre de quoi se sustenter quelques mois. Puisqu'on ne régule pas les naissances, on se rattrape comme on peut. Je ne lui parle pas, mais il cause tout le temps. Vie Éternelle a besoin de dire l'importance de son rôle dans le dispositif. Son travail pour la congrégation est tenu secret, et les ouailles ignorent ce qu'il fait. Tout le monde le prend pour un fidèle ordinaire. Il n'est pas un des membres fondateurs de cette nouvelle église, comme Lumière et Don de Dieu qui l'ont créée il y a trois ans. Il n'en est pas le principal rabatteur, comme Colonne du Temple qui arpente les rues pour crier à l'urgence du repentir, à l'imminence de la fin des temps, et qui a le privilège de dire la Parole lorsque Don de Dieu est empêché. Les femmes ne lavent pas ses soutanes, excepté si Lumière les leur donne avec les siennes. Autrement, il doit se débrouiller pour trouver de quoi payer le pressing. Pourtant, préparateur spirituel, ce n'est pas rien ! D'ailleurs, quand ils sont venus le chercher chez lui à Losipotipé, c'est bien parce que sa réputation n'était plus à faire... Endalé a trois jours de répit. Ensuite, le calendrier de Vie Éternelle lui indique qu'elle *verra son sang*. Il la retire des manifestations de la congrégation et l'isole totalement. Elle sera impure et ne pourra recevoir la Parole. Lorsqu'elles ont leurs règles, les femmes n'assistent pas à l'office. Elles demeurent cloîtrées chez elles et leurs époux font chambre à part. On leur a dit que le corps d'une femme impure contient des larves qui s'attaqueront à eux s'ils maintiennent la proximité conjugale. Vie Éternelle enferme Endalé dans la pièce du haut où trônent des photographies d'hommes noirs dévêtus et sans visage. Ensuite, il fait venir un des jeunes gens que j'ai vus le jour de notre arrivée ici. Il doit coucher avec elle le plus de fois possible dans la journée. Ensuite, il ira se purifier par un jeûne sec de trois jours et un de ses camarades le relaiera. Pendant que les garçons nettoient l'âme souillée d'Endalé, Vie Éternelle et moi demeurons dans la pièce. Il n'y a pas de lit et les fauteuils s'adaptent mal à l'acte. Alors, la relation sexuelle a lieu à même le sol. Au début, les garçons sont gênés, mais ils oublient vite notre présence. Endalé ne se débat pas, et sa voix étouffée par leur poids récite des psaumes, ce qui leur donne apparemment du cœur à l'ouvrage : *L'Éternel règne, les peuples tremblent ; Il est assis sur les chérubins, la terre chancelle*[1]... Ils ahanent en bougeant le bassin d'avant en arrière. La goutte de sueur qui perle à leur front finit par tomber sur le col de l'uniforme bleu qu'ils n'ont pas ôté. Ils ont seulement posé leurs livres non loin de là et sorti leur sexe avant de se laisser choir sur le corps inerte d'Endalé.

C'est pour la sauver, leur a-t-on dit. Quelques-uns néanmoins subodorent, au travers de la profanation de ce corps, l'encrassement de leur propre âme. On les différencie des autres par la réticence qu'ils manifestent au départ, le dégoût que cela semble leur inspirer, l'éternité qu'il leur faut pour arriver à avoir une érection convenable. Ils se masturbent en vain. Ils sortent de la pièce et l'humiliation leur affaisse les épaules. D'autres ont, quant à eux, aboli la question. Ceux-là sont immédiatement en mesure d'ériger leur membre. Ils n'épargnent pas la pécheresse. Ils la forent et se noient en elle, approchant en ses muqueuses cette fin des temps dont ils n'ont que les explosions à l'esprit. Je les regarde alors que leur sexe entre et sort de celui d'Endalé que cachent encore les volants roses de la robe qu'on lui a rendue pour qu'elle ne fasse pas ça dans l'habit blanc de la congré-

1. Psaume 99.

gation. J'observe tout cela et je me demande qui cambriole à cette heure l'espace qui est le nôtre. Qui à cette heure mutile et immole ce qu'il reste de nous. Ils posent les mains à plat sur la moquette, comme pour faire des pompes, après avoir introduit leur sexe dans le sien, d'une main tantôt rageuse, tantôt mal assurée. Ils ne la voient pas, fermant les yeux et levant la tête vers le plafond. Elle ne réagit pas, bouge à peine. Ce sont seulement les mouvements des garçons qui lui font de temps en temps se tordre légèrement le cou parce que sa tête repose de travers sur l'assise de cuir d'un fauteuil. On l'a déplacée pour lui en faire un oreiller. Elle ne les voit pas non plus, le visage tourné vers le dessous d'une console de bois laqué, où ses yeux fixent résolument le vide. Elle ne prie plus à voix haute, mais ses lèvres bougent sans cesse et on entend un peu son souffle. Il est aussi faible que celui d'un agonisant. J'observe attentivement la scène en me disant que c'est donc cela, seulement ces quelques secousses, rien que ce râle et ce petit filet de liquide translucide au bout du gland... C'est seulement pour cela que des hommes hantent les ruelles obscures des villes du monde, à l'affût d'un orifice capable d'engloutir le néant qui les habite, d'un trou qui puisse recevoir leur misère, comme le fond d'une poubelle sur lequel on ne se retournera pas, après y avoir déposé ses ordures. C'est seulement cela qui nous fait venir sur la terre. C'est seulement cela qui attache un être à un autre. Je ne vois pas, sur les visages grimaçants de ces garçons qui ne sont pas des amants, ce plaisir pour lequel ces femmes seront exportées. Il n'y a que des traits tirés, aucune émotion. Peut-être parfois le soulagement que procure l'action d'uriner ou de déféquer, mais il n'y a vraiment rien, lorsqu'ils s'essuient le bout de la verge avec du papier-toilette rose, qu'une opération hygiénique.

Ce que je vois ne m'instruit guère sur le fond de ces gesticulations. Nul ne m'a encore touchée en dedans, alors je ne peux pas savoir. Je n'ai toujours pas mes règles. Il paraît que c'est quand on les a qu'on se trouve en proie à des émois qui rendent la chose nécessaire, irrépressible. Je ne sais rien de ce qui se joue lorsque des corps se mêlent, et que de cette mixtion, une vie est supposée émerger. Du fin fond de mon ignorance de la chose pratique, il me vient néanmoins l'intense intuition d'une vérité : de ces étreintes dénuées de sens, des enfants ne peuvent qu'être engendrés. La conception des êtres implique qu'ils soient considérés pour eux-mêmes, avant d'être mis au monde. Elle nécessite qu'on ait présent à l'esprit qu'ils sont des entités à part entière, non pas des outils de purification, non pas des moyens de se réaliser, non pas des bâtons de vieillesse, non pas la rémanence de géniteurs trépassés, mais des individus. Personne ne pense aux enfants. Des générations d'humains sont donc engendrées plutôt que conçues. Il leur appartiendra, si elles en trouvent les ressources, de se définir, de se donner une signification. Dans la misère de notre pays, dans la démence qui lui suce le cerveau, on peut parier sans trop de risques que ces vies ne feront rien que s'écouler, comme la petite goutte translucide dont elles auront jailli. Je m'accroche néanmoins à l'idée de l'exception. Je veux croire malgré tout au surgissement d'existences valables. Qu'il soit possible d'arracher à la vie ce dont on n'aura pas hérité, et d'acquérir par sa propre volonté ce qui n'aura pas été transmis. Que le fruit nourri d'une sève empoisonnée puisse produire l'antidote au néant atavique. Je fais un rêve, et le caractère séditieux de cet acte mental me réchauffe et me renforce. J'ai douze ans. Je pense. Je respire. Je me soulève. Je suis la fin des temps qu'ils ne voient pas venir, le jour où on saura que le singulier surplombe le pluriel, que le second n'a de chance que s'il a permis l'émergence du premier.

Vie Éternelle ne cesse de marmonner pendant que la jeune fille subit les assauts des adolescents. Au milieu de la nuit, il lui ôtera sa robe et lui cassera des œufs sur le corps. Ensuite, il invoquera les entités qui s'occupent de ces affaires. Endalé n'aura le droit de se laver que le matin. En attendant, il se parle à lui-même. Il dit que si ces deux prétentieux de Lumière et Don de Dieu voulaient l'écouter, lui qui possède la clé des mystères, alors ils le laisseraient s'occuper du nettoyage de toutes les filles. Même s'il n'est pas question qu'elles soient toutes enceintes, ils doivent savoir qu'une femme ne peut demeurer sans recevoir la semence d'un homme. C'est ce qui la protège vraiment des énergies malfaisantes. On peut toujours enfermer ces malheureuses, les puissances occultes passent à travers les murs. Elles viennent quand même s'abriter au tréfonds des femmes que la nature y a exposées en leur donnant un corps ouvert. Ce n'est pas pour rien que dans le temps, les veuves et les femmes non mariées étaient données au moins une fois par mois à un homme appelé nettoyeur, dont le travail était de les protéger. Cet homme ne prenait pas femme, et était rémunéré par celles qui avaient besoin de ses services, que cela leur plaise ou non. Le plus souvent, il s'agissait de l'idiot du village, un être au statut spirituel hybride : corps d'homme, mais mental indéfini. Je l'écoute, résolue à ne pas lui adresser la parole, ne serait-ce que pour lui dire que tout cela m'importe peu, et que je ne vois pas ce qui empêche les forces négatives de pénétrer les hommes par l'anus, ce qui les obligerait à payer l'idiote du village pour qu'elle vienne leur ôter cette souillure. J'imagine que la scène s'inverse, que de jeunes femmes viennent en file indienne chevaucher le corps d'un adolescent afin de le sauver de la perdition, afin que lui soit accordée la rémission de sa faute. Qu'elles assoient sur sa verge leur sexe ouvert, qu'elles l'avalent sans le regarder, qu'elles fassent bouger leurs reins jusqu'au spasme vide d'émotion et qu'elles s'essuient avec du papier rose, comme après avoir fait leurs besoins. J'imagine qu'elles lui tournent le dos, persuadées d'avoir été un instant l'instrument de la grâce divine et que, allongé par terre, il consente à cela et se sente redevable.

Pendant le traitement d'Endalé, Vie Éternelle ne va pas voir les autres filles à Ilondi. J'imagine que cela les repose un peu, de ne pas se soumettre à ses rituels. De toute façon, elles ont déjà assez peur. Il avait annoncé à Lumière et Don de Dieu qu'il lui faudrait neuf jours pour s'occuper de ce cas. En réalité, il en faudra plus. En effet, il conviendra de s'assurer des résultats de l'opération. Si d'aventure elle n'était pas enceinte, ce que je souhaite contrairement à elle-même, je me demande ce qu'il ferait. Il nous laisse toutes les deux dans cette pièce, prenant soin de fermer la porte à clé, pour aller chercher à manger. D'habitude, je ne lui dis rien. Elle ne semble pas vouloir faire la conversation. Aujourd'hui, c'est le dernier jour, le sixième au cours duquel des garçons sont venus lui rendre visite. N'y tenant plus, je lui demande pourquoi elle semble accepter tout cela. *J'ai péché,* me répond-elle. *J'ai attiré à moi le mari de ma mère, et l'ai contraint à coucher avec moi. J'ai été enceinte, ce qui a mis ma mère en colère. Par ma faute, elle a commis un crime en tuant cet enfant innocent. À cause de moi, elle a souillé son âme. Mais Endalé*, lui dis-je, *as-tu séduit cet homme ?* Elle me dit que oui, qu'elle a fait cela sans le savoir, parce que le mal était en elle. Elle est mauvaise, et il a fallu que sa mère lui montre le fœtus qu'elle avait jeté dans une bassine, pour qu'elle le comprenne. La vision de cet amas de chairs rouges l'a poursuivie des jours durant, jusqu'à ce que Dieu lui dise de quitter les siens et de partir faire pénitence. Elle a marché dans la ville sans savoir quoi faire, et ses pas l'ont conduite ici. C'était la nuit. Des gens vêtus de soutanes blanches se pressaient à l'entrée du bâtiment, des cierges allumés à la main. Elle les a suivis. Au cours de l'office, elle est entrée en transe et a confessé ses péchés. Lumière est immédiatement venu à elle et l'a prise en main. Elle ne le remerciera jamais assez, jamais. Il est demeuré auprès d'elle pendant plusieurs jours. Il lui a fait découvrir la Parole et la manière de se racheter pour espérer un jour trouver la porte du Royaume. Elle sait qu'il lui faut descendre en enfer, pour atteindre au Paradis. Lumière lui a dispensé un enseignement quotidien pendant deux mois, hors de la congrégation, parce qu'il avait bien vu que son cas était particulier. Elle avait besoin de quelque chose de plus que ceux qui viennent là, attirés par les avertissements imprécatoires que Colonne du Temple lance dans les rues, une cloche à la main pour sonner le glas des mécréants, et un porte-voix dans l'autre pour se faire entendre même de ceux qui n'ont pas d'oreilles. Lumière lui a fait comprendre que la Parole n'était pas tout en matière de rédemption, que sans les œuvres, elle était morte. Dans une situation comme la sienne, l'Éternel réclame un sacrifice pour accorder Son pardon. Un sacrifice de soi-même, plus important encore que celui du jeûne. Lorsqu'Il sera repu de sa douleur, Il y mettra fin.

Je l'écoute sans en croire mes oreilles, et lui demande en quoi elle ressemble aux autres filles, et pourquoi il faut qu'elle *fasse l'Europe*. *C'est ma croix*, me dit-elle. *C'est Sa volonté.* Je m'en veux de l'avoir interrogée. Elle m'agace. Sa mère lui a fait perdre la tête en prenant le parti de son mari, sans doute par crainte de la solitude, sans doute pour ne pas perdre le sacro-saint statut d'épouse. Pour désamorcer le qu'en-dira-t-on, elle n'a même pas pris la peine de soudoyer un médecin pour faire avorter sa fille, puisque cet acte est interdit ici au Mboasu. Elle a préféré extirper de sa propre main le fœtus, et risquer la vie d'Endalé. Cette femme devait jalouser sa fille jeune et belle, sur laquelle le regard concupiscent de son mari se posait, plus souvent que sur elle. Comme toi, elle s'est crue l'ombre d'un homme plutôt que sa compagne, greffant sur sa pauvre réussite matérielle une vie de parasite. Les sangsues ne peuvent aimer leurs enfants. Elles n'en ont que pour consolider leur position sociale. Ici, c'est chacun pour soi. Un enfant peut devenir le pire ennemi de ses parents, sans même le savoir. Il n'y a plus vraiment de communauté, papa avait raison. Les gens vivent les uns près des autres, mais pas ensemble. Ils s'épient, se jalousent passionnément et demeurent côte à côte par une habitude plus grégaire que solidaire. C'est cela que nous appelons les valeurs ancestrales de notre peuple : la solitude de groupe. Il me vient tout à coup à l'esprit l'idée que tu es morte. Avant même que j'aie compté trois années, la misère, la faim et la maladie ont eu raison de toi. C'est à ton fantôme que je parle depuis tout ce temps, et tu ne me verras jamais vivre ma vie. Pendant un instant, ma détermination s'effrite. Je me redresse vite, mentalement. Cette vie, je ne te la dois plus. Je te l'ai payée, et rubis sur l'ongle. Je veux à présent t'oublier, mais je n'y parviens pas. Peut-être le pourrai-je, lorsque je t'aurai regardée dans les yeux pour te dire que je n'ai rien à faire de toi. Nous ne serons jamais une mère et sa fille, et tu n'auras jamais rien à me transmettre. Les petites choses que tu m'as apprises me reviennent. De nouveau, tu te tiens dans l'entrée de la salle de bains. J'ai sept ans. Tu me parles les dents serrées comme pour t'empêcher de cracher, et tes yeux m'envoient des rayons de glace : *Avec la main gauche*, dis-tu, *combien de fois faudra-t-il t'expliquer que les femmes font leur toilette intime avec la main gauche ? Verse plus d'eau, voyons, et passe bien le majeur entre les plis, et bien au fond, là au milieu. Ça ne sert à rien de porter ces jolies robes importées que ton père t'achète, si tu es sale là en bas !* Tu parles et tu regardes entre mes jambes. Je me demande ce que tu vois exactement. Je n'en peux plus, de rester accroupie comme cela dans la baignoire. Les muscles de mes cuisses me font défaut et je glisse. Tu pénètres dans la pièce comme une de ces bourrasques furieuses qui annoncent les orages. La paume de ta main s'abat sur mon front, sur mes joues. Tu tapes et tu cries en même temps. Tu demandes ce que tu as fait au Ciel, pour avoir une enfant pareille. Tellement empotée. Tellement gourde ! Incapable de tenir sur ses jambes à son âge. Tu tapes du plat et du revers de la main. Je ne sais pas pourquoi je me protège le sexe des deux mains. Les tiennes sont si osseuses, mère. Tu es si malingre qu'on ne s'attend pas à souffrir autant sous tes gifles. Alors, je sais la faire, ma toilette intime. Même lorsque mon esprit songe à enfreindre la loi pour changer de main, je tiens toujours le récipient d'eau à droite, pendant que ma main gauche fouille et glisse entre les plis de mon sexe. L'eau est pure. Mon sexe, là au milieu, bien au fond, ne l'est pas. C'est ce que tu m'as appris.

Il me reste donc quelque chose de toi : des globules en forme de faux et une tradition dont les fondements ne me furent jamais expliqués. Tu ne me montreras jamais, si ce dernier existe, l'arbre sous lequel tu enterras le placenta et le cordon ombilical de ma naissance, afin qu'ils demeurent reliés à la chaîne infinie de la vie. Tu ne me donneras jamais le linge de la jeune épousée, en me disant : *Ma fille, voici les parures de lit que j'ai fait broder pour toi. Celle-ci, je l'ai commandée aussitôt que tu es née. Celle-là a été cousue l'année de tes neuf ans.* Tu ne me diras pas : *Lorsque ton époux et toi serez ensemble, voici comment tu procéderas, et tels sont les gestes que tu attendras de lui.* Tu ne viendras pas, en tête des femmes de notre famille, exécuter au son des tambours, les danses saccadées du long charivari qui précède les jeunes époux, le long du trajet qui les mène à leur demeure. Tu ne chanteras pas mes louanges pour que la famille de mon époux sache de quel or je suis faite. Tu ne viendras pas, au cours des deux premières années qui suivront mon accouchement, me prêter main-forte, t'occuper de l'enfant, afin que je regagne la couche de mon mari, parce que être femme ce n'est pas seulement être mère. Tu ne me feras jamais voir la beauté de cette culture contrastée, me laissant toute seule séparer ombre et lumière. Cela ne fait rien, mère. Ce n'est peut-être pas ta faute. Repose comme tu le peux, tandis que je m'interroge sur la manière dont je sortirai d'ici, pour aller enfin rencontrer cette vie qui est en moi et que je ne connais pas. Un jour, je la mettrai au monde, ma vie. Je l'aimerai, même si elle ne dure qu'une fraction de seconde. Elle sera à moi, le temps qu'elle durera. Je ne suis plus une ombre. Mon cœur bat et mes pensées ont un sens. Cependant, je suis encore une petite chose enfermée, une existence potentielle. Je suis un possible en sursis.

Vie Éternelle nous apporte des mangues et des bananes. C'est tout ce qu'il a pu trouver, dit-il. Des fruits et un pot de miel. L'office du soir s'est achevé il y a deux heures, et l'assemblée s'est goinfrée comme d'habitude. Je soupçonne certaines ouailles de ne venir là que pour ce repas. Les gens donnent tout à l'église, et n'ont plus rien à manger chez eux. Vie Éternelle dit que de toute façon, il ne faut pas trop manger le soir, et que nous avons de la chance d'avoir du miel. C'est un aliment magique. À lui seul, il guérit bien des maux. Il se tourne vers moi et me dit : *Toi, la petite sorcière aux yeux jaunes, le miel peut guérir ton mal, sauf si tu es vraiment possédée. Là, il faudrait te désenvoûter.* Ses yeux brillent, alors qu'il pense à la cérémonie de désenvoûtement. Il aime les rituels. C'est sa drogue, une petite comédie qu'il se joue à lui-même pour se donner de l'importance. Chacun se débrouille comme il peut avec sa vie. Je ne lui réponds pas. Je tends le pot de miel à Endalé qui le refuse. Elle ne veut pas guérir. Elle veut que son mal, quel qu'il soit, finisse par avoir raison d'elle. Je viens enfin de la comprendre. Elle ne sait pas comment se suicider. Son beau-père a abusé d'elle, et c'est elle qui se sent coupable. Sa mère l'a torturée, et c'est elle que la honte ne quitte plus. Le monde dans lequel elle vit ne l'autorise pas à se plaindre, surtout s'il lui faut incriminer ses parents. Je plonge les doigts dans le pot et les suce bruyamment pour m'entendre exister. Le miel est sucré et mes doigts sont salés, sans doute parce qu'ils ne sont pas très propres. J'aime bien cette saveur. Lorsque j'ai fini, je m'assieds en tailleur dans un fauteuil de cuir qui me contient toute, comme un œuf à coquille noire dans lequel je me serais glissée. Je ferme les yeux pour ne plus voir Endalé et Vie Éternelle. Je retrouve l'espace intérieur qui me protège depuis toujours, celui d'une conscience qui est ma véritable identité. Si Endalé avait pu trouver un tel lieu, elle saurait que les criminels sont ceux qui l'ont laissée partir. Si ces gens eux-mêmes avaient disposé d'un abri semblable, jamais ils ne lui auraient fait subir ces horreurs. Les gens d'ici sont comme cela parce qu'ils ne savent rien d'intime sur eux-mêmes, parce qu'ils traînent une vie qu'ils n'ont jamais pensée. On leur a seulement dit qu'ils l'avaient reçue et qu'ils devaient la garder. Certains la traînent comme un boulet, d'autres l'endurent comme une longue et incurable maladie. Tous sont étranglés par la vacuité de cette vie à garder sans raison donnée, sans raison admise. C'est de vivre pour rien qu'ils mourront un jour prochain et que le monde n'en aura rien à faire. Telle est cette terre première, le fameux berceau de l'humanité : elle n'engendre plus que des faits divers. Parfois, la trace fugace d'un autre temps glisse devant nos yeux. Nous voyons alors, dans le feuillage touffu des grands baobabs et dans les fleurs rouges des flamboyants, qu'un jour d'antan nous avions une destinée. Nous l'avons mise au tombeau. Et lorsque de ce sépulcre profondément enfoui où nous l'avons abandonnée elle crie qu'elle bouge encore, qu'elle est là, qu'il suffit que nous lui laissions une chance... Nous nous appliquons la paume des mains sur les oreilles, pour n'entendre que les cadences déchaînées que nous nous sommes inventées pour nous étourdir et nous défaire de nous-mêmes. Au fond de nous, il n'y a plus que la voix caverneuse d'un dieu de désamour et l'image irréelle d'une Europe à faire. Les baobabs et les flamboyants nous regardent et leur tronc se dessèche, se creuse de l'intérieur. S'ils pouvaient nous parler, ils nous diraient que notre plus grande faute, le blasphème perpétuel que nous commettons, réside dans cette incapacité à nous envisager nous-mêmes.

*
* *

À présent, Endalé doit attendre de savoir si elle est enceinte. Elle est persuadée de l'être, et Vie Éternelle le croit aussi. Lumière, qui est un garçon pragmatique et qui sait quand se fier à l'invisible et quand ne croire que ce qu'il voit, a dit qu'il irait chercher un test de grossesse à la pharmacie. Il veut que toutes les filles s'en aillent ensemble, et surtout que le ventre d'Endalé ne soit pas encore rond lors de la traversée. S'il s'est laissé convaincre par Vie Éternelle de la nécessité du nettoyage, ce n'est que parce que Don de Dieu lui a soufflé l'idée que des hommes aux goûts particuliers seraient attirés par une jeune fille enceinte. Il faut proposer des produits variés à la clientèle. Ils parlent très ouvertement des perversions occidentales. Ils disent que les Blancs sont vicieux, que c'est parce que leur corps est fragile qu'ils ont le sexe mental, qu'il leur faut imaginer des saletés pour jouir. Ils rient en racontant à Vie Éternelle comment Don de Dieu le remplace auprès des filles demeurées à Ilondi, et comment il s'est permis d'ajouter au rituel des pratiques de sa fantaisie. En réalité, Lumière et Don de Dieu ne croient en rien d'autre qu'au capitalisme. Ils font les affaires que l'air du temps avantage. Ils ont créé la congrégation il y a trois ans, et se sont lancés ensuite dans la traite des femmes. La foi qu'ils professent au sein de leur temple est un syncrétisme anarchique, comprenant de prétendus usages africains alliés à une interprétation personnelle de passages choisis du Livre. Il faut frapper les esprits, mettre les âmes à genoux, laver les cerveaux, tout cela dans le seul et unique but de soutirer aux fidèles une partie de leurs revenus. Il n'y a pas de chômeurs parmi les ouailles.

Des employés de bureau, des commerçants et même quelques notables composent l'assemblée des fidèles. Ils ignorent tout des activités profanes de leurs pasteurs. C'est dans un troquet de Losipotipé, la banlieue sud de Sombé, que Lumière et Don de Dieu reçoivent les demoiselles qui veulent *faire l'Europe*. Lorsqu'ils se rendent à la campagne pour acheter des filles à des familles pauvres, ils y vont seuls et les conduisent aussitôt à Ilondi. Ils font très attention à préserver leur double vie. Ils ont néanmoins commis une erreur avec le nettoyage d'Endalé, en y mêlant des adolescents ignorants des tenants et des aboutissants de l'affaire. Certes, ils ont chargé Vie Éternelle de choisir les plus impressionnables et de s'assurer qu'ils ne parlent pas, mais les secrets ne demeurent pas longtemps ignorés dans ce pays. Très vite, ils se retrouvent à la criée dans les rues.

C'est le soir. Vie Éternelle, Endalé et moi avons rejoint l'assemblée pour l'office. Nous arrivons en retard, alors que Colonne du Temple lit un passage des Épîtres de Paul. Il s'exprime avec affectation, la mâchoire contractée et les lèvres arrondies comme pour donner un baiser. Sa peau est d'un noir intense et éclatant, qui indique l'amour forcené qu'il porte à son apparence. Je l'imagine se faisant des masques et des soins réguliers, pour préserver l'image de Dieu dont il est la réplique. Il a les ongles des auriculaires très longs et limés en pointe, pour se curer efficacement les oreilles et mieux se gratter les parties sous l'étoffe empesée de sa soutane. Cette fois, je suis trop loin pour voir ses orteils vernis. Alors que nous prenons place sur une banquette de velours, sa voix fuse : *Je veux cependant que vous le sachiez : l'origine de tout homme, c'est le Christ ; l'origine de la femme, c'est l'homme ; et l'origine du Christ, c'est Dieu... Ce n'est pas l'homme en effet qui a été tiré de la femme, mais la femme de l'homme ; et ce n'est pas l'homme qui a été créé pour la femme, mais la femme pour l'homme*[1]. Il se tait et referme le Livre. Ses yeux embrassent l'assemblée, avant de se fixer sur chaque visage. Les dames de l'assistance portent toutes un foulard, les filles aussi. Sous les lumières rouges et roses du *Soul Food*, on distingue mal leur visage. Elles ont seulement des soutanes de coton blanc et des foulards. Parce que la gloire de l'homme telle que professée en ces lieux réclame leur totale soumission, et que cette dernière passe par une mort qui ne dit pas son nom. C'est pour cela qu'elles ont été créées, pour être des cadavres vivants. Leur habit, qui est aussi le mien ce soir, ressemble à s'y méprendre à un linceul.

Me suis-je échappée du royaume des ombres pour échouer dans celui des morts ? Je ne sens pourtant pas venir ma fin. Tout à coup, j'en ai assez de ces gens et de leur comédie. J'en ai assez de me taire. Il ne sert à rien d'attendre de m'enfuir encore une fois, pour dire ce que je pense et ce que je sais. Je me lève alors que Colonne du Temple commence à livrer son interprétation de la lettre de Paul. *Frères et sœurs,* dit-il, *la tradition est notre référence, la voie tracée qui nous conduira à l'harmonie et à la félicité. Le Livre renferme cette tradition à laquelle nous devons revenir pour nous sauver. Regardez ceux qui sont dans le monde, les païens qui ne nous ont pas encore rejoints dans la grâce du Tout-Puissant... Ils adoptent des usages proscrits ! Leurs foyers sont en ruine ! Leurs femmes ne les servent plus, et leurs enfants sont livrés*

1. Première épître de Paul aux Corinthiens, 11, 3 et 8-9.

à eux-mêmes ! Il se tait un court instant, avant de reprendre : *Certains parmi vous seront tentés de m'objecter que ceci,* dit-il en brandissant le Livre*, n'est pas notre coutume. Ils sont dans l'erreur ! Ce que renferment ces pages est purement africain, et ce n'est pas pour rien que les Blancs se détournent des Écritures : après les avoir usurpées et longtemps interprétées de manière à asseoir leur domination sur le monde, ils finissent par reconnaître qu'elles ne participent pas de leur essence. C'est ainsi qu'ils s'en retournent dans les cavernes d'où ils sont issus, celles de l'impudicité, de la fornication et de la violence.* Colonne du Temple affirme qu'il est temps pour les Africains de se réapproprier le Livre que d'autres ont simplement recopié sur des monuments égyptiens, et de réhabiliter dans la pratique chrétienne, les rituels africains qui en ont été bannis. C'est ce bannissement qui a ôté sa puissance à la foi chrétienne, si bien que le monde s'imagine désormais que seuls les musulmans ont un dieu. Il ne faut plus que seuls les muezzins soient autorisés à hurler cinq fois par jour du haut de leurs minarets. Les fidèles de la congrégation doivent, munis d'un porte-voix, arpenter les rues de Sombé et prêcher sans relâche afin de ramener au troupeau les brebis égarées. Quant aux pratiques africaines à réintégrer dans le culte, il s'agit principalement d'invoquer les ancêtres qui siègent eux aussi dans le Ciel, de prophétiser si on a le troisième œil ouvert – ce qui n'est donné qu'aux grands initiés –, et de faire régulièrement des offrandes aux entités que Dieu a placées auprès des hommes, afin qu'ils y recourent chaque fois qu'il est inutile de Le déranger en personne. C'est ainsi que dès demain, la congrégation entière marchera en procession dans la ville. Les fidèles se masseront ensuite sur les rives de la Tubé.

Il sera question de faire de nouveau allégeance aux ondins. On leur offrira du lait concentré non sucré, du parfum et des bijoux. Ils apprécient aussi les fleurs blanches, alors ceux qui pourront en trouver sont priés d'en apporter.

D'abord, il ne voit pas que je me suis levée. L'éclairage particulier des boîtes de nuit est conçu pour favoriser une semi-cécité. De plus, le sujet du règne, de la puissance et de la gloire du masculin le passionne, et il n'a pas commencé sa démonstration sur le fait que la femme ait été créée pour l'homme et pas l'inverse. Il finit par me voir. Je me tiens debout, et c'est la première fois que la conscience m'en est si clairement donnée. Après une longue minute de mon silence et du sien, c'est toute l'assemblée qui me regarde, et une force me vient qui me pousse à interroger : *Monsieur Colonne, pouvez-vous me dire quand exactement les Africains ont abandonné le culte de leurs ancêtres et les offrandes faites aux esprits ? Il me semble qu'ils ont toujours pratiqué le mélange de la foi chrétienne et de leurs religions ancestrales. En quoi votre méthode diffère-t-elle de ces habitudes ?* Il me regarde, stupéfait, et me demande : *Mais qui es-tu et d'où te vient une telle audace à ton âge ? Monsieur Colonne,* lui dis-je, *je m'appelle Musango. Il y a trois ans, ma mère qui me prenait pour un démon m'a chassée de la maison. Vous savez comme moi que les enfants qui sont une force de travail à la campagne deviennent vite une charge à la ville...* Je lui raconte comment j'ai été enlevée par une bande d'adolescents, puis vendue à son ami Lumière qui n'est pas là ce soir mais qui le confirmera certainement si la question lui est posée. Je dis aussi que Don de Dieu et Lumière m'ont séquestrée pendant trois ans dans une baraque perdue au fond de la brousse d'Ilondi, et où sont retenues des femmes qu'ils destinent à la prostitution. Ces femmes doivent bientôt partir pour l'Europe. Colonne du Temple et les ouailles m'écoutent parler de ma fuite dans le coffre de la vieille Subaru de Vie Éternelle qui venait régulièrement voir les recluses pour pratiquer avec elles la religion afro-chrétienne. J'ajoute aussi que : *Malheureusement, lorsque je suis arrivée ici, Lumière m'a reprise.* Un murmure parcourt l'assemblée. J'entends des gens dire qu'ils pensaient que j'étais muette. Quelqu'un soupire que je n'ai plus toute ma tête. Un autre murmure qu'il connaît bien ce lieu nommé Ilondi, que les gens y vont pour s'y livrer à la magie noire. Il dit que si j'y ai vraiment passé trois ans et que les esprits qui y rôdent m'ont laissée en vie, c'est que ma mère savait vraiment ce qu'elle faisait en me chassant. C'est aussi ce que pense Colonne du Temple, et il le dit. Il me regarde. Je le suppose plus que je ne le vois, avec ces ampoules de couleur qui clignotent, et les bouteilles d'alcool qu'elles font briller dans son dos, comme autant d'énormes pierres précieuses.

J'ai déchiqueté le calme de l'assistance. Il tombe peu à peu en lambeaux. Vie Éternelle, qui est resté assis alors que je m'avançais pour m'exprimer, me rejoint et me saisit par le bras. D'une voix qui se veut neutre, il dit de ne pas m'écouter, que je suis ici pour des rituels de purification, car le Malin m'habite. Il dit que ma mère ne m'a pas chassée mais confiée à ses soins, et que mes histoires d'Ilondi ne sont que des billevesées. Alors qu'il veut m'entraîner avec lui sur la banquette pour que l'office reprenne, je lui mords la main. Cela me vient naturellement, et je mords sa peau froide jusqu'à ce que mes dents se rejoignent et que son sang coule, insipide entre mes lèvres. Il pousse un cri, tente de se dégager. Je lui arrache un bout de peau et le recrache sur la moquette. Il regarde le dessus de sa main, puis mon visage. Je m'essuie la bouche avec la manche immaculée de ma soutane, en me demandant pourquoi j'ai tant tardé à me défendre. Un homme de l'assistance se lève et interpelle Colonne du Temple et Vie Éternelle. Il dit qu'il est le commissaire Djanéa, du commissariat principal de Sombé, et que c'est sa femme qui l'a emmené dans cette église d'éveil. Mes propos concernant Lumière, Don de Dieu et les femmes d'Ilondi l'intéressent au plus haut point. Ce n'est pas la première fois qu'il les entend. Depuis un moment, des rumeurs font état de faits similaires, et si son épouse ne l'avait pas persuadé que les très saints Lumière et Don de Dieu ne pouvaient en aucun cas pratiquer la traite des femmes, il y a longtemps qu'il aurait eu une conversation sérieuse avec eux. *D'ailleurs, peut-on savoir où sont ces messieurs ?* demande-t-il. Puis, s'adressant à Vie Éternelle : *Qu'avez-vous à répondre aux accusations de cette jeune fille ?* Vie Éternelle reste muet. Il se dirige à reculons vers la porte capitonnée du *Soul Food*, celle qui donne sur l'extérieur. Il se cogne sur un fauteuil inoccupé, tombe, jure et se relève pour reprendre sa marche arrière. Ses yeux semblent clignoter avec les ampoules de couleur qui en colorent les pupilles de rouge, de violet et d'un rose si vif qu'il laisse dans l'espace une traînée de lumière blanche. Colonne du Temple reste interdit derrière le bar-autel. Il se pose des questions, il essaie de réfléchir aussi rapidement que possible. Il ne sait rien du trafic des femmes. Il n'est complice que de la combine spirituelle. Il ne sait que faire de ce commissaire qui menace de tout faire capoter. Déjà, il sent qu'il ne tient plus ses fidèles.

Une femme a ôté son foulard pour s'essuyer le visage. Il fait chaud dans la pièce, et elle n'a plus envie de supporter stoïquement que la climatisation soit en panne. Assise près d'elle, une autre lui propose de s'en aller : *Je t'avais dit qu'ils étaient nuls, ici. Allons à* La Porte Ouverte du Paradis *! Là-bas, au moins, ils font des miracles, et leur groupe musical est présent tous les jours. Tu sais, ce sont les FRUITS DU PARADIS. Leur CD est en vente partout, et on les voit même à la télé !* Celle qui s'essuie le visage répond : *J'ai une meilleure idée. Allons au* Boogie Down *! Il y a des tas et des tas de Blancs. Plus besoin de les chercher sur l'Internet !* Les masques tombent. Ces femmes veulent un Dieu qui fasse des performances spectaculaires ou qui leur donne un mari blanc. Elles se lèvent alors que le commissaire Djanéa se lance à la poursuite de Vie Éternelle. Sa femme qu'on n'avait pas entendue jusque-là le suit dans la nuit, jurant de divorcer s'il s'avise de toucher à Vie Éternelle. Elle dit que c'est Satan qui a parlé par ma bouche, pour éprouver la foi des participants. Puisqu'ils ne partagent pas les mêmes valeurs, puisqu'il prend des saints pour des truands, elle veut le quitter sur-le-champ, obtenir la garde des enfants et la moitié des biens du ménage. Les gens se parlent entre eux, de plus en plus fort, et la tradition africaine contenue dans le Livre n'a plus la cote. C'est celle du quotidien qui reprend ses droits au colportage de ragots et à la vaine dispute. Le regard de Colonne du Temple et le mien se croisent. Quelque chose me dit qu'il ne fera rien, si je me fais la malle. Ce qu'il veut, c'est pouvoir reprendre les choses en main. Je me dirige vers Endalé, toujours aussi absente au monde, exilée à la fois hors de sa conscience et de la réalité. Elle chante un cantique pour elle-même, en se regardant les pieds.

C'est une chanson qui parle du Dernier Jour. Je me penche vers elle et lui dis : *Viens avec moi.* Elle ne m'écoute pas ou ne m'entend pas, je ne sais. Je répète : *Endalé, viens avec moi.* Elle me fixe alors d'un regard d'où jaillissent les faisceaux d'une colère froide, et pour la première fois, je l'entends parler posément, pas comme lorsqu'elle psalmodie : *Venir où avec toi et pour quoi faire ? Lorsque nous sommes nées, nous étions seules. Lorsque nous mourrons, on ne nous mettra pas dans un cercueil à deux places. On n'est jamais avec personne. Laisse-moi.* Je lui obéis en me disant que je ne peux pas savoir qui elle est vraiment, ni ce dont elle a besoin. Présomptueuse, je lis le monde à ma manière en décrétant véridiques les conclusions que se formule mon esprit. Endalé fait peut-être de même, et je ne peux dans ce cas la sauver d'elle-même. D'ailleurs, n'ai-je pas d'abord à me sauver de toi une fois pour toutes ?

Je suis de nouveau dans la ville. Rien n'a changé. Les réverbères illuminent des ornières et des nids-de-poule. Des sauterelles voltigent autour de la lueur jaune, et des enfants des rues sautent pour les attraper en plein vol. Lorsqu'ils les capturent, ils les emprisonnent dans des bouteilles de plastique. Aussitôt qu'ils en auront assez, ils allumeront un feu pour les faire griller au fond d'une vieille poêle sans manche ramassée dans une décharge, avec une pincée de sel. Les ailes des insectes se détacheront alors sous l'effet de la chaleur, et leur ventre gras laissera une traînée luisante dans la poêle. Ils les tiendront par la tête pour manger ce ventre minuscule qui ne les rassasiera pas vraiment. Certains croqueront la tête de l'insecte, lui trouvant une saveur de crevette séchée. C'est petit, une sauterelle. Juste un amuse-bouche. Je les observe un moment, songeant combien il faut avoir faim pour partir à l'assaut de créatures ailées et pratiquement insaisissables. Il y a des garçons et des filles, qui sautent les bras levés au ciel pour tenter d'attraper ces sauterelles vertes et jaunes. On dirait des marionnettes géantes aux bras tendus et montées sur ressorts. Un des garçons me regarde. Il doit avoir quinze ans. Son corps longiligne ne porte qu'un bermuda. Je me remets en route. J'ignore l'heure qu'il peut être, mais il n'est pas bien tard. Il y a encore des passants dans la rue, des gens qui hèlent un taxi. Pas une trace du commissaire, de sa femme ou de Vie Éternelle. J'irai un jour, au commissariat principal de Sombé, revoir cet homme et lui répéter mon histoire. Pour le moment, je me demande où je vais passer la nuit, celle-ci et les autres. Il faut que je réfléchisse à la manière d'approcher enfin ma vie. Je me sens sur le point d'éclore, comme un poussin qui va briser sa coquille. Il n'y aura eu personne pour me couver. Je n'ai pas de chaussures. Ils ne m'en ont jamais donné. Je marche sur le bord des pieds, pour éviter de les sentir se fissurer au milieu, ce qui arrive toujours lorsqu'on marche trop longtemps. La douleur est si vive qu'on a le sentiment que les pieds pleurent. L'asphalte succède à la poussière. Sur l'un comme sur l'autre, je sens les restes de la chaleur du jour. Ici, le froid ne descend pas au-dessous de quinze degrés. Il y a des détritus sur le sol. Des tessons de bouteille, des morceaux de fil de fer, des échardes roublardes cachées là où l'œil humain ne peut les voir. Je marche en regardant où je pose les pieds. Les échardes me piquent tout de même. Elles s'enfoncent dans ma chair. Je n'essaie pas de les enlever. Nous vivons tous avec des épines dans le corps. Il suffit de savoir comment se mouvoir, pourqu'elles n'atteignent jamais un organe vital. Elles me piquent. Je ne crie pas. Je marche dans la ville, et je suis presque libre.

Au carrefour, un couple se dispute à côté d'une voiture aux portières ouvertes. L'homme dit : *Espèce de* mukokè[1]*, pour qui te prends-tu ? Quand on n'a pas de généalogie, on apprend à rester à sa place !* Et la femme répond avec un accent d'ailleurs : *Je savais bien que tu étais un nègre ordinaire. Tu peux me traiter de canne à sucre si tu veux. Nous, au moins, nous n'avons jamais vendu personne !* Il la gifle. Elle lui crache dessus et s'éloigne de la voiture. Elle est vêtue comme pour se rendre à une fête, et la brise soulève un peu l'étoffe légère de sa petite robe noire, lui découvrant les mollets et une partie des cuisses. L'homme lui crie qu'elle est habillée comme une pute. Elle se retourne pour lui répondre que c'est bien ce qui lui plaisait chez elle avant qu'il ne l'emmène vivre ici, chez les sauvages. Elle lui dit : *Ce n'est pas parce que c'est chez toi que tu as voulu venir ici. Ce n'est pas parce que tu voulais aider ton peuple ! Tout ce que tu veux, c'est un statut social que la France n'était pas pressée de te donner, et pour lequel tu n'étais pas capable de lutter. Pauvre type ! Ici, tout est plus facile ! Il n'y a qu'à paraître pour exister...* La femme reprend à peine son souffle entre deux phrases, et l'homme semble découvrir la virulence dont elle est capable. Elle s'époumone pour lui dire enfin tout ce qu'elle pense de lui, qu'elle voit qu'ici il arrive à mobiliser son énergie. Il suffit de bomber le torse et de parler d'une voix forte pour impressionner le petit peuple. Il n'y a qu'à prétendre qu'on veut

1. Mot douala du Cameroun, signifiant canne à sucre. Terme désobligeant employé pour désigner les Antillais.

accomplir quelque chose pour s'imaginer que c'est fait. C'est tellement facile d'être un homme, en Afrique. D'abord, il ne dit rien. C'est comme si chaque parole de la femme l'atteignait en plein cœur, pour le blesser comme seule la vérité le peut. Elle dit qu'elle ne l'aime plus, et qu'il n'a qu'à prendre une deuxième épouse puisqu'il y tient tant. Elle laisse sa place et retourne chez elle, là où les gens n'ont pas de généalogie, mais aucun crime sur la conscience. Il se précipite vers elle. Elle court, mais ses escarpins ont le talon trop haut pour ce sol inégal. Elle tombe. Il la rejoint, s'abat sur elle et lui cogne le visage de toutes ses forces. Sa tête heurte le sol, et on entend un craquement. Elle crie. Un homme s'arrête et demande : *Mais qu'est-ce qui se passe ? Vous voulez la tuer ou quoi ?* Le mari de la femme se lève. Il époussette son smoking et regagne sa voiture. Il démarre en trombe. La portière côté passager reste un moment ouverte, avant qu'on l'entende claquer. Je m'approche du passant et de la femme étendue par terre. Elle n'est pas morte. Elle murmure quelque chose d'incompréhensible, une phrase où les seuls mots distincts sont *châtaigne* et *fruit à pain*[1]. Elle a le visage couvert d'ecchymoses, ses lèvres sont enflées et un peu de sang s'écoule sous son crâne. Le passant lui demande si elle a de l'argent, parce qu'il veut bien la conduire à l'hôpital, mais on ne l'y soignera pas si elle ne peut pas payer. Elle ne dit rien, que *châtaigne* et *fruit à pain*. Toujours penché au-dessus d'elle, le passant lui dit : *C'est sûr, madame, il vous a mis quelques châtaignes. C'est sûr... Mais si vous n'avez pas d'argent, même un guérisseur ne vous soignera pas.* Il se

1. Bribes d'un proverbe créole : « La femme est une châtaigne, l'homme est un fruit à pain. »

redresse et lui tourne le dos. Il ne va quand même pas la transporter chez lui, marmonne-t-il. Comme il s'éloigne, j'aperçois la mèche d'un cierge bleu qui pend hors de sa poche droite. Il va prier quelque part, faire un rituel quelconque qui requiert que le cierge soit allumé à une heure précise. Il est en retard. Il presse le pas. Chacun doit d'abord se soucier de garantir son propre salut.

Je m'assieds près du corps de la femme. Elle a une flaque noire sous la tête. Elle ne dit plus rien pendant un moment, et puis elle rit doucement : *Quelle conne j'ai été. Dix années perdues, à me prendre pour Ast*[1], *à croire que je pourrais rassembler les morceaux épars de cet homme pour qu'il devienne quelqu'un, qu'il ait confiance en lui, qu'il se réalise. C'est lui qui avait raison, j'étais trop bien pour lui. Je suis trop bien pour un type qui veut épouser sa maîtresse, pour plaire à sa mère qui ne veut pas d'une descendante d'esclaves...* Elle se parle à elle-même. Ma présence lui est indifférente. Elle dit qu'elle voulait un Africain, un nègre originel, tout ça parce qu'elle pensait qu'ils étaient tous aussi fiers que Kunta Kinté[2]. *Mais ils ne sont pas fiers, ils sont déjà retournés en poussière.* Elle aussi a vu que nous vivions au royaume des morts, là où on se raconte à quoi ressemblait la vie, sans être certain de la validité du souvenir. Je la regarde étendue sur l'asphalte fissuré, et je vois très précisément comment le feuillage se meurt, de n'être plus nourri que par des racines flétries. Je reste avec la femme, et plus personne ne passe. De l'autre côté de

1. Isis, Aset ou Ast.
2. Ancêtre d'Alex Haley dans son roman, *Racines*, et dans le feuilleton qui en a été tiré.

la chaussée, un immeuble à l'abandon ouvre sur la rue des trous noirs qui ont dû être des fenêtres, il y a longtemps. Il me semble que des formes se meuvent à l'intérieur, mais ce n'est peut-être qu'une illusion, une empreinte laissée dans mon cerveau par la mémoire d'anciennes figures humaines. Je m'imagine encore que cette terre est peuplée, sans doute parce que l'idée m'est insupportable de n'être moi-même qu'une petite marque sur la poussière, bientôt invisible. Je pleure et je ne sais pas pourquoi. Je n'ai jamais pleuré. Lorsque tu me battais, je criais seulement, et puis je saignais. Jamais de larmes. J'entends mes sanglots tout à coup et je sens ma poitrine se soulever. Puisque ces pleurs semblent réels, c'est que je dois exister. Dans la dimension parallèle où nous nous sommes projetés, j'existe tout de même. Si cette réalité est factice, et que nous ne sommes que des images sur un écran, j'existe néanmoins parce que mes émotions sont réelles. Je ressens les choses. Je les éprouve indiscutablement. Alors, je suis en vie, et seul le sens me manque. Je l'inventerai, si je ne peux le découvrir, en attendant le jour où Nyambey me dira enfin pourquoi. Pourquoi les mères n'aiment pas forcément leurs filles. Pourquoi la douleur et l'errance, pourquoi la solitude et pourquoi la folie. Le petit jour arrive, et la femme est morte. Elle ne reverra pas sa terre. On la ramassera bientôt pour la mettre dans un tiroir à la morgue, et peut-être que quelqu'un viendra lui arracher le cœur pour fabriquer un philtre d'amour. Ensuite, si son mari ne va pas réclamer la dépouille de celle qu'il a abandonnée sur le bitume, on jettera son corps dans les flots de la Tubé. Son cadavre ira se poser sur ceux de millions d'autres qui quittèrent ce rivage pour ne jamais en atteindre aucun. Des millions d'autres que ne pleurent pas leurs ascendants. Il y a une autre Afrique sous les flots, dont nous n'avons que faire, lorsque nous marchons en procession à travers la ville pour nous rendre au bord du fleuve, et faire de nouveau allégeance aux génies des eaux.

Le jour se lève et c'est toujours la nuit, puisque tu es encore là. Ma mère haineuse, ma mère assassine, ma mère inconsolable d'une souffrance qu'elle ne peut pas nommer. C'est la nuit dans mon esprit où tu prends toutes les formes du chagrin. Je veux marcher vers le fleuve et m'asseoir un moment sur ses berges. Peut-être que j'entendrai ce que disent ces autres enfants mal aimés, ces oubliés dont nul ne porte le deuil. Comment sommes-nous supposés leur survivre, nous qui croyons si fort que les morts sont vivants ? Il y a dans le fleuve qui se jette dans l'Océan une nation entière de vivants oubliés. Les griots des familles ne chantent pas leurs noms. Lorsqu'ils content la mémoire de ces longues lignées dont nous sommes si fiers, ils ne disent pas comment s'appelait la jeune femme, le jeune homme qui s'en était allé en brousse cueillir des plantes médicinales, et qu'on n'a pas revu. Nulle part, nous n'avons érigé de stèle à ces disparus qui ne devinrent jamais des *sans généalogie*. Ils reposent dans le tourment, et toute paix nous est interdite. Les ondins n'annuleront pas nos dettes envers nous-mêmes. Les crânes jalousement conservés de nos ancêtres ne feront rien pour nous. Les oracles des voyantes ne pourront qu'énoncer des contrevérités, et les cierges de toutes les couleurs ne brûleront que pour convoquer à nos côtés des entités trompeuses. Je tiens à la main le bord de la trop longue soutane blanche qui traîne sur le sol et m'empêche d'avancer. Le sang de Vie Éternelle a laissé une tache sombre sur la manche droite. Les habitants de la ville se laissent emporter par le tourbillon de ces journées creuses au cours desquelles l'agitation se prend pour de l'action. La nuit tombée, ils compteront leurs maigres revenus et se sentiront floués, sans trop savoir par qui. Les lettrés diront que c'est la faute des autres, ceux qui vendent des armes et soutiennent les dictateurs. Les autres diront que c'est le sort, la malchance. Personne ne demandera si c'est parce qu'on a des armes qu'il faut s'entretuer. Personne ne voudra savoir qui a ordonné au dictateur de spolier son peuple. Personne n'interrogera le sort, la malchance, sur cette passion folle qui les fait s'accrocher à notre corps décharné dont il n'y a plus aucune jouissance à tirer. Nous savons faire parler les morts, pas le sort. D'innombrables divinités descendent sur nous pour nous mettre en transe, mais aucune ne se nomme malchance, et nous ignorons ce que veut la déveine. Quel holocauste pour un semblant de paix. Alors, on fait un peu au pif : on chasse son enfant, on brûle un cierge noir, on adresse des prières à la réincarnation africaine du Christ, on *fait l'Europe*.

Il pleut. Le tonnerre a retenti inopinément, des éclairs ont zébré le ciel et des trombes d'eau ont crevé les nuages. On dirait des milliers de cordes de pendus qui descendent du ciel. Les enfants rient. Ce sont des enfants, et ils ne savent pas qu'on ne joue pas avec ces cordes-là. Ils se précipitent, vêtus de leur slip de tous les jours, pour improviser une danse. Des femmes placent des bassines devant la porte d'entrée de leur maison. Elles pourront au moins faire la vaisselle avec cette eau, qui est plus propre que celle qui sort du robinet les jours où il y en a. Bientôt, ils disparaissent tous. La pluie est trop forte, et puis elle semble disposée à durer. Parfois, elle reste là des jours entiers, comme un créancier résolu à récupérer son dû, jusqu'au dernier centime. Lorsqu'elle s'en va, on déplore des morts. Des nourrissons qu'elle enlève dans leur sommeil et qu'on retrouve sans vie au fond d'une ravine. Des familles qui avaient construit une frêle habitation un peu trop en contrebas, là où un cours d'eau se forme au bout de quelques jours, dans lequel elles se noient, toujours prises de court par les évidences. Un enfant crie du haut d'un manguier sur lequel il était grimpé pour jouer. L'arbre tangue et rencontre le sol. La mère sort d'une cabane de planches mal assemblées. D'abord, elle pleure et tremble en cherchant le gamin évanoui sous le feuillage touffu. Elle esquisse spontanément les pas du salut aux morts, la danse qui sert à expulser la douleur. D'abord, elle maudit à grands cris le destin qui a écrasé le corps de son petit sous un manguier géant. Puis, l'ayant trouvé, elle le rosse de toutes ses forces. Elle ne sait s'il vit, mais elle a eu si peur de ne plus le revoir. Il revient à lui en pleurs et elle le ramène à la maison. Puisqu'il veut manger des mangues vertes au lieu d'attendre le repas du soir comme ses frères, il ne recevra que des pattes de poulet et une cuillerée de sauce. Peut-être même qu'elle ne lui donnera pas les pattes, qui sont encore trop savoureuses pour un crétin pareil, mais seulement la tête qu'il devra casser avec ses petites dents pour espérer aspirer un petit peu de cervelle. Oui, pour une fois qu'il y a de la viande à la maison, il n'en aura pas. Comme cela, il en restera un peu dans les jours qui viennent, si cette pluie sauvage autorise encore les jours à venir.

Elle a raison, c'est une pluie sauvage. Ses gouttes me tombent sur la tête comme des coups de gourdin. Je cherche un abri et n'ose me présenter chez des inconnus. Je soulève ma soutane et me mets à courir pieds nus dans la boue qui est de la terre tuméfiée, réduite en bouillie. Dans l'air chaud et humide, l'odeur de l'eau stagnante qui croupit dans les mares affronte, dans un duel sans merci, la puanteur d'un tas d'immondices. On ne sent plus l'odeur de la terre mouillée. Je cours. Il n'y a d'abri nulle part. Les maisons d'ici n'ont pas de porche. Dans ce quartier proche du fleuve, il n'y a pas de magasins. Rien que des maisons de pêcheurs, montées sur pilotis. Les gens qui les habitent ont toujours vécu là. On a bâti Sombé et le reste du Mboasu dans le dos de leurs cases qui sont demeurées côte à côte, comme le jour où leur ancêtre Esosombé vint s'installer sur les rives de la Tubé. Ils sont, parmi les populations de l'actuelle Sombé, les plus anciens. Et pour tous ceux qui connaissent la ville, leur quartier ne s'appelle pas Tongo, même si c'est le nom que lui donnent les plans cadastraux. Pour nous tous, ici c'est simplement *le village des pêcheurs*. Leurs maisons sont fermées à double tour. Les gens s'y sont barricadés. Ils ne vivent plus en harmonie avec les éléments. Eux qui se disaient jadis fils de l'eau et qui n'avaient rien à craindre d'elle, qu'elle descendît du ciel ou qu'elle montât des profondeurs insoupçonnées de la terre, se cachent à présent derrière les murs en rondins de leurs habitations.

L'eau monte rapidement sous les échasses branlantes qui soutiennent ces demeures. Si elle se fâche pour de bon, ils se seront cachés pour rien. Elle enverra rouler toutes ces petites cabanes, les fracassant sur les rochers gris qui bordent la Tubé, et de loin, on ne verra à la surface du fleuve que des fétus de paille. Il pleut et les gouttes tambourinent sur le toit des maisons, sur le fond des marmites oubliées hors des cases, sur les branches nues d'un arbre mort qui refuse de tomber. Cette cadence aux percussions effrénées recèle un message. Il n'y a, dans le règne des éléments, nulle furie qui ne soit justifiée, mais nous n'écoutons plus. Nous entendons, et nous ne comprenons pas. Il n'y a d'abri nulle part. Terrés dans leurs maisons, les pêcheurs n'ont de souci que pour eux-mêmes. Je cours sans rien voir. J'ai peine à garder les yeux ouverts. Bientôt, j'arrive près des rives de la Tubé. Je sens fléchir mes genoux. Vais-je rompre cette fois ou seulement plier ? Je sens que mes globules affûtent leurs armes. La joute est pour bientôt. Tout l'intérieur de mon corps sera pris d'assaut. Je ne peux plus faire un pas. Ma température monte d'un coup, et la pluie m'écrase. Je me protège la tête des bras, tandis que mon visage s'abat dans la boue. Je pense encore. Même si ce n'est que pour m'imaginer étouffant à cause de la boue qui me pénètre lentement les narines. Je pense encore, même si ce n'est que pour songer que je n'avais pas prévu de mourir ainsi.

Interlude : résilience

Il ne reste plus que quelques dents fragiles à son sourire, mais il est doux. Elle n'est que douceur. Sa peau est fripée, mais chaque pli raconte une action de grâces. Ses gestes sont lents. Pour avoir une peau comme la sienne, il faut avoir vu les premiers jours du siècle dernier. Elle me caresse le front. La paume de ses mains retrace de longues années passées à semer, à piler, à écailler, à caresser, à nettoyer, à découper, à enfler, à laver, à bercer, à saigner, à écraser, à récolter, à recommencer sans fin. Elle n'a jamais vécu dans une maison comme la nôtre, avec des sanitaires. Peut-être même qu'elle ignore ce qu'est l'électricité, que la première fois qu'elle a vu les réverbères s'allumer dans les rues de Sombé, elle a cru à une manifestation surnaturelle. Elle sourit, et j'entends qu'elle fredonne une chanson, un air un peu aigre parce que sa voix chevrote. Nous ne parlons pas. Ses yeux plongent au fond des miens, et je comprends parfaitement ce qu'ils me disent. Il ne faut pas avoir peur. Elle m'a trouvée gisante à l'entrée du village des pêcheurs. Il lui a fallu des heures sous cette pluie battante, pour me porter jusque-là. Elle en a charrié, des fardeaux, dans la vie.

Seulement, elle n'a plus la même force... Enfin, la pluie nous a laissées passer. Je tourne un peu la tête pour constater que nous nous trouvons à l'intérieur d'une grotte, probablement sous la falaise qui marque la limite du territoire des hommes. Elle vit à l'écart du village. Ses yeux sont au fond des miens, et je comprends qu'elle aussi est une exclue. Elle continue de sourire. Elle a eu une vie. Ni meilleure ni pire que celle des autres. Une vie. Alors, ils peuvent faire ce qu'ils veulent à présent. Elle me fait asseoir. Je suis nue. Ma soutane est sur une branche enfoncée dans une des parois terreuses de la grotte. Elle est propre. Pas une trace de boue. Pas l'ombre d'une tache sombre laissée par le sang de Vie Éternelle. Le sourire me tend une écuelle. Il y a des crevettes et du poisson grillé. C'est tout ce qu'elle a. C'est ce que j'ai mangé de meilleur.

Je la regarde avec attention, et j'espère que je lui souris aussi, que mes yeux lui disent merci au lieu de pleurer. C'est la deuxième fois, en peu de temps. Qu'est-ce que cela signifie, mère, lorsque des glandes taries dès la première heure se mettent tout à coup à produire de si abondantes sécrétions ? Tu n'as jamais pu répondre à mes questions. Il y a tant de choses que tu ne m'as pas apprises. J'essaie de trouver comment vivre, de le découvrir par moi-même, mais c'est difficile. C'est toi qui aurais dû me le dire. Si tu ne trouvais pas les mots, tu devais au moins me montrer comment faire, me donner l'exemple. Tu ne m'as rien donné. Peut-être n'avais-tu rien. Je sèche mes larmes en songeant qu'il me faut remonter le courant, aller à la source de ton existence, pour trouver l'origine du mal. Je veux savoir qui tu es vraiment, ce que tu cachais dans la cuisine lorsque tes sœurs venaient te voir et que tu me demandais d'aller jouer dans ma chambre. Le sourire me regarde et je sèche mes larmes. Dehors, il y a un soleil comme je n'en ai jamais vu, au cours de toutes ces années où je ne pleurais pas. Pendant que je serrais les dents, je ne voyais pas le soleil. Pendant que je m'endurcissais et m'efforçais de ne pas sentir ton incompréhensible rancœur, je clôturais mes jours d'obscur. La lumière n'était qu'un mot que je lisais dans les livres que m'offrait papa, dans les dictionnaires que j'apprenais par cœur pour qu'il puisse dire à ses amis combien sa fille était intelligente. Il me voulait brillante, pour que je l'illumine. À travers mes prouesses mentales et mon sens de la repartie, c'était un peu son esprit qu'il trouvait admirable. Rien de cela ne pouvait être à moi. Cela devait bien venir de quelque part, d'un lieu qui bien entendu n'avait rien à voir avec toi. Il voulait croire que j'étais de lui, que je tenais de lui.

C'est uniquement grâce à moi qu'il t'a gardée près de lui. Si j'avais été idiote, il aurait dit de moi non pas *ma fille*, mais *ta fille. Va donc border ta fille,* au lieu de : *Je vais lire une histoire à Musango, ma fille.* C'est peut-être pour cela que tu me hais. Pour cette poitrine tombée et ces vergetures, le sacrifice de ta beauté qui ne fut jamais assez grand pour qu'il te trouve digne d'un battement de cœur. Il te présentait en disant : *La mère de ma fille.* Sa femme, c'était toujours celle qui s'en était allée, celle qui l'avait dédaigné, celle dont la fuite avait fracturé son honneur, celle qui était ce rêve qu'il savait ne jamais plus pouvoir rêver. Les hommes de ce pays n'aiment que les femmes qui ne veulent pas d'eux. Ils veulent tout donner à celles qui les dédaignent. Les autres les effraient avec leur amour et les multiples exigences qu'ils pressentent dans leurs regards, dans leurs attentes silencieuses, dans les larmes qu'elles versent en secret et qui laissent sur le quotidien la marque visible de l'inassouvi. Celles qui les aiment les confrontent à l'impossible, à leurs inaptitudes. C'est à prendre qu'on leur a enseigné, pas à donner. Alors ce désir, cette espérance, cette patience qui pardonne les fautes et qui s'accommode du pire, a quelque chose qui les terrifie. Ils courent vite au-dehors, chercher n'importe quoi, s'étourdir dans des bras qui n'ont à leur offrir que la chaleur éphémère des pulsions ordinaires. Ils paient. Cela leur convient mieux. Nulle implication émotionnelle, rien qu'un vaste territoire où déployer l'immensité de leur vanité. Les *femmes du dehors*, celles qu'ils n'épouseront pas, celles avec lesquelles ils ne vivront jamais même si elles portent leurs enfants, sont toujours à la mesure de ce qu'ils savent d'eux-mêmes : qu'ils ne s'aiment pas assez pour avoir quoi que ce soit à offrir, que la modernité leur dérobe chaque jour un de leurs privilèges de droit divin, et qu'il ne leur reste au-dedans qu'un grand égarement. Ils sont un vide à remplir, une algue frêle qui a besoin d'un rocher auquel s'accrocher, une cascade de doutes à contenir, un flot d'incertitudes sans cesse à endiguer. Ils ne sont pas faits pour les grandes amoureuses, mais pour les réalistes qui savent qu'il leur faudra toujours compter avec ces hommes et jamais sur eux.

Tu n'es pas de celles qui vivent avec des hommes parce qu'ils ont besoin d'elles. Contrairement à ces femmes d'acier trempé qui admettent que le couple ne soit qu'une image sociale, tu n'as jamais pu te résoudre à prendre un amant, et tu t'es avérée inapte à soutirer à papa la garantie de ton confort, à préparer le jour où il ne serait plus. Comment font les autres, mère ? Toutes celles que tu voulais imiter... Elles ne se donnent pas, elles se prêtent et pratiquent des taux usuraires. Puisque ces messieurs se résument volontiers à leur compte en banque, puisqu'ils se définissent eux-mêmes par leur belle voiture, puisque leurs relations haut placées les déterminent, et puisqu'il n'est pas question qu'ils laissent entrevoir quoi que ce soit d'intime, eh bien, qu'ils montrent un peu ce que valent ces attributs : qu'ils paient. Elles ne sont pas stupidement vénales comme on le croit. Elles sont ce qu'ils réclament, le parfait alter ego du mâle de papier. Papier monnaie, bien sûr. L'amour, c'est ailleurs qu'elles le quêtent et le trouvent. Lorsque leur homme s'en ira au-dehors disperser sa semence, elles mettront au monde sous son toit l'enfant d'un jeune vaurien sans le sou. L'époux ne pipera mot. Il ne pourra décemment déclarer : *Ce n'est pas mon fils, cela fait des mois que je ne l'ai pas touchée.* Il n'osera demander à voix haute : *Un test de paternité, faites un test de paternité... Ma femme couche avec un autre.* Il reconnaîtra cet enfant comme le sien. Les femmes de Sombé, assurément, savent parfaitement comment traiter leurs hommes. Mais toi, mère, à quelle espèce appartiens-tu, et d'où est-il venu que tu ne puisses comme elles pousser tes calculs à leur terme ? Tu as bien tenté d'entrer dans la danse, d'apprendre ce pas de deux qu'est le donnant-donnant. Tu t'es arrêtée en cours de route, croyant qu'il serait suffisant de lui dire : *C'est ta fille*, tissant toi-même la trame de ta forclusion. Il a fait semblant de te croire. C'était un jeu. Il ne t'a rien laissé. Je n'ai été sa fille que tant que cela lui a servi. Prenant totalement possession de cette paternité que tu lui offrais, il s'est tenu entre nous. L'attention qu'il me portait t'était retirée. Pour lui, tu n'étais que mon ombre, la femme qui avait eu le privilège d'accompagner la venue au monde d'une fillette si exceptionnelle. Il a accepté ma maladie, ne me l'a jamais reprochée, comme toi qui craignais que je meure et que ta présence lui devienne un poids. Il n'avait rien à perdre, lui. Si ce mal m'emportait, cela ferait seulement tomber le rideau sur la scène. La comédie s'achèverait, le rendant à l'amertume de ses jours, à l'interrogation muette qui palpitait dans chaque diastole, chaque systole de son cœur : *Qu'est-ce que ce Guyanais pouvait bien avoir de plus que moi ? Un fumeur d'herbe, un vagabond et même pas diplômé... Tu parles d'un artiste ! Jamais vu sa figure sur une affiche, à ce gars-là...* Elle n'était pas partie au bras de John Coltrane, mais elle était partie, et elle n'était pas revenue comme il l'espérait, détruite par une vie de misère, s'agenouiller devant lui et dire : *Pardonne-moi, je t'en supplie.* Elle avait peut-être préféré mourir de faim, plutôt que de revenir à cet homme qu'elle n'avait pas choisi. Son dos irrémédiablement tourné la faisait souveraine en son cœur, jusqu'à ce que Dieu le rappelle à Lui ou que le diable l'emporte.

Le soleil est haut dans le ciel. Il envoie ses rayons fouiller le fond de la grotte. La vieille femme fait une sieste. De temps en temps, elle rit doucement. Son corps filiforme est étendu sur une natte de raphia posée sur le sol, et son sommeil semble aussi paisible que si elle reposait sur de la ouate. Des enfants vêtus d'un tee-shirt ou d'un slip – en fonction de la partie de leur anatomie qu'ils estiment devoir préserver des regards – se présentent à l'entrée de la grotte. Ils sont armés de petits cailloux blancs, qu'ils doivent en général lancer à la vieille dame. Ils reculent en me voyant.

Je me lève pour les regarder s'enfuir dans une course étrange. Ils ont les pieds palmés. Ce sont des enfants de pêcheurs. Ils connaissent mieux l'eau que la terre ferme. Ils nagent comme des poissons, mais ne courent pas en ligne droite. Je les vois zigzaguer vers les cases sur pilotis et les entends crier : *La mangeuse d'âmes n'est plus toute seule ! La mangeuse d'âmes a un esprit chez elle ! Oui, une fille toute nue qu'on n'a jamais vue ! Elle doit venir des fonds marins...* Elle ouvre les yeux. Le sourire est toujours là. Elle se lève pour observer les enfants. Certains se retournent. Elle leur fait la grimace et rit aux éclats tandis que les cailloux qu'ils lui lancent avec leurs frondes la manquent. Elle sort pour ramasser les petits cailloux blancs et les aligne avec d'autres, une quantité d'autres qui forment une figurine posée à plat sur la terre noire du fond de la grotte, là où elle range les herbes sèches et les petits piments verts dont elle agrémente ses mets. Elle me regarde, l'œil rieur, et me dit : *Ils ne savent même pas viser.* Je lui demande : *Alors, vous savez parler ? Mais bien sûr,* dit-elle*, je suis plus vieille que toi ! Comment ignorerais-je quelque chose que tu sais ?* J'affirme alors savoir des choses qu'elle ignore certainement. *Oui, sans doute,* me dit-elle, *mais lesquelles de ces choses te permettent de comprendre le monde et les créatures qui t'entourent ? Tu es pleine de colère, petite fille, mais la colère est vaine. Elle ne fait pas passer le chagrin.* Lorsque je lui demande ce qui fait passer le chagrin, elle hausse les épaules et soupire : *Cela dépend de ce qui l'a causé. Cela dépend aussi de la capacité de chacun à lui donner un autre visage. Vois-tu, c'est mon chagrin qui est là par terre. Il est par terre et non plus en moi. Il ne m'enserre plus dans son étau.* Elle s'approche de la figurine, et désigne les cailloux : *Voici les pierres de la lapidation, le rejet,* *l'injustice. Tout cela n'est plus rien qu'une forme sur le sol, que j'ai parfois plaisir à contempler en me disant : Tu es puissante, femme, puisque tu peux désamorcer la haine pour en faire cette figure inoffensive et attachante. Je regarde ces cailloux blancs, et je suis en paix. Je suis entière.* Alors, je lui demande : *Mais êtes-vous heureuse ? Oui, je le suis,* me dit-elle doucement, *chaque fois que la mélancolie me quitte, je suis heureuse. Le bonheur va et vient. On ne peut pas l'emprisonner. C'est un grand voyageur.*

Je m'assieds en tailleur devant elle. Elle a les yeux jaunes comme nous, mère, et les joues creuses. Ma soutane pend toujours à la paroi. Je ne suis pas pressée de la remettre. Je demande à la vieille dame pourquoi on la traite de mangeuse d'âmes. Elle me répond : *C'est seulement ce qu'ils ont trouvé, pour chasser les vieilles inutiles. C'est mon village, là derrière.* Elle fait un geste vers l'arrière de la grotte, comme pour désigner à travers la paroi, les quelques cases sur pilotis dont la Tubé vient faire moisir les fondations. *C'est chez moi et ce peuple est le mien. Avant, j'étais respectée. J'avais un mari et des enfants. Le temps m'a pris mon homme et la maladie m'a ravi mes trois fils. Ils ont dit à l'hôpital que c'était une nouvelle maladie et qu'il n'y avait pas de remèdes. Enfin, mes fils sont morts l'un après l'autre. On a interrogé les ondins, pour connaître la cause de tant de décès dans la même famille. Il paraît qu'ils ont répondu que c'était une femme de l'entourage des trépassés qui avait mangé leur âme.* Elle sourit avant d'ajouter : *Tu me croiras si tu veux, mais je n'ai aucune idée de la saveur des âmes. J'aimerais au moins en connaître le goût, puisque c'est d'en avoir tant dévoré qui m'a valu d'être chassée.* Elle rit maintenant. Moi aussi, et c'est la première fois que je ris de si bon cœur, pas pour faire plaisir. C'est la première fois que j'approche de si près ce qu'est la joie. Ici, dans le terrier d'une dévoreuse d'âmes. Je lui demande si elle ne croit pas aux ondins. Elle me répond que si, bien sûr. Simplement, elle ne croit pas à ceux qui ont prétendu qu'elle avait mangé l'âme de ses fils et de son époux. Elle a quitté le village, puisque c'était ce qu'on lui demandait. Elle s'est installée là, dans le ventre ouvert de la terre, là où le fleuve lui bat les flancs, et où il n'y a qu'à se baisser pour attraper un poisson. Que lui faut-il de plus que manger à sa faim et se souvenir ? De toute façon, elle n'avait pas envie de demeurer parmi des gens qui l'auraient maltraitée. La figurine est là qui semble nous regarder. Je remarque qu'elle représente une femme dont les bras longs se confondent avec les cheveux de pierre qui lui arrivent à la taille. Sa bouche est un galet plat et tranchant, la seule pierre grise de l'ensemble, sans doute lancée d'une main rageuse, pour faire mal. *Les gens d'ici souffrent,* me dit-elle. *Ils ont peur. Alors, il leur faut trouver des plus petits qu'eux, des faibles à piétiner. Être en mesure de faire souffrir quelqu'un, cela rassure !*

Elle se tait et redevient ce sourire qui se passe de mots. Nous n'avons plus besoin de nous parler. Elle ne me demande pas pourquoi je suis ici, pourquoi il a fallu qu'elle me ramasse dans la boue, comme une petite chose qui aurait poussé dans la nature sans qu'on y prenne garde. Elle ne le demande pas et je ne le lui dis pas. Elle vient de me montrer où trouver la clé, comment faire sauter les derniers verrous qui me retiennent encore loin de la liberté. C'est cela, je le sais maintenant, que je désire. Lorsque je parle de vivre ma vie, c'est de me sentir libre qu'il est question. La clé est cachée sous la colère, sous ce poids mort que j'emporte partout avec moi, sous ces airs de bravade qui prétendent congédier cette vérité que personne ici ne dit jamais : *J'ai mal. Je ne comprends pas ce qui m'arrive, et cette incompréhension me fait encore plus de peine que les événements eux-mêmes. Je ne supporte plus cette obligation qui m'est faite de me taire...* Nommer la douleur pour pouvoir la chasser, telle est la leçon que tu ne m'as pas enseignée, parce que tu ne l'as pas apprise. Je veux te pardonner, mère, et accepter que ce soit toi la fillette égarée qui n'a jamais grandi. Je veux te pardonner, et remonter avec toi le fleuve houleux de tes peines d'enfant. Je ferme les yeux, et je trouve la maison d'Embényolo, celle où tu as grandi et dont tu as tellement honte. J'en pousse la porte, et je dis : *Je suis Musango, la fille d'Ewenji*. Je prends place où je peux, regardant les occupantes de cette habitation. Scrutant leurs visages, c'est le tien que je vois. Tu n'es plus la violence incontrôlée des paroles et des actes. Tu es comme avant. Avant de connaître papa, avant de me mettre au monde, avant même de savoir dire ce nom : *Ewenji*. Je sais désormais pourquoi tu ne peux pas m'aimer. Je sais tout ce qu'il t'aurait fallu et que tu n'as pas reçu. Je sais ce que c'est que de n'être qu'une bouche à nourrir parmi une multitude d'autres, et jamais une personne. Je sais ce que c'est que d'avoir besoin du regard de sa mère, de sa parole et de ses gestes, pour exister. Je le sais plus précisément. La maison d'Embényolo m'expose, dans le langage simple de la stricte réalité, les mobiles des crimes perpétrés non pas à l'encontre de ta fille, mais de ta propre chair. Car c'est ce que je suis, mère, ta chair. Que je le veuille ou non. L'eau du fleuve me montre un visage qui ressemble au tien. Les yeux jaunes, les joues creuses. Je ne pourrai jamais te faire sortir de moi. Cette colère est vaine. Je veux la jeter au loin comme un nègre marron se défait de ses chaînes. Tu ne seras plus, mère, ces formes du chagrin qui peuplent ma solitude et mon acharnement à être une personne. Il ne sera plus nécessaire de batailler contre toi pour me construire, pour avoir une vie à moi. Je l'ai, ma vie. Depuis le premier jour et sans même le savoir. En dépit des silences colériques du long malentendu qui nous isole l'une de l'autre et nous arrime l'une à l'autre, je vis déjà ma vie. Au matin, je quitte la grotte. La vieille dame se lève pour faire quelques pas avec moi dans le matin brumeux. Le ciel est gris. Les cabanes des pêcheurs sont encore fermées. Ils se cachent et se taisent comme au jour de ma venue ici. La vieille me dit sans parler : *Tu te souviendras de moi, n'est-ce pas ? Je m'appelle Musango. Je penserai souvent à toi. Merci de m'avoir connue.* Elle sourit. Je ne la vois plus.

La pluie cesse. Mon visage est toujours dans la boue, et les cases montées sur pilotis ouvrent çà et là une fenêtre. J'entends que cela grince, que cela claque au vent. J'entends qu'on parle aussi, qu'on sort à petits pas. Des pieds comme des ventouses agrippent la terre humide. Ils sont nus et palmés. On s'approche, on me regarde. Suis-je morte ? Et d'ailleurs qui suis-je ? C'est ce qu'on se demande. On ne me touche pas. On ne se penche pas vraiment sur moi. On est seulement là, à attendre de voir. Je me lève boueuse et ankylosée. Il semble que j'aie dormi. Pour une fois, j'ai dormi et voyagé en moi-même. J'ai vu tous mes visages : Musango la fillette, Musango la vieille presque édentée. Je me suis vue souriante et apaisée. Je suis plus en dedans qu'une pluie de paillettes rouges et brillantes. Je suis plus en dedans que de la poussière d'os et cette implosion constamment sur le point de survenir, à cause de ces globules falciformes qui sont mon héritage. Il y a plus en moi que cette mitraille sanguine, cette malformation qui dit que je suis trop différente pour me trouver une place sur la terre des hommes. Ma place est là où je suis, là où je le veux bien. Je me lève, et je marche jusqu'au fleuve, là où je sais qu'il y a une grotte. Je veux dormir encore. Plus rien ne presse. À mon réveil, je mangerai du poisson et des crevettes. Les enfants des pêcheurs me laissent avancer. Je sais qu'ils ne me croient pas réelle. Le soir, ils parleront de moi à leurs parents. Ils me diront grande, blanche, les pieds ne touchant pas la terre. Il leur sera confirmé que je viens des fonds marins, qu'ils ont bien fait de se tenir à distance. Je leur souris de loin, en me retournant. Ils ne tiennent pas leurs frondes. De toute façon, ils ne savent pas viser. Personne ne m'a eue, jusqu'ici. Ni Sésé, ni la guerre, ni la maladie, ni la rue, ni la maison cachée au fond de la brousse. J'ai une vie depuis plus longtemps que je ne le pensais.

Devant la grotte, je ramasse de petits cailloux blancs. Ils sont lisses. Les siècles les ont polis. Ils étaient peut-être déjà ici, au premier jour du monde. Je trouve un galet plat, gris et tranchant. L'intérieur de la grotte est sec. Il y règne une chaleur douce, et je pleure sans tristesse en dessinant au sol l'adieu à ma douleur. Si j'écrivais des livres, je ferais cela avec des mots. Je tracerais des adieux poétiques à la colère qui a si longuement tari mes larmes. Je jetterais sur le papier un suaire syntaxique qui couvrirait une fois pour toutes la peine de n'avoir pas été aimée de ma mère. Mais je n'écris pas, même si j'ai des mots dans la tête. Je ne sais que le silence qui soupire ou qui hurle entre deux roulements de tam-tam. Je ne sais que l'épaisseur des formes qui ne doivent plus être des déguisements, des masques, mais la face révélée de nos drames intérieurs. Alors, je fabrique cette figure sur le sol pour lui confier tous mes jours privés de lumière. Ils passent, et je demeure. J'enlève ma soutane pour la laver dans le fleuve. La boue s'en va, et le sang de Vie Éternelle aussi. Tout passe. Je me couche. Je n'ai pas faim. Le galet gris et tranchant forme un cercle sur la partie inférieure du visage de la figurine. On dirait qu'elle s'exclame d'émerveillement. Elle a les yeux fermés pour se voir en dedans, pour savoir qui elle est réellement, sans recourir aux oracles des voyantes, aux murmures des ondins, aux prêches des faux pasteurs. Je fredonne la chanson de Musango la vieille, en pensant à tous ceux qu'on chasse parce que les temps sont durs et qu'on ne sait comment les affronter. Pendant que je suis ici, des enfants fouillent les poubelles de Sombé. Leurs parents font semblant de dormir à la nuit tombée, mais sitôt les yeux fermés, ils se trouvent nez à nez avec leur honte. Ils vont alors prier dès le lendemain, pour une délivrance qui ne viendra jamais. Pendant que je suis ici, l'offense faite à soi-même se perpétue, et on paie la dîme comme on s'ouvre les veines, et on entre en transe pour s'extirper du monde. Il continue de tourner, nous laissant jouer à la mort, et sans rire. Notre peuple n'a pas soudain enfanté une génération de petits êtres malfaisants, et bien des démons n'existent qu'au fond de nous. C'est ce que nous croyons qui finit par prendre corps, et par nous dévorer. Je crois profondément, mère. Non pas aux joies factices qui tapent des pieds et des mains sous les voûtes des temples ou sous l'éclairage phosphorescent des boîtes de nuit, où selon sa sensibilité, on cherche le même délire. Je crois à l'authentique plaisir de vivre l'alternance de la mélancolie et de la joie, et je crois que la misère est une circonstance, non pas une sentence.

Second mouvement : génération

La ville est restée le souvenir fuyant de ce qu'elle tentait d'être avant le conflit : un endroit où vivre et travailler. Les constructions détruites par les batailles, les émeutes et les pillages dus à la guerre se tiennent comme elles peuvent, éventrées, brûlées, adressant comme les hommes de vaines suppliques au Ciel. Les ornières se sont évidemment creusées. Les dos-d'âne comme les amoncellements d'ordures ont enflé. Les habitants de Sombé sont deux fois plus nombreux qu'auparavant. La guerre a ravagé les campagnes. Les paysans ont vu leurs champs dévastés. Ceux qui n'ont pas quitté le pays se sont agglutinés dans le ventre de la ville, où ils grouillent désormais tels des vers géants. Ils se sont accrochés à chaque millimètre de sa peau dont les pores bouchés ne respirent plus. Ils sont venus dans l'espoir de ramasser des miettes de vie, mais les citadins se les arrachaient déjà. Harassés par le voyage, démunis, ils sont restés sur place, désertés par l'espoir, installés pour jamais dans une espèce d'apnée. Un éclair de conscience furtif les pousse vers *La Porte Ouverte du Paradis* où se rendent également les notables, pour demander à Dieu d'opérer les miracles que relate le Livre. Que la manne pleuve de nouveau, et qu'Il fasse sortir Son peuple de cette captivité qu'il s'est lui-même forgée. Qu'Il embrase les buissons et fasse entendre Sa voix. Une voix tonne, justement dans les rues, vêtue de blanc, la taille ceinte d'une large bande de coton bleu, et les pieds chaussés de ces sandales plates que nous appelons *talons de Jésus.* Armée d'une cloche et d'une cravache, elle fend la foule des mécréants. Les femmes vêtues de jupes courtes ou de pantalons reçoivent de sa part un coup de baguette bien sec. Qu'elles aillent vite cacher cette chair immonde dont le Créateur les a pétries, Lui qui pouvait très bien les réduire à des gaz. Elles seraient de l'éther ou de l'azote, s'Il l'avait voulu. Je me demande qui délivrera l'Éternel des religions, cependant que la voix couvre les rumeurs de la ville. Elle prétend connaître le sens des textes sacrés. Elle en cite des extraits que les âmes affaiblies par la faim entendent et comprennent comme elles le peuvent : *Que chacun soit en garde contre son ami, méfiez-vous de tout frère ; car tout frère ne pense qu'à supplanter, tout ami répand la calomnie*[1].

La voix marche à travers la ville. Peu importe son visage. Elle est le spectre que tous abritent au plus profond, le prétexte à la haine. Ce pourrait être Colonne du Temple. Ce n'est pas lui. Ce n'est personne que je connaisse et ce sont tous ceux que je connais. Ceux qui cambriolent l'espace qui est le nôtre. Les passants retiennent le son de la voix. Ils conservent dans le cœur l'étrange injonction : se défier de son frère plutôt que le garder. Je marche le long du mur d'enceinte de la prison de Sombé. Elle est proche

1. Jérémie, 9, 3.

du quartier administratif de la ville. Le mur est haut. On ne voit rien, de l'extérieur. À peine un bout de toit. On ne voit rien, mais on entend. Des cris comme des rugissements. De longs sanglots, des plaintes infinies. On se meurt là-dedans avant d'avoir vécu, et les prédicateurs récitent leurs litanies. Nulle pitié pour la longue misère des voleurs de poules enfermés. Nulle compassion pour le grand tremblement des toxicomanes en manque, qui ont raté leur braquage et qui se sont fait prendre. Dehors, sur la poussière, il y a des canettes de bière, des emballages de gâteaux et des arêtes de poisson. Le commissariat principal n'est pas loin. Une très jeune fille a remonté la jupe de son uniforme. L'ourlet lui balaie le bas des fesses, et rien n'indique qu'elle porte une culotte. Elle a ouvert les trois premiers boutons de son chemisier. Ses seins ne sont que deux petits bourgeons secs, mais cela ne fait rien. Elle ira peut-être au collège cet après-midi. Pour l'heure, il s'agit de trouver de quoi se payer des vêtements, une nouvelle paire de chaussures. Elle avance d'un pas déterminé vers un endroit quelconque où passeront des voitures. Nous devons avoir le même âge. Ses sandales usées claquent sur le sol et avalent la poussière qui s'insinue entre le faux cuir et la plante de ses pieds. Elle ne sent pas l'agression des grains de sable. Elle marche seulement jusqu'au bout de la rue, où son enfance s'est perdue avant d'éclore.

Le commissariat principal de Sombé est un bâtiment jaune, fraîchement repeint, pour indiquer que la sécurité est de nouveau une priorité. Il jouxte l'immeuble de la *Caisse Nationale de Prévoyance Sociale* qui n'a jamais vraiment prévu, et qui n'a rien à verser aux indigents qui sont l'immense majorité des citadins. Les assistantes sociales viennent travailler tous les jours, pour se souvenir qu'elles ont un métier. Elles ne sont pas payées depuis des temps immémoriaux, et si d'aventure les sommes destinées aux populations étaient débloquées, elles en prélèveraient d'abord leur part. De temps en temps, il y en a une qui sort pour parler à la foule qui fait la queue devant le bâtiment. Elle leur dit : *Il n'y a rien ici. Ni aides financières, ni bons alimentaires. Allez manger des hamburgers au* Boogie Down *!* Et puis, elle rentre dans son bureau où il n'y a rien à faire d'autre que compter les mouches, qui trouvent toujours de quoi se nourrir. La foule ne bouge pas. Des bébés pleurent et des gens protestent doucement. Ils disent quelque chose sur les droits humains : habiter, manger, espérer. Tout est interdit. Ils restent encore un peu. Bientôt, ils s'en iront. Ils iront voir dans leur vieille bicoque s'ils trouvent un bien quelconque à vendre. Je pénètre dans le commissariat par une porte vert foncé dont la peinture récente a un éclat d'émeraude brute. Les bureaux sont fermés. C'est seulement le milieu de la matinée et tout le monde n'est pas encore arrivé. Il n'y a pas à se presser d'aller travailler. Dans le petit hall où se tiennent deux tables dont on a calé les pieds avec un bout de papier journal parce qu'ils n'ont pas la bonne longueur ou parce que le sol est inégal, il n'y a qu'une jeune femme vêtue d'une jupe bleu marine et d'un corsage bleu ciel. Ce n'est pas une femme de ménage, mais un agent de police, même si à cette heure elle grimpe sur un tabouret pour épousseter le haut des armoires qui crachent des dossiers mal rangés. Je la salue. Elle se retourne et me regarde. Elle descend pour s'approcher de moi. Je lui dis que j'aimerais voir le commissaire Djanéa. Elle me répond d'une voix lasse qui souffle péniblement, comme une chambre à air percée. Elle me dit que le commissaire Djanéa n'est pas là, qu'il ne sera plus jamais en ces lieux et qu'il ne portera plus le titre de commissaire. *En tout cas, pas dans une ville aussi importante que Sombé.* Je lui dis que c'est impossible, que je l'ai vu la semaine dernière, qu'il était sur le point de démanteler un réseau de proxénètes.

Les yeux de la jeune femme se plissent, et sa tête recule un peu, alors que son corps rebondi demeure statique. On dirait une énorme marionnette dont seul le cou serait articulé. Elle me demande comment je suis au courant. Je lui réponds que c'est mon témoignage qui a éclairé le commissaire, au cours d'un office religieux au *Soul Food. Petite,* m'interrompt-elle de sa voix qui n'est qu'un souffle, *ta semaine dernière remonte à vingt et un jours... Écoute, le commissaire a été limogé à cause de cette affaire. Ceux qu'il accusait de trafic humain sont les pasteurs d'une église d'éveil que fréquentent des gens qui comptent, ici à Sombé. Je te conseille de ne plus évoquer cette histoire. Mais,* lui dis-je, *je peux vous conduire sur les lieux où sont détenues les futures prostituées...* Elle fait un geste de la main, comme pour dire au revoir, et ses doigts trapus font un bruit d'hélice dans l'air. *Je ne veux rien entendre de plus. Occupe-toi de tes problèmes, tu es encore petite. À présent, sors d'ici. Mes collègues ne vont pas tarder, et tu auras des ennuis s'ils t'entendent raconter ton histoire.* Elle me donne le dos et remonte sur son tabouret. Ses genoux craquent un peu et elle gémit doucement. Le tabouret tangue. Elle s'agrippe à une armoire pendant qu'il se stabilise et se tourne vers moi : *Mais je t'ai dit de t'en aller ou pas ?* Je déclare que je veux faire une déposition, que la police ne peut attendre que Nyambey prenne en charge les questions qui la regardent, que les citoyens du Mboasu ont le droit de venir en aide à ceux d'entre eux qui... *Je vais te taper, hein ! Je viens de te donner toute l'aide que je peux, et tu es là en train de me faire la morale. Tu crois qu'on a les moyens d'en avoir, de la morale, dans ce pays ? Pour la dernière fois, sors vite !* Mes yeux croisent l'agacement qui brûle dans les siens tandis qu'elle descend prudemment du tabouret. Je n'attends pas qu'elle me rejoigne. La rue m'accueille de nouveau, puisqu'elle ne refuse personne. Je marche sans choisir de direction précise, en me disant que Lumière et Don de Dieu ont sans doute des appuis en haut lieu. C'est en arrosant les bonnes personnes qu'ils s'en sortent. S'attaquer à eux, c'est mettre en péril ceux qui les soutiennent. Et puis, après avoir donné leurs cheveux et leurs ongles à ces hommes, les filles ne les dénonceront pas. La justice des hommes est si peu fiable, et la puissance de l'occulte tellement à craindre... Mon courage baisse les bras. Il ne trouvera nulle part d'écho en cette terre.

Mes pas me conduisent devant mon ancienne école. Je m'arrête. La cloche retentit et les enfants vont sortir en courant. Déjà, des berlines climatisées, des scooters Vespa et des véhicules utilitaires attendent le long du trottoir. Un marchand de cacahuètes épluche d'une main experte ses arachides grillées. Elles ont la peau pourpre, un peu blanchie par le sel versé à profusion dans la poêle en fonte où on les a fait cuire. Il y a si longtemps que je n'en ai pas mangé. J'en achetais ici même, avant que papa vienne me chercher à l'école. Il m'interdisait de le faire, comme il m'interdisait toute nourriture préparée dans la rue. Il était toujours un peu en retard, alors je m'offrais des cacahuètes. Rien qu'en voyant le marchand, je sens le goût du sel sur mes papilles. Les ayant épluchées, l'homme les lance en l'air, d'un geste ample mais ferme. Seules les peaux s'envolent et atterrissent au sol, tandis que les arachides qui se sont à peine levées retombent nues au fond de la poêle. C'est tout un spectacle et les clients approchent. Pour le prix qu'ils proposent, l'homme les sert dans du papier journal. La boîte de conserve qu'il utilise comme mesure a le fond déformé, enfoncé exprès pour en diminuer la contenance. Tout le monde le sait. Personne ne s'en offusque. On ferait la même chose, à sa place. Les enfants sortent comme une nuée de criquets. Ils traversent en courant l'espace qui sépare les classes du portail d'entrée. Les voitures klaxonnent. Elles n'ont démarré que pour se retrouver coincées sur cette voie étroite. Il va falloir des heures pour sortir de là, surtout à cause de cette camionnette au moteur récalcitrant qui ne peut avancer. Des gamins déguenillés surgissent de nulle part, pour proposer au conducteur embarrassé : *Patron ! On pousse alors ?* Ils le feront, bien sûr. Contre quelques pièces. S'il ne paie pas, la prochaine fois qu'il viendra, on lui crèvera les pneus. Il ne songe pas à discuter. Les autres klaxonnent et l'insultent. Le soleil ourdit patiemment ces migraines dont il a le secret et les pots d'échappement toussent des nuages opaques. L'air est irrespirable. Les voitures disparaissent comme par enchantement, après une demi-heure d'un vacarme dont la rue garde un moment l'écho. Des enfants que personne n'est venu chercher rentrent chez eux à pied. Ici, on déjeune chez soi et on s'autorise une sieste avant la reprise. Ceux qui ne rentrent pas parce que personne ne les attend se rendent par petits groupes dans les restaurants de rue. Ils mangent tous les jours la même chose, des beignets ou du riz, le tout recouvert de graisse. Se nourrir est une nécessité, rarement un plaisir. Lorsque les cours reprendront, la graisse leur tombera au fond de l'estomac, leur bouchant les oreilles et leur fermant les yeux. On dira d'eux qu'ils sont idiots, lents à la comprenette. Ils redoubleront chaque classe avec détermination et on soupirera sur cette stupide insistance à vouloir se hisser auprès des diplômés. Les doigts de la main auraient la même taille, si les humains avaient été créés égaux. On ne se souciera donc pas vraiment des auriculaires trop ambitieux.

Un palmier m'offre l'ombre de son feuillage, en face de l'école presque déserte. Les instituteurs se sont faufilés à travers la foule des élèves et des parents. Seule la directrice marche encore dans la cour, les bras noués dans le dos, le cheveu court et le sourcil froncé. Elle inspecte les lieux, l'école qu'elle a fondée en commençant par une classe unique sur sa véranda. Je n'ai pas appartenu à cette première promotion d'enfants scolarisés en maternelle et instruits à l'époque par des maîtresses venues d'en France. Moi, je suis arrivée là bien des années après. Au moment de ma disparition, j'étais en septième. Les maîtresses blanches s'en étaient retournées vers le climat tempéré de leur pays et je ne les ai pas connues. Tout ce que j'ai su, c'était les dictées non préparées, le calcul mental à toute vitesse, et la promesse de la chicotte à la moindre incartade. J'ai passionnément aimé l'école qui me permettait de fuir la maison où ta rancœur côtoyait l'amertume de papa, où il me fallait te subir et l'illuminer. Nous n'étions pas une famille, seulement trois solitudes dépendant les unes des autres. Parfois, lorsque j'étais alitée, j'allais à l'école en imagination. Je me récitais les fables de La Fontaine et les leçons d'histoire qui parlaient de la traite des Noirs et de la guerre d'indépendance. Dans les livres, des images naïves représentaient les anciens chefs de la côte du Mboasu, les ancêtres des actuels pêcheurs de Sombé. On les voyait vêtus de jupes de raphia, les yeux exorbités devant des colliers aux perles de verre, ou se mirant ébahis dans une glace au bord de faux argent. Non loin, on apercevait des hommes en file indienne, nus et enchaînés les uns aux autres. Des femmes les accompagnaient, dont les seins pointus ne parvenaient pas à masquer la tristesse. Quelques pages plus loin, on pouvait se plonger dans les siècles ultérieurs, et découvrir le temps où l'Afrique Équatoriale Française faisait de tout son cœur honneur à la patrie, en offrant à un général sans armée et sa force et son sang. Ensuite, le général avait trahi. Lorsque ceux qui avaient sauvé sa peau avaient voulu devenir ses frères et non plus ses vassaux, il avait pris la mouche. Il avait envoyé un de ses sbires faire la chasse aux indépendantistes. Le sbire et ses équipes avaient œuvré avec ferveur. Les indépendantistes avaient été tués, leur dépouille dévorée par les chiens, puis traînée dans les ruelles des quartiers populaires. Le peuple devait ainsi apprendre ce qu'il en coûtait de vouloir fraterniser avec la race supérieure. Parfois, les cadavres des insoumis étaient émasculés. C'est le sexe enfoncé dans la bouche en guise de cigare qu'ils étaient exposés. Le peuple avait compris. Ceux qui ne voulaient pas d'un Mboasu indépendant avaient eu le pouvoir. Ils étaient encore là. Pour moi, ce n'étaient que des histoires. C'était dans les livres comme les mots du dictionnaire, uniquement pour me remplir l'esprit de quelque chose qui ne soit pas en rapport avec l'application que vous mettiez, papa et toi, à être si malheureux ensemble.

Je n'ai pas terminé mon année de septième. Je ne me suis pas présentée au concours national d'entrée en sixième qui seul détermine, pour les élèves des écoles publiques ou privées, l'admission au collège. Même inscrits dans la modernité, nous ne permettons pas sans épreuves le passage d'une classe d'âge à une autre. Il nous faut des rites, maintes initiations. Nous pratiquons cela et nous n'apprenons rien de plus que les autres. D'ailleurs nous le savons. Derrière la façade, derrière les longues listes portant le nom des admis, ce sont les liasses qui parlent. On se paie l'entrée en sixième, et on se paiera tout ce que l'argent pourra offrir. À peu près tout donc, mais uniquement pour ceux qui en ont. Que les autres se souviennent seulement que les doigts de la main n'ont pas la même longueur ! C'est cela, la seule justice. L'ordre naturel des choses. La volonté de Dieu. Je ferme les yeux pour ne plus penser à rien, pour faire un peu comme si je n'étais pas ici, dans cette rue, comme si je ne savais pas que c'était l'heure du déjeuner et que je ne me souvenais plus de mon dernier repas. Je ferme les yeux et j'entends les fourmis qui grimpent le long du tronc du palmier. Elles ne songent pas à me piquer, attirées par les trésors que recèle l'arbre : dépouilles d'insectes, débris végétaux, noix de palme charnues et grasses. En quelques minutes, je retourne à Ilondi, dans l'obscurité et l'inconfort de la cabane perdue au fin fond de la brousse. Était-ce une prison ou un refuge ? Tandis que mon estomac gargouille, je ne sais. Je n'y étais pas libre et je n'y étais rien. Néanmoins, je mangeais. Personne ne me battait. Je n'étais rien de moins que les autres, et s'il me semblait parfois être quoi que ce soit de plus, c'était parce que cette présomption qui ne me quitte pas m'obligeait à m'inventer un horizon. Tu en étais la hachure permanente, le barreau à scier pour atteindre à la vie. Cette bataille de chaque instant me retenait encore à l'orée de ton corps. Je prétendais t'écarter, je m'accrochais à toi. La distance que je cherche est au large de ces luttes. Elle est un glissement plutôt qu'une déchirure. Je me glisse au-dehors, mère, pour te voir comme tu es et ne plus te nier. Comme jamais, je cherche ton visage. Dans notre corps-à-corps, je n'en ai distingué que des traits grossis par la proximité. Des joues creuses. Des yeux jaunes. Il me manque encore la courbe de tes lèvres et l'arête de ton nez, la hauteur de ton front qui m'instruirait du fond de tes pensées. Je ferme les yeux, et je ne te vois pas. Il n'y a que tes robes, comme de la buée colorée chaque jour d'une teinte de l'arc-en-ciel. Je ne sens même pas ton odeur. Ni celle du dedans lorsque tu me portais, ni celle d'après, lorsque même malgré toi tu as dû me bercer.

Le vent chante dans les palmes, un air rauque, un rythme mal arrangé. C'est la tonalité de la mer dans le creux des coquillages, mais ce n'est pas sa douceur. Ce vent-là a la rage. Il est froid tout à coup, froid comme nous pouvons le concevoir ici. Je ne bouge pas d'un pouce, mais on pense à ma place. On pense à haute voix, pour me dire les mots que mon esprit réfute quand mon corps ressent les évidences auxquelles ils se rapportent : *Que fais-tu là, Musango ? Ne vois-tu pas que la pluie vient ? Je ne peux pas croire que ce soit toi, et accoutrée de la sorte ! Allez, lève-toi, viens avec moi.* Une main ferme me fait tenir debout et m'entraîne dans l'enceinte de l'école, dans un coin de la cour où elle a sa maison. C'est Mme Mulonga, la directrice de l'école. Elle dit qu'elle m'a vue de loin, et qu'il lui a semblé connaître ce visage, alors elle est sortie. Plus personne ne connaît mon visage. Je la suis comme un noyé cherchant à la surface de l'eau, le souffle qu'il ne parviendra pas à emmagasiner pour se sauver. Elle me dit qu'on m'a cherchée partout. Que d'abord, ne me voyant pas revenir à l'école, on s'est imaginé que j'étais souffrante. Et puis, cela a duré plus longtemps que d'habitude, et mes parents ne sont pas venus demander quelles leçons je manquais. Alors, on s'est inquiété. On s'est présenté à leur domicile, ce qu'on ne fait jamais, afin de maintenir des relations impersonnelles avec les familles, car le rôle de l'école est de transmettre le savoir, non pas de se mêler du quotidien. La maison était close et le gardien avait dit ne rien savoir de moi. On a rebroussé chemin, en songeant tristement que certainement ce pays avait encore dévoré un pan de son futur. Et puis, un jour, alors qu'on n'y pensait plus parce que c'est comme cela, on ne peut pas sans cesse penser aux choses, on t'avait vue devant l'école. C'était la sortie. Il était midi. Tu attendais avec les autres parents, comme un jour ordinaire où j'aurais été là. Cela avait beaucoup surpris puisque je ne m'y trouvais pas, puisque les jours ordinaires, ce n'était jamais toi qui venais me chercher. Tu portais une robe bleue dont on devinait la couleur plus qu'on ne la voyait tant elle avait passé. Ton visage semblait avoir été essoré et tes lèvres tremblaient. Tu demeurais là, immobile, une fois tout le monde parti. Tu te tenais sous un palmier, comme moi. On s'est approché pour te demander : *Ewenji, que faites-vous ici ?* Tu as répondu : *Rendez-moi ma poupée noire. Personne ne voudrait d'une poupée noire, mais il ne me reste qu'elle. Rendez-moi ma poupée noire !* On s'est dit que tu parlais peut-être de moi. Alors on a murmuré : *Il y a bien longtemps que nous n'avons pas vu Musango à l'école.* Tu n'as pas voulu entrer prendre une collation. Tu étais pressée. On n'a pas osé te retenir. On a songé un instant que tu étais une apparition, qu'on devenait sénile. Et puis, on a de nouveau entendu parler de toi :

Ma fille, dit Mme Mulonga, *fréquente* La Porte Ouverte du Paradis, *cette maison de fous qui ne peut être que l'antichambre d'un gouffre plus profond que celui où nous sommes plongés depuis des années maintenant. Elle y a vu ta mère. Mais attends. Ma fille te le dira elle-même. Assieds-toi là, je vais voir si je ne dérange pas ses constantes méditations.* On s'en va vers un couloir, me laissant assise et muette dans la salle de séjour.

Mme Mulonga est restée la même, elle aussi. Ses reins ont forci et ses cheveux ont blanchi, mais elle a toujours la langue si bien pendue qu'elle n'a pas besoin d'interlocuteurs. Elle parle et on écoute. Il en a toujours été ainsi. Une large baie vitrée ouvre la pièce sur la cour. Le vent y fait voler des feuilles mortes et des brindilles qui viennent se jeter contre la paroi de verre. On dirait des doigts malingres qui se cassent désespérément les phalanges pour qu'on leur ouvre. Quelques gouttes d'eau encore éparses tombent du ciel et mouillent la poussière, comme des crachats minutieusement lancés à la figure du monde. Sans qu'on s'y soit préparé, ce ne sont plus des gouttes, mais de très longs filets qui s'abattent pesamment. L'eau tombe. Elle frappe comme une armée de percussionnistes ne jouant qu'une seule note. Les filets s'écrasent tous en même temps, réinventant dans les tons graves une version tropicale du supplice chinois. Serais-je une poupée noire ? Était-ce bien de moi que tu parlais ? Une poupée. Un petit objet inanimé dont on fait ce qu'on veut... Peu importe si tu me cherches, si je te manque, si tu as besoin de moi. Mme Mulonga revient avec sa fille qui doit avoir ton âge, et qui est apparemment encore une demoiselle. Elle porte les cheveux courts comme sa mère, et on devine que toutes deux ont renoncé, pour des raisons différentes, à la coquetterie. La Demoiselle est terne, vêtue d'une robe sans forme ni couleur. Elle chausse doucement les pas de sa mère, avançant dans son ombre pour se tenir enfin au centre de la pièce. Les meubles sont de rotin, avec des coussins blancs. Des becs de perroquet semblent jaillir d'un vase de cristal. La Demoiselle les regarde comme si je n'étais pas là, et il faut que sa mère lui donne un coup de coude, pour la faire sortir de sa torpeur. *Mais parle, voyons ! C'est la fille d'Ewenji... Dis-lui, s'il te plaît, ce que tu sais de sa mère.*

Le visage de La Demoiselle s'anime lorsqu'elle entend ton nom. Elle sourit de façon étrange. Ses lèvres semblent savoir obscurément ce que c'est de sourire, mais cette connaissance est enfouie si loin qu'elle peine à refaire surface. Elle parle, et cela aussi est une bizarrerie, tant la voix est cassée, voilée, presque étouffée. *Ewenji,* dit-elle, *est ma sœur en Christ. Nous nous voyons parfois chez Mama Bosangui. Nous prions et nous jeûnons ensemble. Sa fille est partie. Elle l'a abandonnée une nuit. Ewenji s'est levée un matin, et l'enfant n'était plus là. Mama Bosangui la rassure. Elle lui dit qu'elle a des visions de la petite. L'enfant est en route. Elle revient vers sa mère comme le fils prodigue. Alléluia.* Elle se tait, regarde encore un peu les becs de perroquet, et tourne les talons. Mme Mulonga s'installe à mes côtés, sur le canapé qui fait face à la baie. Elle me prend la main et nous regardons la pluie en silence. Au bout d'un moment, elle me dit : *Ce n'était pas une bonne idée de faire venir ma fille, je le crains. Enfin, tu sais où trouver ta mère. Peux-tu me dire d'où tu viens, et pourquoi tu es vêtue ainsi ?* Je lui dis. Je lui raconte tout, et ses sourcils gris se froncent et se relâchent, tandis que sa main continue de serrer la mienne. Je parle et il me semble que ce n'est pas mon histoire, que rien de tout cela n'est arrivé. La parole me détache des événements auxquels le silence m'accrochait. Mme Mulonga dit que c'est à peine croyable, qu'il faut absolument se rendre à Ilondi, mais qu'avant tout, nous devons te retrouver. *Dès ce soir, nous passerons* La Porte Ouverte du Paradis, *et nous lui rendrons sa poupée noire. Maintenant que tu m'as dit tout cela, je ne sais à quoi m'attendre de la part de ta mère. Ne crains rien, je serai là. À mon avis, elle a fait une sorte de crise de nerfs, une dépression... C'est un médecin qu'il lui faut, pas des fanatiques religieux.* Elle dit que pour l'instant nous allons me trouver des vêtements décents. Une robe de petite fille. Elle conserve dans des malles les robes d'enfant de sa progéniture, qui doivent sentir le camphre, mais qui feront bien l'affaire. Avec le temps qu'il fait, la plupart des enfants ne viendront pas à l'école. C'est toujours comme cela, en saison pluvieuse. Seuls ceux qui ne rentrent pas à la maison reviennent, et le ruissellement de la pluie sur le toit des classes berce leur somnolence jusqu'à la fin des cours.

Dans des malles de métal, nous trouvons une robe rouge à fleurs blanches, avec une ceinture à nouer dans le dos. Le col Claudine est bordé de dentelle blanche, et des poches en demi-cercle sont plaquées sur la jupe. En effet, cela sent fort le camphre, mais il n'est pas question que je garde cette soutane une minute de plus. *Tu vas prendre un bon bain.* Elle me conduit à la salle de bains et fait couler de l'eau dans la baignoire. Comme souvent dans ce pays, le robinet crache d'abord un liquide brunâtre, laissant sur l'émail de la baignoire de longues traces argileuses. Cinq minutes plus tard, l'eau est à peu près claire. Lorsqu'il y en a assez, elle me laisse. Je ne me suis plus lavée de cette manière depuis bien longtemps. Dans la maison d'Ilondi, Kwédi et moi avions un baquet d'eau froide en toute saison, et une boîte de conserve rouillée pour nous en arroser la peau. Elle fabriquait du savon avec les feuilles de certains tubercules. C'était un savon marron qui sentait le beurre rance, mais enfin, il moussait. Nous faisions tout avec ce savon-là, la lessive, la vaisselle, la toilette. Cette dernière était rapide, attendu que nous la faisions en plein air. Même si nous étions pratiquement certaines que personne ne nous verrait, nous nous hâtions, peut-être inconsciemment à cause de ces histoires d'esprits rôdant à l'affût de corps féminins à pénétrer. On ne tient jamais trop à tenter le diable. Je ne m'allonge pas au fond de la baignoire. Je m'accroupis comme je le faisais enfant, par crainte de me noyer. Mes pieds crottés noircissent l'eau, et je retire le bouchon. Je me lève pour prendre une douche, et tiens le pommeau à droite pour faire ma toilette intime. Ainsi, je te reverrai. J'ignore ce que cela me fait. Je ne sais même pas si j'y crois. Tout ce que je sais, c'est que le sol est froid et que les carreaux sont d'un blanc luisant qui rappelle celui des œufs durs. La tête me tourne et je glisse. Je vois de loin la serviette encore accrochée à son portant, qui devait servir à me sécher. Mes yeux se ferment sur la pièce qui s'assombrit. La porte est close. Je n'appelle pas. Je n'y pense pas. Peut-être ne puis-je te voir après tout ce temps. Le tapis de bain se froisse sous mon poids, et mon buste gît sur le sol carrelé. Je n'ai pensé qu'à toi, mère, au cours de ces années. Je me suis souvenue de toi avec une telle force, une telle résolution, qu'il ne m'était plus vraiment apparu que tu puisses loger ailleurs que dans mes pensées. Tu étais seulement le cauchemar de mes nuits, ma douleur inexpliquée. Et tu étais aussi un rêve fou, un rêve d'amour irréalisable, immérité. Une migraine soudaine s'accroche aux parois surchauffées de mon crâne. J'ai mal dans le bas du ventre, et j'ai la nausée. Mes paupières sont de plomb. Jamais plus ces yeux ne pourront s'ouvrir pour te revoir.

*
* *

Mme Mulonga et sa fille sont penchées sur moi. Comme toujours, c'est elle qui parle. La Demoiselle ne dit rien, se contentant de me fixer de ses grands yeux vides. On dirait deux immenses fosses arides, dans lesquelles des lacs auraient coulé à la naissance du monde. Tout en elle semble avoir disparu, à la suite d'un long processus d'érosion intérieure. Il ne reste qu'une peau morte attachée à des os. Elle est aussi inconsistante que sa mère est tangible, puissante, incontournable. La mère affirme : *Tu vois, je t'avais dit qu'elle se réveillerait bientôt. Elle a toujours été plus solide qu'il n'y paraissait. Va vite lui chercher un bol de soupe.* La Demoiselle s'éloigne sans rien dire. Ses pieds dont on ne peut voir s'ils sont chaussés ou nus la portent sans bruit vers l'extérieur de la pièce. Mme Mulonga s'assied près de moi sur le lit. Elle me passe sur la joue une main aux ongles courts et carrés. Étonnamment, son toucher est doux. Je me souviens des punitions auxquelles avaient droit ceux qui faisaient plus de cinq fautes à la dictée hebdomadaire. En dessous de ce nombre, c'était l'instituteur qui sévissait. Au-delà, Mme Mulonga tenait à châtier elle-même les fautifs. La langue française était sa religion. C'était la matière la plus importante à ses yeux, et la valeur des élèves se mesurait à l'aune des résultats obtenus en français. Concernant la dictée qui clôturait la matinée du samedi, la règle était simple : elle n'était jamais préparée, c'est-à-dire que les élèves ne devaient en aucun cas avoir eu connaissance du texte à l'avance. Ensuite, ils recevaient autant de coups que de fautes commises, et les fautes de grammaire comptaient double. Madame la directrice venait dans la classe le lundi, à la première heure du matin, tenant à la main les copies des délinquants. Elle lisait leurs noms. Ils la rejoignaient sur l'estrade, se rangeant sagement en file indienne, le regard respectueusement fixé au sol. Au Mboasu, les enfants ne regardent pas les adultes dans les yeux. Une fois qu'ils étaient près d'elle, elle donnait à la classe le détail de leurs délits grammaticaux, de leurs crimes orthographiques. Se saisissant de la règle métallique que le maître gardait sur son bureau, elle demandait aux enfants alignés de serrer les poings, et de les tendre vers elle. La règle s'abattait alors sur les phalanges : autant de coups que de fautes. Ceux qui étaient assis entendaient et ressentaient la précision de ces frappes, comme si elles leur étaient administrées. Ceux qui les recevaient pleuraient en silence. Leurs mains tremblaient lorsque le nombre de fautes avoisinant les dix, ils ne pensaient pas survivre au châtiment. Nous appréhendions tous le premier jour de la semaine. Il était arrivé à plusieurs reprises que Madame la directrice fasse preuve d'une violence débridée que nous ne pouvions comprendre. Je me souviens d'un lundi particulier : Mme Mulonga était entrée en furie dans la classe. Quelqu'un avait fait plus de quinze fautes. Avant de s'occuper des autres malfaiteurs, elle avait empoigné le criminel, le soulevant par le col et le jetant sur le bureau du maître. Puis, après avoir ôté les nombreux bracelets qui lui montaient jusqu'au coude, elle avait battu l'enfant sans aucune retenue. Se passant cette fois de la règle métallique, c'était à mains nues qu'elle avait sévi. Stupéfait par l'avalanche de coups de poing et de gifles qui lui tombait dessus, le fautif n'avait pu proférer un son. Mme Mulonga ne s'était arrêtée qu'une fois ses poumons vidés de tout leur air. Nous l'avions regardée horrifiés, poussant intérieurement les cris que n'osait émettre notre camarade.

C'est la main implacable de Mme Mulonga qui me glisse aujourd'hui sur la joue. Il est vrai qu'elle n'eut jamais à me punir. Mes notes catastrophiques en calcul, mon application à ne pas retenir les tables de multiplication et à ne pouvoir effectuer la moindre division ne furent jamais un problème. Je ne faisais pas de fautes en dictée. Je conjuguais parfaitement les verbes à tous les temps. On trouvait mes rédactions inventives et bien tournées. Je maîtrisais assez le français pour me permettre de jouer avec, de ne pas le prendre trop au sérieux. Je n'avais aucun mérite, n'ayant appris que cette langue. Madame la directrice m'aimait bien. Nous devions, dans son esprit, appartenir au clan de ceux qui possédaient le français, la langue des conquérants, le seul et unique moyen de les égaler. Car les conquérants avaient surtout une langue et des écrivains pour la célébrer. Même leurs chanteurs étaient avant tout des diseurs de mots. Mme Mulonga est d'un autre temps. Petite fille, elle les a vus faire la loi en ces terres d'Afrique équatoriale. Comme à beaucoup d'autres, il lui a été inculqué que plus elle leur ressemblerait, plus elle serait digne d'appartenir au genre humain. Ainsi, elle considérait inconsciemment, et sans doute dans une sorte de désespoir, que ceux qui ne prenaient pas le train de la culture française étaient perdus pour toujours. Chaque coup asséné sur une petite phalange au risque de la briser, était à sa manière un cri. Elle hurlait sa terreur de ne jamais voir son peuple gagner le respect dû aux civilisés. Elle pose sa main sur le couvre-lit mauve et plonge son regard dans le mien. *Ma petite,* dit-elle sur le ton de la confidence, *tu viens d'avoir tes règles. Je t'ai trouvée évanouie dans la salle de bains... Si je me souviens bien, tu dois avoir douze ans. Tout cela est normal. C'est une calamité, mais c'est normal. Bon. Tu vas te reposer. Nous allons te donner de la soupe, et dès que tu iras mieux, nous nous rendrons à* La Porte Ouverte du Paradis. *C'est à ta mère de t'instruire de ces choses.* Elle me touche une fois de plus, puis elle me quitte. Elle craint que sa fille n'ait pas été capable de trouver le bouillon de poule qu'elle a pourtant laissé bien en évidence, dans une casserole posée sur la cuisinière. Il faut toujours qu'elle fasse tout elle-même. Rien ne lui sera épargné. Cette enfant la tuera. C'est ce qu'elle murmure en me laissant. La porte bleue se referme doucement. Je regarde les murs blancs sur lesquels sont accrochés des tableaux : une petite liseuse blonde aux joues roses, un paysage de campagne où des conifères résistent à l'hiver au bord d'un lac gelé. Les plinthes sont bleu ciel, comme la porte, comme le petit bureau et les tables de chevet. C'est supposé être joli. J'essaie de sentir ce que c'est que d'avoir ses règles. On m'a mis une culotte, et je sens entre mes jambes un objet rebondi. La coulée sanguine est à peine perceptible, mais ce n'est pas comme quand on urine. C'est plus épais, un peu visqueux. J'ai mal au ventre. J'essaie de me souvenir de ce que disait Vie Éternelle sur la manière dont on peut savoir qu'une femme *verra son sang*. Il faut compter les jours. Combien ? Je ne m'en souviens pas. Je ne ressens ni joie, ni peine. Il faut bien grandir, peu importe si on saigne. Alors, je vais grandir, et je vais te revoir.

Mme Mulonga revient avec un plateau. Sa fille la suit comme une ombre qui serait capable de tenir debout, au lieu de demeurer par terre à s'étirer ou à rétrécir selon la position du soleil. Elle a les yeux plantés dans la nuque de sa mère qui lui dit d'un ton agacé : *Cesse de me déranger avec ces interrogations, je t'ai déjà dit que j'ignorais où il se trouvait. Tu te rends compte des questions que tu te poses à ton âge ? Oui, je m'en rends compte,* répond La Demoiselle soudain hargneuse. *Je m'en rends compte, et je veux une réponse.* Mme Mulonga s'assied sur le lit, pose le plateau sur ses genoux, touille la soupe avant de m'en tendre une cuillerée. Je lui dis que je pense pouvoir me débrouiller. Elle me donne le plateau et soupire alors que sa fille s'approche. La Demoiselle donne le dos à une fenêtre dont les rideaux tirés découvrent un pan de ciel noir. Un palmier agite son feuillage dans le vent. On dirait une femme de très grande taille secouant sa tignasse après un bain de mer. Les palmes sont encore mouillées d'eau de pluie. Des gouttes sont projetées sur le carreau. *Cette fois, tu vas tout me dire.* La mère ne répond pas. Elle semble habituée à ces interrogatoires. Je mange ma soupe. Elle n'a aucune saveur. Il n'y a ni sel ni poulet là-dedans. Ce n'est que de l'eau chaude et la branche de quelque chose qui flotte à la surface doit être en plastique. Je repose la cuiller et dis que je n'ai pas faim. *Ce n'est pas grave. Tu dois te sentir toute chose... As-tu mal au ventre ou envie de vomir ?* Je fais signe que oui. *C'est une calamité, mais tout cela est normal,* répète-t-elle avant d'ajouter : *Bon. Repose-toi. Tu iras mieux demain.*

Ayant repris le plateau, elle veut se lever. La Demoiselle s'empare du bol et lui en vide le contenu sur le crâne. Elle pousse un cri, plus de surprise que de douleur. Le plateau tombe sans bruit sur la moquette. La Demoiselle s'enfuit en tenant le bol, tandis que sa mère ramasse sans une parole le plateau, la petite serviette et la cuiller. Elle me dit *à demain*. Elle a le visage mouillé, et la branche de quelque chose qui flottait dans la soupe semble pousser racines sur ses cheveux gris. Plus rien ne me surprend, des enchevêtrements, des nœuds compliqués que forme le lien qui unit les mères à leurs filles, ce cordon tranché qui figure seulement l'impossibilité de la rupture. Nous ne serons jamais une mère et sa fille, mais nous le serons toujours. Tu vois, je pense encore à toi. Le confort de cette chambre m'empêche de dormir. Dans la pièce d'à côté, j'entends l'invocation de La Demoiselle. Elle supplie plus qu'elle ne prie, pour être délivrée du mal. Elle ne sait pas qu'il ne s'en va jamais, qu'on peut seulement l'apprivoiser, pas le chasser. C'est ainsi qu'il faut vivre. C'est ce que m'a appris Musango la vieille, qui habite les parties reculées de mon âme, ces régions que peu d'entre nous atteignent tant la peur de savoir est puissante. Savoir que la paix n'existe qu'en raison du tumulte, et le plaisir à cause de la douleur. Je t'accepte maintenant, et je ne crains plus ce que tu peux faire de moi. Je m'en arrangerai. Je n'aurai pas de haine. Mais il faut que tu saches, même si tu ne le comprends pas, que je n'abdiquerai pas mon unique certitude : le droit et le devoir de vivre.

Je me lève et pousse doucement la porte de la chambre. On m'a revêtue d'une chemise de nuit blanche si légère que je la sens à peine. Je la vois seulement autour de mon corps, au-dessus de mes pieds.

La maison est silencieuse et sombre. Seule une veilleuse reste allumée dans un coin du salon. La lueur de l'ampoule est une tache de couleur sur le fond noir de la nuit. Je m'avance vers la baie vitrée pour regarder dehors. Il n'y a rien que le vent qui passe et les arbres qui ne font à ma connaissance. Les classes sont derrière la maison. Je ne peux pas les voir d'ici. L'entrée de l'école aussi se dérobe à ma vue. Elle se tient sur la gauche, à quelques pas de la maison. J'entends seulement le vent qui se frotte sur la pancarte, comme pour en caresser l'inscription : CENTRE PRÉSCOLAIRE ET ÉLÉMENTAIRE DE DIBIYÉ. Je m'allonge sur le sol, tout près de la baie vitrée. Le milieu de la nuit s'en va vers ses quartiers. Il regagne les contrées inconnues où les fragments du temps se reposent à tour de rôle. Le temps ne cesse pas de veiller. Il ne suspend son envol que pour changer de costume. Cette suspension d'ailleurs est imperceptible, tant il est prompt à se défaire des atours du moment. Le jour et la nuit ne sont que des couleurs, un déguisement, des facéties de l'éternité. La durée nous précède et nous survit. Comme cette existence, elle ne nous est prêtée que pour nous faire grandir. Elle ne vieillit pas, elle s'accumule. Elle est comme un espace sans cesse en expansion, qu'il nous faut remplir du sens de notre histoire. Allons-nous vivre, mère, sans jamais rien nous dire ? Peut-être. Ce sera notre histoire que ce silence intense. Ce sera notre attachement. Des générations viendront à l'heure dite, qui ne contempleront pas comme nous les allées et venues du temps qui change d'habit. Elles en captureront chaque instant, ne laisseront pas une minute inoccupée. Elles rempliront le temps de rêves réalisés, d'amour-propre et de ces lendemains rieurs que nous ne leur aurons pas légués, mais qu'elles sauront conquérir. Je n'ai de prière que l'espérance de nous voir un jour arrêter de mourir. C'est elle qui me ferme les yeux à présent et m'autorise à dormir. Ton visage vient encore derrière mes paupières closes, pour ne pas me sourire. À cette absence, je rends tout ce que j'ai, tout ce que je suis néanmoins devenue : un être vivant. Plus que le corps nu chassé de la maison, plus que le cœur serré de ces années si loin et si proche de toi, bien plus que la colère et l'impossible pardon. J'ai trouvé au fond de moi cette partie inviolable que tes accès de folie ne pourront pas souiller. Laisse-moi dormir, maintenant. Je te verrai sous peu.

Le jour me trouve allongée sur le sol, et Mme Mulonga me reproche d'avoir dédaigné le confort de la chambre. Elle n'insiste pas. D'ici une heure, la classe va commencer. Il faut qu'elle sorte pour faire son travail. Ce n'est pas, me dit-elle, parce que la déraison s'est emparée du pays qu'il faut baisser les bras. Elle se sent le devoir de continuer à instruire ceux qui viennent encore à l'école, ceux qu'on n'a pas abandonnés aux sectes ou à la rue. *As-tu vu ces enfants qui mangent à même les décharges ?* me demande-t-elle. *Il n'y a plus rien pour eux. Parce que le suicide est un crime dans nos cultures, leurs parents déboussolés les sacrifient. Ils ont vu et subi tant d'horreurs durant la guerre... C'est leur manière de mettre fin à leurs jours : ils assassinent le futur, mutilent les lendemains. Ils hurlent sans paroles, et le monde n'entend pas. Ils s'habillent de ténèbres, et le monde recule, saisi d'effroi devant ce que lui dit cette partie de lui-même qu'il voudrait ignorer... Viens, nous allons te donner un bain. Ensuite, tu prendras ton petit déjeuner, et je viendrai te voir à la pause de dix heures, lorsque les enfants seront en récréation.* Je la suis en songeant que tout n'est pas perdu, que la conscience n'est pas tout à fait morte, que contrairement à ce que nous pensons, le groupe ne repose pas sur lui-même, mais sur des individus. Si notre peuple peut produire des individualités assez audacieuses pour affronter ses errances et ses lâchetés, il lui reste une chance de prétendre à la grandeur. Notre valeur ne réside pas dans les métaux du sous-sol auxquels d'autres ont donné une importance que nous ne comprenons toujours pas, que nous ne savons ni cerner, ni exploiter pour le bien commun. Ils en fixent le prix et nous l'acceptons parce que cela ne signifie rien pour nous. Ils nous dupent peut-être, mais nous les laissons faire, toujours inaptes à décider quoi que ce soit pour nous-mêmes. Notre valeur n'est pas non plus cette mystique dénuée de spiritualité, au travers de laquelle nous prétendons commander aux puissances occultes, sans chercher à nous conformer aux principes supérieurs et universels qui régissent la vie. Notre grandeur viendra de ce que nous saurons engendrer des êtres libres. Qu'ils se tiennent debout, qu'ils ne récitent leur longue généalogie que pour mieux regarder devant. Qu'ils disent : *Je suis, parce que j'existe. Je récuse l'obscur et réfute la démence comme unique horizon.* Et après qu'ils auront dit combien l'Afrique vaut mieux que ce qu'elle pense d'elle-même, des légions leur emboîteront le pas. Dès demain, mère, même si nous ne sommes plus, toi et moi, que la poussière qu'ils fouleront de leurs pieds. Tu vois, je rêve encore, mais c'est parce que j'ai les yeux ouverts sur le champ de nos possibles.

La Demoiselle mange avec moi. Elle ne boit que du thé. Le lait lui est proscrit. Elle daigne néanmoins mordre dans un bout de pain, se plaignant qu'il n'ait pas été consacré. Je lui demande alors si ce que l'Éternel a posé sur la terre n'est pas nécessairement consacré, puisqu'Il a voulu que cela soit. Elle me dit que j'aime les ennuis, que cela ne la surprend pas que j'aie pu m'enfuir ainsi. Je m'aperçois qu'elle sucre une fois de plus son thé, que l'idée du plaisir ne lui est pas encore tout à fait étrangère. Alors, je lui souris. Je dis : *Je ne suis pas partie. Ma mère m'a chassée. Une voyante lui a dit que j'étais un démon, mais je n'ai rien fait de mal.* Alors, elle me répond : *Tu peux toujours parler, c'est ta mère que je crois. Tu es remplie de duplicité et d'incrédulité, comme tous les mécréants.* Elle se lève. Je lui dis de ne pas s'inquiéter, que je ferai la vaisselle. Je porte la robe rouge avec des fleurs blanches. En faisant couler l'eau pour rincer la vaisselle, je me demande comment il se fait que je sois là, vêtue de rouge et tellement apaisée, alors qu'au-dehors le monde est exactement tel que je l'ai laissé hier. Rien n'est encore changé. La ville ne s'est pas relevée de ses cendres et les gens n'ont pas ressuscité de leur mort maquillée en survie. Le désespoir fait encore le siège de Sombé, et pousse le quidam au délire, à des formes subtiles ou brutales de meurtre. Rien n'est changé au-dehors, mais quelque chose que j'ai toujours possédé s'affirme en moi. Je peux te le dire à présent, comme il ne m'est jamais venu à l'esprit de le formuler : je suis heureuse d'être en vie. Je cherche dans les placards et dans le réfrigérateur de quoi préparer un repas. Ce n'est pas toi qui m'as enseigné les rudiments de la cuisine, mais Kwédi qui faisait ce qu'elle pouvait avec un rien. Je l'ai vue accommoder de mille façons le manioc, cette racine importée d'Amazonie qui est devenue la base de notre alimentation. Nos traditions ne nous viennent pas uniquement de nos pères, mais également des rencontres qu'ils firent il y a longtemps déjà. L'autre a naturellement pris place en nous, et il n'est pas question de l'en déloger sans nous précipiter nous-mêmes au tombeau. Nous sommes l'autre.

Mme Mulonga reparaît, alors que j'épluche des plantains mûrs. J'ai découpé un poulet et des oignons. Le tout attend, sur une assiette plate, que j'en aie terminé avec les bananes. Elle regarde le croupion du poulet, pour vérifier que j'ai bien ôté la petite pointe qui s'y trouve, et que nous ne mangeons pas ici. Elle approuve ma science d'un hochement de la tête, et me dit que sa fille ne sait pas toutes ces choses. *Alors, c'est que vous ne les lui avez pas apprises,* lui dis-je. Elle s'assied sur une chaise qui se trouve là, et m'avoue qu'elle ne lui a rien transmis. Elle s'en aperçoit, à présent. Elle lui a acheté des vêtements, elle a veillé à son instruction et à sa santé, mais elle ne lui a rien enseigné. Son travail l'accaparait. Elle se sentait investie de la mission de civiliser ce pays. Il lui suffisait alors pour se croire mère de ne s'être pas séparée de sa fille. Cela lui a suffi, à elle uniquement. L'enfant en réalité a manqué de tout. Elle ne s'est jamais plu dans la famille tourangelle où elle était envoyée chaque année, aux grandes vacances. Elle n'a jamais aimé les cours de danse classique et ne s'est jamais destinée à l'enseignement comme sa mère le souhaitait. Inscrite en maîtrise de lettres à Paris, elle a abandonné ses études pour rentrer au Mboasu. Elle a dit à sa mère : *J'en ai assez de ne vivre que pour toi. Je ne veux plus que tu projettes tes désirs sur moi. Je resterai ici, jusqu'à ce que je trouve ma voie. Elle la cherche encore,* soupire Mme Mulonga, avant de conclure : *Je n'ai fait que l'égarer.* Mme Mulonga reconnaît ses maladresses, l'erreur qu'elle a commise de croire que sa fille serait et voudrait être une reproduction plus éclatante d'elle-même. *Lorsque mon père est mort, j'ai dû interrompre mes études pour trouver un emploi d'institutrice. Je n'ai jamais pu passer mon doctorat, et je voulais absolument qu'elle réussisse où j'avais échoué. Je ne lui ai donné que ce que j'aurais voulu avoir. Nous sommes condamnées à nous regarder l'une l'autre, pour contempler tristement les vies qui nous ont échappé et celles à côté desquelles nous sommes passées. C'est ainsi. Je vais mourir un jour et je me demande ce qu'elle deviendra.* Elle se tait un instant et murmure que je suis trop jeune pour l'écouter évoquer le grand fiasco de sa vie. Elle me dit encore : *Pardonne à ta mère, petite. Pardonne-lui parce qu'elle ne trouvera jamais grâce à ses propres yeux.* Je lui dis que je suis préparée à te voir, et que si nous ne pouvons vivre ensemble, j'aimerais qu'elle m'aide à trouver un lieu où demeurer. *Je peux travailler pour payer le gîte, mais j'aimerais surtout retourner à l'école... Tu n'iras pas travailler, Musango, avec cette maladie. Et puis, tu es trop jeune. Tu as vu beaucoup de choses, mais tu n'es qu'une enfant. Tu peux rester ici. Il y a une école juste derrière. Ensuite, tu passeras le concours d'entrée en sixième. Une formalité, pour toi.* Puisque je me sens prête, elle dit que nous irons à *La Porte Ouverte du Paradis* dès demain soir. Il y a toujours un office, le soir. La Demoiselle entre juste à ce moment-là, et lance : *Elle ne peut passer la porte du temple, elle est impure.* Le son de sa voix lorsqu'elle prononce ces mots est aussi incisif que la lame d'une hache. Sa mère répond d'un ton diplomate que démentent ses sourcils froncés : *Eh bien, nous attendrons quelques jours...*

Une semaine s'écoule, et j'observe le pas de deux que dansent Mme Mulonga et sa fille. Elles se suivent, se disputent, cessent de se parler, rompent le silence d'un geste brusque qui précède une parole anodine. Empêtrée dans sa culpabilité, la mère accepte stoïquement les crises de rage de sa fille. La Demoiselle est son échec, sa très grande faute. C'est elle qui l'a mal aimée, qui ne lui a rien donné. C'est elle qui l'a emprisonnée dans ses rêves. J'aurais bien voulu, mère, que tu aies des rêves pour moi. Ne pas être seulement une petite poupée noire sur laquelle enfoncer les aiguilles qui devaient faire un sort à tes douleurs. Ne pas être seulement l'instrument de ta revanche contre ta naissance misérable à Embényolo. Je les entends de la chambre, s'essouffler en vaines joutes verbales. Il y a cette chose que veut savoir La Demoiselle, et que sa mère dit ignorer. Lorsqu'elle en a assez de ne pas recevoir de réponse à sa question, La Demoiselle se retire dans sa chambre pour s'adresser à Dieu. Elle vit entre ses prières et son questionnement. La prière ne semble d'aucun secours pour abolir ce qui la ronge, parce qu'elle cherche la solution en dehors d'elle-même. Comme tous ceux qui fréquentent les églises dites d'éveil, elle est persuadée que Dieu est en dehors, et pas au fond de nous. Plus elle Le cherche au loin, plus elle souffre, parce qu'on ne peut Le trouver en renonçant à soi-même. Il faut être tout ce qu'Il a voulu : l'esprit, la tête, le cœur, la chair. Il faut cette complétude, pour prétendre L'approcher. C'est dans l'harmonie de cette totalité que se trouve le sens, et atteindre cela, c'est toucher le divin sans qu'il soit nécessaire de le nommer ainsi.

La Demoiselle assiste fréquemment aux offices nocturnes de *La Porte Ouverte du Paradis*. Elle en revient bredouille et épuisée. Nulle joie, nul apaisement, sur sa figure défaite. Elle est un petit tas de lambeaux que rien ne rassemble, un être déchiqueté qui se recroqueville sur son néant intérieur en s'étonnant de ne rien entendre. Rien ne parle au-dedans parce qu'on n'y a rien mis, parce qu'on ne s'est nourri que de manques qu'on a crus irrémédiables. À force de le croire, on les a faits tels. Elle n'a pu accepter que sa destinée ait dû emprunter des chemins escarpés, solitaires. Elle s'est arrêtée de marcher. Elle stagne. Elle croupit. Elle n'a aucune conscience d'être elle-même son unique problème. Je veux quant à moi être ma solution. Au bout de ma solitude, qu'il y ait quelque chose. Et quand même il n'y aurait rien, je veux la remplir de mes désirs et de ma volonté. Contrairement à elle, je ne viendrai pas, mère, t'assaillir de questions. Je ne te demanderai pas pourquoi, puisque tu ne sais pas. Les jours qui nous attendent ne devront pas mourir pour venger ceux qui se sont enfuis. Ce qui est mort est mort, et sans grande conséquence, puisque nous demeurons. Je suis en paix, mère, et je chemine vers toi. Lorsque nous nous verrons, je te dirai les mots qui ne me vinrent jamais, et que tu n'attends pas. Je te dirai que je t'aime, maman.

*
* *

La Porte Ouverte du Paradis est une grande bâtisse blanche qui fut jadis l'expression de la mégalomanie d'un grand bourgeois du pays. Il voulait bâtir un château, un monument à l'idée qu'il se faisait de lui-même. Ainsi, le jardin est immense et planté d'essences rares que la guerre et les divers locataires qui occupèrent ce lieu après la disparition du propriétaire ont épargnées. Des essaims d'abeilles occupent les arbres fruitiers, et les corossols comme les goyaves pourrissent à leur pied. Nul n'ose affronter ces terribles gardes. Il flotte dans l'air un parfum de fruits frais qu'une forte odeur de pourriture enlace à l'étouffer. C'est comme la vie d'ici. Cette vie où les morts ont le dessus, où les cadavres pèsent tellement lourd. Nous avançons, Mme Mulonga, La Demoiselle et moi-même, le long d'une allée au tracé parfait. De part et d'autre, des arbustes à fleurs blanches se tiennent fièrement. On les a parfaitement ordonnés : un rosier immense, puis un frangipanier, tout le long du chemin qui mène de la grille de fer forgé, qu'on laisse toujours ouverte, à l'entrée du temple. Leurs fleurs blanches sont aussi odorantes que les fruits en putréfaction qu'on aperçoit alentour. Sous nos pas, des cailloux blancs crissent, et ce bruit de pierre frottée recèle un avertissement dont le sens nous échappe. Les cailloux nous roulent désagréablement sous les pieds et pour un peu je m'arrêterais là. Je mettrais fin à la marche, s'il était seulement question de me rendre au temple, s'il ne s'agissait pas de savoir enfin si ton visage est le même, s'il est vrai que tu vis et que ce n'est pas une autre qu'on a vue, entendue, réclamer sa poupée noire. Je veux encore savoir si tu es devenue la folle de mes fantasmes rageurs, ou si le temps n'a laissé de toi qu'une mère, la mienne, abîmée dans la douleur de mon absence. Nous avançons et je regarde les murs immaculés de cette maison qui semble avoir résisté à tout. Les fenêtres et les portes sont des arcs de cercle. On dirait de grandes bouches ouvertes lançant de leur sourire renversé un grand cri muet. Ceux qui marchent devant nous portent des soutanes blanches et des spartiates. Ils avancent tête baissée, comme si Dieu était en bas. Ils fredonnent sans joie des airs connus d'eux et ignorés de nous – Mme Mulonga et moi en tout cas –, et une *sœur en Christ* les accueille à l'entrée du temple. Ils s'arrêtent pour la saluer d'une parole codée que seuls comprennent les élus, et que La Demoiselle énonce sous nos regards ébahis : *Je proclame la Shékina*. Et *sa sœur* lui répond : *Celui qui est tout ce qui est reconnaîtra les siens*. Ses mains sont jointes, cependant qu'elle affirme sa certitude de faire partie des ayants droit du testament divin. Elle baisse un peu la tête, qu'elle a si vigoureusement serrée dans les pans d'un foulard qu'on peut objectivement craindre un irrémédiable craquement du crâne.

Nous ne savons pas de quoi il retourne, Mme Mulonga et moi. Nous supposons des choses dont nous ne voudrions à aucun prix être certaines. Elle me jette un regard paniqué à l'idée qu'il nous faille dire les mots que La Demoiselle a prononcés et entendre la réponse qui leur est faite, pour être autorisées à passer la porte. La Demoiselle s'en est allée sans une attention pour nous qui demeurons dubitatives. Non pas que nous refusions de reconnaître la présence de Dieu, puisque c'est cela, la Shékina. C'est seulement le moment, la manière, le fait que cette adhésion soit ainsi commandée et que souscrire à l'injonction tacite ne soit plus signe de foi, mais d'allégeance à la secte. Je proclame tout de même la Shékina, persuadée que *la sœur*, qui me répond que *Celui qui est tout ce qui est reconnaîtra les siens,* n'est pas dupe de mes sentiments à son égard. En bonne chrétienne, elle me pardonne l'offense que je lui fais en prononçant sans ferveur la profession. Mme Mulonga proclame à son tour, à grand renfort de soupirs, ce dont il semble raisonnable de douter : la présence de Dieu en ces lieux. Son nom est là. Il est scandé, hurlé, sangloté, vomi. Il tremble à la commissure frémissante des lèvres d'un bègue qui espère sans doute qu'on lui dise : *Ouvre la bouche et parle !* Le nom de Dieu est secoué à même le sol où des corps empêtrés dans des soutanes désormais grises de poussière se livrent à une reptation qui se fait passer pour un contact direct avec *Celui qui est tout ce qui est*. Son nom sonne, claque, fuse, s'éteint dans un râle qui reprend vite son souffle pour braire de plus belle. Et tous ces bruits n'ont que faire de Son essence véritable. Dieu est un vocable, une attitude, une fuite à perdre haleine loin de la liberté. Il est mis au banc des accusés, dans chacune de ces parousies enfiévrées qui nous accueillent pour nous rappeler Sa seule et unique volonté : la destruction de la Création.

Ici comme partout ailleurs, dans tous les temples, dans tous ces groupes de prière improvisés au sein des demeures où règne la pénurie, on compte les jours jusqu'à la fin du monde. Qu'Il fasse descendre ici-bas l'homicide de droit divin, qu'Il crache de nouveau le déluge qui emportera nos responsabilités. Ensuite, il y aura une nouvelle terre. Une *tabula rasa*, plutôt que ce palimpseste qui conserve vaille que vaille l'impression des fautes accumulées. Si on n'est pas sur la nouvelle terre, au moins on sera mort. Il ne sera plus question d'affronter l'existence. *La Porte Ouverte du Paradis* a la particularité d'attirer des personnes en quête de fortune. La fin du monde qu'elles espèrent est surtout celle de la pauvreté. Tandis que certains appellent l'implacable courroux céleste, d'autres prient moins bruyamment pour avoir la chance d'être les premiers sur cette terre, et pas dans l'au-delà. Ils veulent jouir immédiatement. Ce qu'ils attendent de Lui, c'est ce qu'ont obtenu Papa et Mama Bosangui : berlines et voyages autour du monde, sans trop se fatiguer. Qu'il y ait enfin un matin qui ne les laisse pas harassés et toujours aussi démunis, lorsque descendra la nuit. L'Éternel peut tout : réduire en poussière ceux qui le désirent, et couvrir d'or ceux qui le souhaitent. Qu'on demande, Il donnera.

Mme Mulonga et moi prenons place sur un banc. Des femmes et des enfants sont déjà nombreux à le partager. Nous nous installons au bout de la rangée, et je sens qu'une seule de mes fesses touche le bois le plus dur qui ait été créé. Je pose fermement les pieds sur le sol afin qu'ils me soutiennent. Comme les muscles de mes cuisses se raidissent, je me demande combien de temps il me faudra tenir. Tout à coup, les voix cessent de hurler, de gémir, de glapir. Les corps ne rampent plus, ne font plus traîner leurs genoux sur le sol. Les fronts qui semblaient résolus à perforer le béton des murs s'accordent également un peu de répit. J'observe l'assemblée. Tous se cherchent une place et ceux qui n'en trouvent pas s'assoient à même le sol. Les hommes sont installés à droite, les femmes et les enfants à gauche. Le silence s'abat sur la foule. C'est sans doute le son originel qui entourait *Celui qui est tout ce qui est*, avant que cela finisse par Le barber. Les musiciens se tiennent immobiles à côté de l'estrade derrière laquelle une tenture écarlate, brodée d'inscriptions dorées, indique que *La Porte Ouverte du Paradis est le chemin et la vérité*. Le velours sanguin et les broderies d'or précisent aussi, mais en se passant du verbe, que cette église est riche. Il n'y a pas d'autel, rien qu'une chaire. Sans doute quelques élus plus élus que d'autres viendront-ils nous instruire sous peu des modalités concrètes de l'accession au chemin et à la vérité. Des femmes vêtues de soutanes rouges surgissent d'on ne sait où et prennent place tout à fait au premier rang, là où je n'avais même pas vu qu'on pouvait encore s'asseoir. Un des percussionnistes annonce : *Chers frères et sœurs ! Veuillez applaudir* Les Fruits du Paradis *qui interpréteront tout à l'heure quelques airs inspirés par le Tout-Puissant Lui-même, qui en a révélé les paroles à Papa et Mama Bosangui, Ses représentants désignés.* Pendant qu'il parle et que la foule tape dans ses mains, mon regard troublé croit reconnaître ta nuque parmi les membres de la chorale. Ces os saillants, cette manière de porter haut le chignon, cette inclinaison paresseuse de la tête... Comment es-tu devenue un Fruit du Paradis, si c'est toi, puisque c'est bien toi ? Jamais tu n'as chanté en ma présence. Pas même une berceuse que tu n'aurais pas achevée, en ayant oublié les paroles. Pas même un air quelconque que je t'aurais surprise à fredonner dans un moment d'égarement joyeux. Je ne t'ai connue que sèche et irascible, constamment insatisfaite. Maintenant, tu chantes, puisque je sais tandis que le souffle me fuit que tu es bien cette forme menue qui me tourne le dos, qui ne suppose même pas ma présence. Les applaudissements laissent place à ce silence particulier qui nous pénètre tous. Papa et Mama Bosangui font leur entrée, vêtus de bleu et parés d'argent massif. La dame, qui a pourtant un certain âge, arbore un fourreau bleu électrique dont les bretelles strient assez férocement ses épaules potelées. Un tailleur de Sombé a dû le lui coudre à même la peau. Il n'y a rien de cette taille dans les magasins. Elle a le teint clair des femmes qui se décapent la peau avec des produits américains. Ils ne sont pas à la portée de toutes les bourses, et font aisément croire à un métissage ancien. Il ne faut surtout pas devenir blanc, seulement jeter un doute raisonnable sur les quelques gouttes de sang de colon qu'on aurait dans les veines. Au bras droit, Mama Bosangui porte un bracelet d'argent serti de gros lapis, et qui l'empêche, tant il est lourd, de bouger le membre. Son bras droit pend comme mort, le long de son corps bref et replet. Son époux porte un costume taillé dans le même satin que le fourreau, et une chaîne à gros maillons lui tombe sur la poitrine. Il est capital d'exposer les signes extérieurs de richesse, la preuve de la bénédiction divine. L'assistance les regarde, fascinée. Elle boit leur mutisme avant d'ingurgiter voracement le moindre mot qu'ils voudront bien lui adresser.

L'homme parle le premier. Il salue, au nom de *Celui qui est tout ce qui est*, la multitude de ceux qui, nageant à contre-courant de l'immense supercherie qu'est la réalité de ce monde, sont venus entendre la Parole. *Vous êtes le sel de la terre ! Vous êtes la lumière du monde,* leur dit-il. *Vous avez compris, et cela vous vaut moqueries et mépris de la part des vôtres et de la société, que le réel était factice. Oui, ce monde est une illusion. La vérité est ailleurs. Nous sommes ici, Mama Bosangui et moi-même, pour vous prendre par la main et vous conduire sur le chemin.* Il se tait. C'est un vieil homme. Il ne lui reste que deux touffes de cheveux blancs au-dessus des tempes. On dirait de petits pompons de coton immaculé. Sa peau est d'un noir profond qui contraste avec la carnation jaune de sa femme. Elle poursuit d'une voix perçante, aussi électrique que le bleu de sa robe, une voix qu'on est contraint d'entendre : *La vie qui nous entoure, celle dans laquelle nous évoluons tous, est un mensonge. Néanmoins, il nous faut utiliser les armes du Maître de ce monde, afin de déjouer ses plans. Nous devons faire en sorte que ceux que ses voies tentent s'en détournent pour nous rejoindre et passer avec nous la porte ouverte du paradis. Car elle est ouverte, frères ! Ses battants se sont écartés depuis longtemps comme jadis les flots de la mer Rouge, afin de laisser passer Son peuple. Comment déjouer les manigances de Satan ? Tout simplement en démontrant aux âmes faibles qu'ici aussi, nous sommes en mesure d'assurer confort et prospérité. Comment faire advenir la fin de ces temps néfastes qui nous oppressent, sinon en apportant la preuve de la Shékina, et de sa capacité à prodiguer à profusion les biens que révère le monde ? Une fois que les mécréants verront de quoi Dieu est capable, ils entendront notre message : n'ayez pas peur !* Mama Bosangui fait difficilement un pas, tant sa robe la serre, tant ses escarpins argentés lui déchirent les pieds. En dépit des traitements qu'elle inflige à sa peau, elle n'est qu'une femme bantoue ordinaire. Personne n'a encore songé à fabriquer des chaussures élégantes pour ses pieds plats, rebondis et trop longs. Mais rien de cela n'altère sa vaillance. Ce n'est pas aujourd'hui qu'elle a appris à supporter de sentir instantanément pousser ses cors, et d'endurer leur brûlure à mesure qu'ils enflent. Ils font désormais partie d'elle. Elle s'avance vers les fidèles silencieux, les darde de ses pupilles autoritaires, avant de reprendre : *Nous savons, Papa Bosangui et moi-même, que certains croient encore que l'Obscur seul permet de s'enrichir. N'ayons pas peur des mots,* crie-t-elle, alors qu'on n'imaginait pas que sa voix puisse monter plus haut. *Beaucoup croient que le Diable seul peut leur procurer l'argent qui leur fait défaut. Sachez, chers frères, soyez convaincues, chères sœurs, que la fortune que procure l'Adversaire est toujours éphémère. Seul* Celui qui est tout ce qui est *a le pouvoir de vous élever, et contrairement à ce qu'on vous a dit, ce n'est pas dans un monde parallèle qu'Il le fera, mais ici et maintenant.* L'argent est bon, Mama Bosangui l'affirme. Elle dit que ceux qui enjambèrent l'eau pour nous enseigner le contraire, afin que nous chérissions la pauvreté cependant qu'ils nous pillaient, se sont tout simplement moqués de nous. On voit d'ailleurs où nous en sommes.

Le duo est parfaitement orchestré. Après que la femme a savamment vociféré, l'homme prend la suite dans un souffle grave et profond. Il parle comme un ténor qui aurait décidé de faire le crooner, certainement parce que pour énoncer les propos qu'il conserve précieusement au fond de sa cage thoracique, la vulgarité n'est pas de mise. Les vérités profondes se passent de hurlements. Elles sont aussi sourdes qu'implacables. Que ceux qui ont des oreilles entendent ! Il n'est plus temps de convaincre comme vient de le faire Mama Bosangui. C'est d'assener le coup de grâce qu'il est question, de dire enfin de quelle manière on se met en route pour trouver le chemin et la vérité. *Les voies de L'Éternel sont longues et escarpées*, déclare-t-il, *c'est pourquoi beaucoup les fuient. Certains d'entre vous renonceront à les emprunter, et se tourneront vers le* Soul Food, *le* Boogie Down *ou vers les sorciers des villages. Nous ne pourrons rien pour eux... Mais réfléchissez un moment, oui, juste un instant.* Il ponctue ces paroles de points de suspension qui accrochent l'assemblée à ses lèvres. Son phrasé est aussi impeccable que celui des plus grands chanteurs de jazz, qui savent combien le silence est essentiel à la musique, à l'attention de l'auditeur, à la captation de son émotion. Il ne faut pas remplir l'air de notes, mais savoir les distiller. Cette performance n'est possible qu'après de longues années de pratique. Ils ont chacun son genre. Mama Bosangui, qui n'a pas dans son répertoire la délicatesse des vocalistes de jazz, mais qui possède tout à fait la démesure de la soul, est une sorte d'Aretha Franklin vieillie et doublement épaissie. Son époux est quant à lui un Nat King Cole qui aurait intégré dans son récital les feintes d'Andy Bey. Je pense à papa, en regardant ce spectacle parfaitement mis en scène. C'est lui qui m'a enseigné les codes de l'interprétation du jazz vocal. Il me prenait sur ses genoux pendant qu'il écoutait les grands chanteurs, et m'expliquait en s'adressant à lui-même plus qu'à moi, la valeur expressive du vibrato et des harmonies suggérées par les silences. Il me disait qu'une improvisation devait être construite, avoir un début, un point d'orgue et une fin. Il précisait que la croche en était la dominante, et qu'on devait toujours pouvoir en reconnaître le thème. Je pense à lui qui m'a transmis ces choses par inadvertance, me tenant contre lui dans sa solitude comme un enfant étreignant une peluche. Au fond, j'aurai été votre poupée noire, à tous les deux, chacun faisant de moi l'usage nécessaire à sa survie.

Le prédicateur, qui se passe bien du Livre, poursuit après avoir fait quelques pas sur l'estrade, la main gauche enfoncée dans la poche de son costume et la droite tendue vers la foule : *Lorsque vous voulez gagner à la loterie, vous faites l'effort d'acheter un ticket. Lorsque vous vous rendez à la banque pour demander un prêt, vous consentez à ce que le banquier exige de vous un apport personnel. Pour quelle raison voudriez-vous que Dieu vous donne ce que vous Lui demandez sans que vous Lui offriez rien en échange ?* Il se tait et nous regarde. Ses yeux soudain écarquillés et sa tête légèrement penchée nous invitent à prendre cet axiome en considération. Certain que son message nous a atteints, il conclut : *Comme tous les dimanches, nous allons oindre ceux qui sont venus nous voir pour nous faire savoir ce qu'ils étaient prêts à faire pour* Celui qui est tout. *Ils recevront devant vous l'onction des millionnaires, et leur vie sera radicalement transformée. À présent, l'office va commencer. Prions ensemble.* Ils prient. Seuls les habitués connaissent l'orémus. Ils lancent leur invocation avec leur dernière énergie, comme s'ils ne devaient plus jamais avoir l'occasion de dire leur soumission au Très-Haut. Les gardiens de *La Porte Ouverte du Paradis* sont des faussaires, comme Lumière et Don de Dieu. Ils professent eux aussi une foi truquée. Ici, on ne croit pas vraiment. On mise. On tente le coup. Papa et Mama Bosangui savent très bien à qui ils ont affaire. Ils connaissent parfaitement les rouages de la mécanique mentale de ce peuple qui ne peut croire en rien, puisqu'il ne croit pas en lui. Tout doit venir d'ailleurs, d'en haut, d'en bas, peu importe, pourvu que ce ne soit pas de l'intérieur. Je n'entends pas la prière. Les mots ne sont qu'un bourdonnement. Tout ce qui compte à mes yeux, c'est ta nuque. Il n'y a que toi, et Dieu Lui-même, qu'Il me pardonne, est le cadet de mes soucis. Tout mon corps veut se lever, se précipiter vers toi, t'étreindre, pleurer et rire dans tes bras, te dire que je n'ai rien à te pardonner, que je ne te reproche rien. Tu es ma mère. Tu es la mère qui m'a été donnée afin que je sois ce que je suis. Qu'importe que cela ait dû pousser sur l'aride, qu'importe qu'il ait fallu soulever les décombres de l'insensé, si cela m'a finalement menée à toi. Mon corps mal assis ne tient plus, mais il ne parvient pas à bouger. Mon désir est trop fort. Je te veux trop pour aller à ta rencontre. Tu pourrais une fois de plus refuser de me reconnaître. Cette pensée me traverse avec effroi. Elle me quitte aussi vite qu'elle est venue, pour ne faire place qu'à cette passion pour toi, jusque-là insoupçonnée.

Assise, je fixe ce que je peux voir de toi, ce corps menu noyé dans le rouge d'une soutane trop grande. Je voudrais te protéger, tant tu me parais fragile en cet instant. Ton dos n'est plus cette muraille sèche, cette cloison étanche qui se dressait jadis entre nos deux cœurs avides et jamais rassasiés. J'imagine que tu as les mains posées sur les genoux et j'oublie, mère, leur fureur s'abattant sur ma peau pour un oui, pour un non, pour des riens dont cette inextinguible fureur que tu portais en toi se saisissait pour s'épancher sans avoir à se dire. Nous sommes ce peuple d'oralité qui ne dit jamais rien d'essentiel, qui ne sait faire que des bruits pour tenter d'étouffer la douleur. Nous sommes des adorateurs de la parole futile ou prosaïque. Taire l'intime nous demande tant d'efforts qu'il n'est pas surprenant que nous soyons à présent à la fois fous et exsangues. La plupart d'entre nous. Pas nous tous. Des voix refuseront de se taire. Elles viendront révéler au grand jour les secrets de famille, levant ainsi la sentence de mort que nous avons prononcée contre nous-mêmes. Pour l'heure, je te regarde et je tremble. Je voudrais que tu sentes sur ta nuque la piqûre de ce regard. Je voudrais que tu te retournes, que l'air ébahi, tu te lèves et me tendes les bras. Que nous disions sans prononcer une parole qu'il nous reste une chance. Que nous serons peut-être un binôme bancal, constamment branlant sur des jambes inaptes à suivre la même direction, mais que nous serons ensemble. Quelle distraction m'a détournée de ton profil, alors que LES FRUITS DU PARADIS prenaient place dans le temple ? Où mes yeux se promenaient-ils au lieu de guetter l'arrivée de ton visage contemplé en imagination au cours de trois années ? Il n'est pas admissible que seul ton dos me soit donné. Pas après tout ce temps, pas après que la colère m'a construite et rendue assez forte pour que je puisse m'en débarrasser. J'ai mûri dans une gangue de rage, pour créer une identité qui soit mienne, pour être un individu dans un monde où ce mot seul est une transgression, un blasphème. Et puis, un jour, la gangue a cédé. J'étais faite. Pas encore affinée à cœur, mais suffisamment faite pour ne plus craindre de te voir telle que tu es, et envisager que mon destin ne répète pas le tien. J'ai envie de pleurer, mais pas sur mon sort. Les larmes qui me montent aux yeux viennent noyer nos années gâchées. Elles sont à leur manière un déluge qui nous laissera bien quelque part un carré de terre sèche et inviolée, où bâtir avec ce que nous aurons, ces lendemains auxquels je ne peux renoncer. J'accepte tout du passé, ses heurts et sa noirceur. J'accepte parce que j'espère résolument que les peines circonscrites ne seront pas vaines. N'avons-nous pas fait le tour des nôtres, ne les savons-nous pas par cœur ? Il ne peut nous rester que des chances. Des possibilités. Je veux les saisir pour nous deux, te les faire voir, te les faire vouloir, si tu n'en as pas conscience. Voici venir sur mes jours l'éclat du neuf : ta nuque frêle, ta tunique écarlate. Fragilité des naissances. Rouge du sang qui nous lie au-delà de notre volonté. Mon corps demeure pétrifié, mais mon cœur sourit.

Mme Mulonga est assise près de moi, la mine grave. Elle observe l'assistance en silence, cherchant peut-être des yeux La Demoiselle qui nous a faussé compagnie dès notre arrivée. Elle s'est installée trois rangées devant nous, au milieu d'autres habituées avec lesquelles elle s'époumone en prétendant prier. Comme ses *sœurs*, elle implore l'Éternel de la prendre en pitié, de lui pardonner les fautes qu'elle ne pense pas vraiment avoir commises, puisqu'elle se croit en réalité victime d'innombrables injustices. Tous ceux qui sont ici se prennent pour des Justes persécutés. Ils n'ont rien fait de mal. Le Mal s'est simplement saisi d'eux, entravant la destinée lumineuse qui leur était promise lorsqu'ils naquirent. Ils demandent que justice soit faite, que leurs ennemis innommés soient pour jamais envoyés dans la géhenne. Que les rôles soient enfin inversés, que le pouvoir de nuire et d'opprimer soit retiré à ceux qui le possèdent, pour être transféré dans leurs mains. Ils en feront exactement le même usage. Passer du statut de dernier à celui de premier implique bien de faire ce que font généralement les gradés de la société. Papa et Mama Bosangui oindront tout à l'heure de futurs millionnaires, d'après ce qu'ils ont dit. Je ne peux me résoudre à envisager la crédulité de l'assistance, de tous ces gens qui sont là. Il me semble au contraire que nul n'est dupe. Tout le monde sait qu'il y a une combine, et chacun espère découvrir le mot de passe pour faire partie du gang des millionnaires oints le dimanche.

La prière s'achève, et Papa Bosangui laisse fuser sa voix, en quelques croches bien appuyées : *Ne demandez plus ce que* Celui qui est tout ce qui est *peut faire pour vous, mais ce que vous pouvez faire pour Lui ! Nous allons à présent passer aux témoignages. Vous savez que nous ne pratiquons pas nos rituels de guérison en public, parce que le Très-Haut ne saurait tolérer que tous Ses secrets soient révélés à la masse. Néanmoins, vous connaissez ceux qui vont parler ce dimanche. Vous les avez vus souffrants. Ils reviennent guéris, afin de témoigner devant vous tous, de la puissance qui nous fut confiée, il y a déjà bien des années.* Il s'interrompt brièvement et fixe la foule du regard, avant de reprendre dans un murmure vibrant : *La puissance nous fut confiée, mais elle n'est pas nôtre. C'est* Celui qui est tout ce qui est *qui guérit à travers nous. Il arrive quelquefois qu'Il refuse sa clémence à ceux dont l'âme est trop chargée. Pour ceux-là, nous avons l'immense humilité de confesser que nous ne pouvons rien.* Il baisse les bras qu'il avait levés jusque-là et conclut sa prestation par un soupir. Un rayon de soleil ajoute au brasillement du costume de satin bleu électrique, et c'est comme si les vêtements du vieillard n'en pouvaient plus de retenir un éclat de rire. C'est tellement facile, cela marche si bien... Ce serait stupide, au fond, de s'interdire de piétiner ceux qui se couchent de leur plein gré. Mama Bosangui le relaie, afin d'énoncer la liste des témoins, ceux qui doivent proclamer la Shékina d'ici quelques minutes, avec plus de ferveur que les autres, pour l'avoir éprouvée dans leur chair. Ils se lèvent. On les voit apparaître çà et là. Ils quittent un banc, s'excusant de bousculer leurs voisins. Ils délaissent un coin de sol rude sur lequel ils avaient dû s'asseoir, faute de place. J'ignore de quoi ils ont pu souffrir, avant ce dimanche béni de l'annonce publique de leur guérison. Tout ce que je peux dire, c'est que la vieille dame qui s'appuie sur ses béquilles là-bas, arbore sur le visage une grimace qui autorise le doute sur sa santé retrouvée. Chaque pas semble un supplice insoutenable. On craint de la voir s'effondrer avant d'avoir témoigné de cette guérison miraculeuse qui n'a pas mis un terme à ses souffrances. D'un certain point de vue, elle marche. Ses bras tremblent tant l'effort est intense, pour ne surtout pas lâcher les béquilles. En dépit de la meilleure volonté, ses lèvres ne parviennent pas à sourire. Le seul ordre que son cerveau soit en mesure de transmettre à ses muscles, c'est celui de tenir bon. Toutes ses capacités cérébrales et motrices tendent vers cet unique objectif. L'allégresse, même seulement apparente, ne peut faire partie du programme.

Je fais comme tout le monde : je me tais, je souffre avec elle, je ne bouge pas d'un poil. Les autres témoins sont déjà alignés près de la chaire. Ils n'ont, quant à eux, eu aucune peine à s'y rendre. Réel ou fictif, le mal dont ils souffraient ne paraît plus. Il est impossible de savoir si quelque hémorragie interne, un souffle au cœur ou une difficulté à procréer les accable encore. On ne voit rien. Ils ne sourient pas pour autant. Les miraculés appartiennent de fait à une catégorie supérieure, presque céleste. Ils habitent désormais un exil privilégié, quelque part au large du propre de l'Homme. Ils ont le visage lisse, brillant non pas de ce sébum qui abonde sous les peaux des Africains du centre, mais d'une lumière indéfinissable pour les mortels. La vieille dame les rejoint. Enfin. Son scintillement tient plus de la sudation que de l'illumination. Elle n'en peut plus de ce miracle dont elle est, devant notre assemblée, l'objet exténué. Mama Bosangui lui jette un regard glacé, mais l'effort, comme un feu intérieur, n'en finit pas de faire couler la sueur à grosses gouttes sur la soutane bleu ciel de l'aïeule. Les miraculés sont tous pareillement vêtus. Une large bande de tissu mauve leur ceint la taille, conférant à leur maintien une raideur venue d'en haut. Seule la vieille dame aux béquilles peine à faire preuve de rigueur. Son humanité gâcherait tout, si Mama Bosangui n'avait l'idée d'une solution rapide au problème. Ayant parfaitement évalué la situation, elle s'approche de l'antique bonne femme et lui pose la main sur l'épaule. La froideur récente de son regard fait place à une douceur compatissante, au plus grand respect, à une infinie bienveillance. Enveloppant la vieille dame dans la ouate de ses yeux, elle se tourne vers l'assemblée pour déclarer : *Tous ici, vous connaissez Mme Ebabadi, ancienne de notre église et membre éminent de la congrégation. Tous, vous savez qu'une attaque cérébrale l'avait laissée paralysée, et que la médecine des hommes ne lui prédisait plus que quelques semaines à respirer l'air d'ici-bas.* Celui qui est tout ce qui est *en a décidé autrement... Vous l'avez vue marcher, alors que son traitement n'est pas encore terminé.* Il est inutile, puisque Mme Ebabadi n'est même pas encore convalescente, de lui imposer de témoigner verbalement. Sa présence suffit. C'est assez qu'elle se soit infligé la torture de se présenter devant la foule. Mama Bosangui esquisse un mouvement discret de la main, et des jeunes gens viennent précipitamment se saisir de la vieille, afin de la faire asseoir. Ils demandent à deux personnes de lui céder leur place. C'est que l'ancienne présente ce postérieur imposant qu'ont les femmes du Mboasu, cet arrière-train dont la circonférence s'accroît inévitablement au fil des ans. Or, elle en a vu passer, des époques. Et puis, il ne faut pas risquer qu'elle s'évanouisse si on lui fait refaire le trajet qui l'a mise en nage. Tandis qu'elle prend place sur le banc, elle exhale un soupir profond. Si on lui manquait de respect, on le comparerait à un barrissement sourd. Nul n'y songe, évidemment. C'est l'Afrique. On vénère la proximité avec la mort, le fait qu'on se tienne sur le seuil d'un monde sans cesse évoqué, mais totalement inconnu. Nul ne songe que la dame barrisse, étant donné la forte impression qu'elle vient de faire : ce n'est pas tous les jours qu'on assiste à une si vive expérience de mort approchée. Tous en ont le souffle coupé. Mama Bosangui sort un mouchoir d'on ne sait où, pour éponger le front de l'aïeule. Son geste est délicat, révérencieux.

J'entends Mme Mulonga grincer des dents depuis quelques minutes. Elle ne tolère plus ce cirque, et ce n'est pas son genre de taire ses émotions. Elle se lève. Ses narines frémissent. Sa mâchoire durcit. Elle a les dents si serrées lorsqu'elle apostrophe Mama Bosangui, qu'il est curieux qu'elle puisse énoncer une phrase aussi claire : *Ruth,* dit-elle d'une voix forte qu'amplifient les voûtes de l'immense pièce, *je ne suis pas surprise que tu aies pu te lancer dans une entreprise pareille, et que tu y excelles. Déjà, du temps de notre adolescence, tu avais un sens du spectacle plus que certain. Cependant, je goûte modérément l'attraction, et je ne voudrais pas perdre plus de temps...* L'interpellée surmonte aussitôt son étonnement, et coupe la parole à la perturbatrice : *Thamar, quoi que tu aies à me dire, cela devra attendre la fin du service. Personne ici n'admettra la plus petite mécréance. Tu n'as pas de temps à perdre ? Cela tombe bien. Nous non plus. L'alternative est claire : tu t'assieds ou tu sors.* Durant ce préambule à ce qui sera à n'en pas douter un échange significatif, des éclairs fusent. Leurs yeux se les envoient en faisceaux. Toutes deux pincent les lèvres d'une manière caractéristique venue du fond des âges du Mboasu, une ère où les habitants de ce pays se laissaient de bon cœur emporter par des torrents d'adrénaline, en particulier s'il s'agissait de femmes qu'un sujet quelconque opposait. Depuis, nous sommes un peuple civilisé, même si le président Mawusé a imposé au pays une révolution culturelle, interdisant le port des prénoms chrétiens qui attestait de notre adieu à la sauvagerie. La révolution en question n'a d'ailleurs eu que peu d'effets. Le nom du pays a été africanisé. La Côte des Pierres Précieuses est devenue le Mboasu. Les rues portant le nom de grands civilisateurs ont été rebaptisées, mais on n'est pas allé plus loin. On s'est vite essoufflé.

L'Histoire ne se réécrit pas. Le français est la langue officielle du Mboasu. De toutes les manières, les frontières ont associé en leur sein des tribus si disparates et si jalouses de leur langue, que l'usage du parler colonial semble le plus sûr moyen de préserver une forme de paix identitaire. Le français jouit donc d'une certaine neutralité, quelle que soit la manière dont il s'est hissé sur son trône. Les habitants du Mboasu, qui ont pourtant une souche linguistique commune, ne se comprennent pas d'une région à l'autre, d'un bout de terrain à l'autre. Ce sont tous des Bantous, mais cela ne signifie plus grand-chose. Un groupe ethnique, cela ne suffit pas à former une nation. Si d'aventure le pays atteint à une manière de cohésion, c'est à la force des choses qu'il le devra. La volonté des hommes est quant à elle tendue vers des objectifs plus pragmatiques, comme tous peuvent l'entendre dans la conversation des deux survivantes de l'aube des indépendances. Depuis, le soleil s'est couché. Il n'est plus qu'un disque lumineux qui vient indiquer aux humains qu'il est l'heure de faire semblant de vivre. Ruth et Thamar se fixent du regard. Les prunelles de leurs yeux sont des dagues à lame sombre, parfaitement aiguisées. Aucune n'envisage de laisser la main. Aussi Mme Mulonga la reprend-elle, les dents plus serrées que jamais et le discours toujours aussi incroyablement limpide : *Je ferai comme je l'entends, et je te promets d'avoir débarrassé le plancher avant l'onction des millionnaires, si et seulement si...* Son adversaire est taillée dans un bois tout aussi rude. Elle est pétrie de cette même matière éminemment résolue qui considère que seule la mort signe le terme du combat. Dans ces conditions, comment pourrait-elle ne pas l'interrompre de nouveau, pour lui tenir le langage suivant : *Mais ta tête est malade ou bien ? Tu te tiens dans* mon *église, tu profères des « si et seulement si » devant* mes *fidèles, et par-dessus le marché tu moques* mes *onctions dominicales ! Sache pour ta gouverne que* mon *huile bénie, une fois appliquée sur le front des élus, leur assure abondance et félicité !*

Mme Mulonga prend longuement en considération la silhouette de Mama Bosangui, dont le souffle chaud est sur le point de faire craquer les coutures du fourreau. Les chairs adipeuses n'en peuvent plus d'être comprimées, et sous l'effet d'une telle fureur, Mama Bosangui a de plus en plus de mal à rentrer ce ventre impressionnant qui tremble maintenant sous le satin. C'est dans le silence le plus dense – car les ouailles qui ont du bon sens à cette heure savent qu'il n'est pas temps d'émettre ne serait-ce qu'un murmure – que Mme Mulonga prend le temps de toiser son interlocutrice du regard. Elle formule ensuite une assertion dont les vocables, parfaitement détachés les uns des autres par une élocution maîtrisée, prennent chacun une signification bien plus considérable que s'ils avaient été débités à la cadence habituelle : *Ma très chère Ruth,* jette-t-elle d'une voix gelée, *je te suggère de descendre de tes grands chevaux. Contrairement à tous ceux qui sont ici, et j'inclus dans le lot ton comparse conjugal, je connais ta carnation d'origine et tout le reste. Ne m'oblige pas à m'avancer vers cette chaire, où je témoignerai de faits aussi compromettants que vérifiables te concernant. Tout ce que je veux, c'est trouver Ewenji, dont la fille est assise ici à mes côtés. Dis-moi où elle est, et restons-en là.* Mama Bosangui soupire. Son mari la regarde. Il la sait capable en bien des domaines, mais il se demande manifestement de quoi parle Mme Mulonga. Les maillons d'argent de sa chaîne dansent sur sa poitrine, et vêtu de ce costume, affublé de cette coiffure pour le moins troublante, il a tout à coup l'air d'un proxénète sur le retour.

Sa femme lui rend avec aplomb un regard qui ne voit vraiment pas de quoi parle cette vieille folle de Thamar, et qui suggère de lui donner satisfaction pour avoir la paix. Ils auront un *grand causer* ce soir. En tête à tête. Pour le moment, il s'agit de ne surtout pas donner aux fidèles le sentiment qu'un autre que *Celui qui est tout ce qui est* puisse commander à la royale Mama Bosangui. C'est donc en prenant une mine compatissante qu'elle répond, non pas en détachant les mots les uns des autres, mais en usant du ton le plus condescendant dont elle dispose dans la large gamme des attitudes qui composent son personnage : *Thamar, je te trouve bien ingrate. C'est moi qui porte ta fille à bout de bras depuis des années. Toutes les prières de mon sacramentaire sont passées dans sa survie, mais tout ce que tu peux faire pour me remercier de lui avoir évité la folie, c'est m'embarrasser publiquement... Soit, je l'accepte. Tu es une intellectuelle, toi. À tes yeux, tous ici, nous sommes des indigents mentaux !* Mama Bosangui vient de commettre une erreur. Voulant avoir le dernier mot, elle s'est aventurée sur le terrain le plus glissant qui soit, en traitant une femme du Mboasu de mauvaise mère. Dans notre pays, les enfants ont une mère et n'appartiennent que très secondairement à leur père. Lorsqu'ils réussissent, les géniteurs clament leur paternité. Lorsqu'ils échouent, c'est toujours à la mère, et à elle seule, que la responsabilité en incombe. Mme Mulonga n'est pas femme à se laisser mettre en cause sur le sujet, et si elle se reproche constamment les errements de La

Demoiselle, il ne peut être question que quiconque se permette de l'accabler. Ce ne sont plus des narines frémissantes, mais des naseaux de *mâle taureau* qu'elle présente au moment de répondre : *Ruth, Ruth, Ruth ! Où sont-ils donc, tes enfants à toi ? Comment se fait-il que ton Dieu fabrique des bigotes bréhaignes et des intellectuelles fécondes ? À mon avis, Il sait ce qu'Il fait ! Je te demande seulement où est Ewenji.* Mama Bosangui ne se relèvera pas d'une pique si acérée. Une femme stérile au Mboasu est un être inutile, voire maléfique. S'avouant vaincue, elle soupire : *Celle que tu cherches n'est plus ici.*

Elles continuent de parler. Mme Mulonga se plaint que ce n'était pas la peine de faire tout ce bruit pour rien. Ces paroles ne me parviennent qu'en sourdine. Tout ce que j'entends, c'est que ce n'est pas toi. Ce n'est pas ta nuque que je regarde fiévreusement depuis tout ce temps. Une fois de plus, je t'ai espérée en vain. Une fois de plus, je me suis jetée à corps perdu dans le vide. Tu n'existes pas. Tu n'es qu'une fable que je me suis inventée pour me croire humaine, née d'une chair vivante et pas seulement surgie d'un creux. Je ne veux plus espérer. Tu n'es pas ici. Il n'y a aucune raison pour que tu sois ailleurs. La Demoiselle qui s'était tue jusque-là se lève pour porter à la connaissance de sa mère une décision de la plus haute importance : *Je te renie ! Tu me fais honte ! Je ne rentrerai pas chez toi, où je ne vivais plus que pour respecter le commandement divin d'honorer ses parents !* Elle se rassied. Ses propos n'émeuvent pas sa mère. Sans un mot pour La Demoiselle, Mme Mulonga me saisit par le bras en disant : *Musango, viens. Nous n'avons rien à faire ici.* Elle sait que sa fille reviendra. Elles sont une chair unique, le calvaire que chacune doit gravir, jusqu'à ce que la mort les sépare. Il n'en sera pas de même pour nous. Cependant, je ne peux quitter les lieux sans savoir quel est ce corps, quel est ce mensonge que je n'ai cessé de contempler en le prenant pour toi. Me dégageant de l'emprise de Mme Mulonga, je m'avance vers LES FRUITS DU PARADIS. Tandis que je marche vers le groupe de soutanes rouges, celle que je croyais être toi ne bouge pas d'un millimètre. Rien de tout cela ne la concerne en apparence. Je veux voir son visage, savoir comment un enfant peut ne pas reconnaître sa mère. Ce n'est pas le temps qui opère, en la matière. Ce ne sont pas les années passées loin de toi qui ont formé cette illusion dans mon esprit. La foule me regarde avancer, affamée de sensationnel. Personne ne se lève pour me retenir et celle qui devait être toi demeure immobile. Elle ne me voit pas venir. Lorsque je me tiens enfin devant elle, elle me darde d'un regard froid qui me fait comprendre que, loin d'être absente aux événements, elle y prenait volontairement une part silencieuse. Elle te ressemble, et ce n'est pas par hasard. Ses yeux sont aussi jaunes que les tiens, que les miens. Elle a les joues creuses et l'ossature fine que ma mémoire a conservées de toi.

Nous nous observons un moment, un temps interminable. Celui de ma stupéfaction devant cette ressemblance, celui de son agacement manifeste devant mon audace. Je ne lui pose pas la question à laquelle elle répond d'une voix mécanique : *Ainsi, tu es la fille d'Ewenji... Je suis ta tante Epéti. Bien sûr, tu ne me connais pas. Ta mère errait dans les rues de Sombé à ta recherche, lorsque je l'ai trouvée et confiée à Mama Bosangui. Je ne pouvais l'héberger chez moi et l'aide qu'il lui fallait n'était aucunement de mon ressort. Elle n'est restée ici que quelques semaines.* Elle m'explique que tu as toujours été imperméable à ses conseils, et qu'au lieu de recevoir à ton heure l'onction des millionnaires dont tu avais grand besoin, tu t'es figuré qu'il était préférable pour toi d'aller voir ailleurs si ton salut y était. Ta sœur aînée a entendu dire qu'on t'avait vue du côté de l'*Église de la Parole Libératrice*, l'ancien *Boogie Down*. Je regarde encore un instant ma tante, celle qui ne se serait pas retournée pour connaître mon visage, si je n'étais pas venue à elle. Je me demande ce qu'elle a ressenti, en entendant Mme Mulonga parler de la fille d'Ewenji. Ce n'est pas un prénom si commun. Son cœur a-t-il fait un petit bond dans cette frêle poitrine, son souffle s'est-il fait quelque peu superficiel, ne serait-ce qu'une fraction de seconde ? Rien de cela ne transparaît. Ce qui se voit en revanche, c'est combien elle a dû recevoir la fameuse onction. Sa peau est aussi lisse que celle d'un nouveau-né, et si elle porte la même soutane rouge que les autres membres de la chorale, les bagues qui brillent de mille feux à chacun de ses doigts sont autant de signes extérieurs de son élection par le divin. L'argent est bon, a-t-on dit et répété tout à l'heure. Chaque congrégation a son credo. Le retour aux sources africaines de la chrétienté pour le *Soul Food*, la félicité matérielle en ce monde pour *La Porte Ouverte du Paradis*. Je prends congé de celle que je ne parviens pas vraiment à considérer comme ma tante, en me demandant si j'ai réellement envie de savoir ce qu'on prêche au *Boogie Down*, si je veux encore tout faire pour te retrouver. Mes forces m'abandonnent, comme la crainte d'une nouvelle déception se fait jour.

Mme Mulonga a déjà quitté les lieux. Celle que nous cherchons n'est pas ici et il n'y a rien à faire là. Je la rejoins dehors et lui répète brièvement les supputations de la tante Epéti. Pendant un moment, nous ne disons rien. Nous levons seulement les yeux au ciel, dans un mouvement commun qu'un accord tacite semble avoir prévu depuis longtemps, afin que nous l'esquissions de concert maintenant. Nous constatons qu'il a plu pendant que nous étions à l'intérieur. Nous n'avons pas entendu la chute des gouttes de pluie sur le toit de la bâtisse. Un arc-en-ciel fend les nuages de sa courbe colorée. Ici, c'est le signe qu'une éléphante met bas, quelque part dans la brousse avoisinante. La brousse n'est jamais bien loin, en Afrique équatoriale. Puisque c'est l'éléphant et non pas ce félin à crinière blonde qui est pour nous le roi de la forêt, ces couleurs vives dans le ciel sont de bon augure. L'éléphant symbolise la sagesse et la puissance. Loin de moquer son apparence lourde et sa lenteur, nous les respectons. La vie est une course de fond. La mémoire n'est pas une faculté, mais une valeur. Tels sont les enseignements du roi de la forêt. Ils me glissent dessus comme de l'eau sur les plumes d'un canard. Tout ce que je sais, c'est qu'alors qu'un pachyderme met son petit au monde, tu t'échappes encore. Tu ne veux pas de moi, tu ne m'attends nulle part. Je suis véritablement comme les autres, tous ces autres que leurs parents ont chassés et qui se nourrissent comme ils peuvent à même les nombreuses décharges improvisées où des ordures s'amoncellent en plein cœur de la ville. Je suis de ceux qui doivent subir le supplice du cercle de feu. Ils ont parfois cinq ou six ans. Jetés à la rue, ils sont cueillis par des voisins déchaînés qui s'investissent de la mission de justifier l'expulsion parentale. Un pneu usé leur est passé autour du corps, qui leur immobilise les bras. On y met le feu. S'ils brûlent, ils sont des sorciers. Il est très rare que le pneu usagé ne s'embrase pas immédiatement, que les cris de l'enfant ne viennent pas faire entendre qu'un peuple tout entier renonce à son futur, le piétinant furieusement, un peu comme on écrase un scarabée ou un mille-pattes. L'avenir est devenu un insecte nuisible dont la dépouille écrasée laisse échapper une odeur aussi nauséabonde que celle du caoutchouc carbonisé. Je brûle aussi, c'est ce que dit Mme Mulonga en me prenant la main. Elle pense que j'ai de la fièvre. Elle a raison. Moi, c'est en dedans que je suis soumise à la torture du pneu enflammé. Je suis incinérée depuis le premier jour, et je ne suis plus certaine de vouloir continuer à repousser ma destruction. Laisse-moi mourir, mère, et ne m'enfante dans aucun autre monde. La colère me reprend au piège, et les paroles de Musango la vieille sont un murmure presque inaudible. Elle me chuchote que cette bataille-là se gagne en déposant à terre l'épée et le bouclier. J'ai déjà fait mon adieu aux armes. Pour une fois, la colère n'est pas dirigée contre toi. C'est moi que je traite d'idiote, de m'être crue capable de nous rafistoler. Je n'aurais pu que coudre des points fragiles, encore trop lâches, sur la béance qui nous sépare. Cela aurait très vite rompu.

Alors que nous approchons de la grille de fer forgé qu'on laisse toujours grande ouverte, je m'aperçois que les roses et les frangipanes gisent au sol. Leurs pétales déchiquetés sont éparpillés sur le gazon, comme des plumes de colombes atteintes en plein vol. Seuls les bourgeons sont demeurés intacts sur les quelques branches qui s'accrochent encore au tronc des arbustes. L'orage a fait un massacre, comme d'habitude. Nous ôtons nos souliers et pataugeons pieds nus dans la boue. Tandis que les miens s'engluent dans la latérite imprégnée d'eau, je songe aux pépins d'orange. J'étais toute petite, alors. Tu me disais de ne surtout pas les avaler, qu'un oranger me pousserait sur la tête. Bien sûr, je faisais de mon mieux pour qu'aucun ne m'échappe, suçant méticuleusement la pulpe du fruit épluché pour sentir les pépins me glisser l'un après l'autre au fond de la gorge. Ils devaient, dans mon imagination, trouver une terre limoneuse sur les parois de mon estomac. Les restes de mes différents repas fourniraient l'engrais. J'attendais que l'arbre pousse, m'écartant les côtes, me fendant le crâne, afin que surgissent un tronc, des branches, des feuilles. J'attendais les fleurs d'oranger, les fruits que j'aurais pu cueillir rien qu'en tendant la main. Je te les aurais offerts. C'étaient tes préférés. Des années durant, j'ai avalé des pépins d'orange, dans le but de devenir une sorte de monstre que ton regard n'aurait pu éviter. Devant l'horreur ou simplement l'étrangeté, nous voulons détourner le regard, mais c'est en vain. Devenue cet hybride voyant, j'aurais marché comme maintenant, cahin-caha, sous le poids de l'excroissance végétale. On aurait connu l'origine de ces céphalées qui envahirent ma tête le jour de mes cinq ans et qui viennent encore me rendre visite quelquefois. Je t'aurais terrifiée, mais tu m'aurais vue. Très vite, je n'ai goûté que les fruits à pépins. Les grosses pastèques à chair rouge dont j'espérais qu'elles me feraient exploser la poitrine. Les raisins importés que papa achetait avec son camembert au supermarché, une enseigne française qui avait alors une succursale à Sombé. C'est sur mon dos que devait pousser la vigne, et je me voyais déjà contrainte de me déplacer à quatre pattes, tandis que les ceps s'aligneraient le long de ma colonne vertébrale, atteignant le cou et le milieu du crâne.

Rien n'a jamais poussé. Je n'étais pas fertile. Tu m'avais menti. Mon dépit n'a pu que mouiller mes draps jusqu'au jour de notre séparation, pour me sauver de la transparence. Au moins, lorsqu'il fallait étendre au soleil le matelas trempé que tous les voisins pouvaient voir, tu te souvenais de moi. Te faire honte de cette enfant encore incontinente à son âge, c'était tout ce qu'il me restait. La mémoire de ces efforts efface ma lassitude. Bien sûr qu'il faut que je continue à te chercher, que je finisse par savoir ce que tu es devenue. Il m'a fallu du temps, pour faire le tour de ce volcan, cette masse que j'abrite au profond : une haine compréhensible, un amour corrosif. Il m'a fallu du temps, pour abolir l'ambivalence. À présent, je marche sur l'autre versant de notre douleur, mère. Je marche pour toutes les deux, peut-être en dépit de toi. Ne m'enfante plus, mère : laisse-moi te recréer.

Nous arrivons au marché de Kalati. Mme Mulonga veut acheter de la morue séchée. C'est dimanche, mais lorsque nous atteignons le marché, de nombreuses commerçantes sont là. Elles vendent à la criée des vivres disposés en petits tas, sur des bâches posées à même la boue. Certaines se sont emmitouflé les pieds dans des sacs de plastique qui leur font de drôles de chaussons. Je reconnais Kwin, là-bas, devant ses régimes de plantains. Elle est toujours aussi grande, aussi corpulente. Avec elle, on ne marchande pas des masses. Elle connaît la qualité de ses bananes, le prix qu'elle les a payées et les nuits passées au marché en toute saison, dans l'espoir de faire des économies. On dirait qu'elle n'a pas bougé de là en trois ans, que ses yeux n'ont plus rien vu que ce lieu. Nos regards se croisent. Je crois que mon visage ne lui dit rien. Il y a tant d'enfants et d'adolescents dans les rues depuis que la guerre est finie, qu'elle ne peut pas se souvenir de moi. L'émotion qui m'étreint m'interdit étrangement d'aller la remercier de m'avoir traitée comme un être humain. Elle ne l'a pas fait pour en être remerciée, et certainement pas en paroles, alors qu'elle se tient encore à son âge en plein milieu de ce champ de bataille. C'est le septième jour. Pas de repos pour les pragmatiques. Pas de hurlements lancés au Ciel pour celles qui savent que compte tenu du brouhaha qui Lui parvient d'ici, elles attendront un moment que Dieu distingue leur voix entre toutes les autres. Et puis, leur vie entière est une prière, une suite de rituels, une somme de sacrifices. Que faut-il faire de plus que Lui offrir toute cette peine ? Je ne reconnais aucune des autres femmes qui sont là ce dimanche, mais je sais tout d'elles. Mme Mulonga sait où se procurer son poisson. Elle m'entraîne à sa suite à travers les étals, et je me demande comment nous faisons pour manger ce que nous achetons ici, tellement cela sent mauvais. Si on se fie à l'odeur, il ne fait aucun doute que tout est pourri. Pourtant, ce n'est pas le cas. Les bars et les soles qui sont là ont été pêchés à l'aube dans la Tubé. La fillette qui les vend a les pieds palmés des habitants du village de pêcheurs, et l'œil farouche des marchandes aguerries. Elle n'a que quelques pièces, assez belles, qui trouveront vite preneur. Mme Mulonga les regarde un instant, avant de poursuivre son idée : morue séchée, sauce d'arachide et gombo. Proclamer la Shékina dont on doute et se disputer avec Mama Bosangui, cela creuse. La gamine nous toise du regard méprisant qu'elle doit adresser à tous ceux qui lui font ce coup-là. Elle n'a pas l'intention de héler le chaland, mais que celui qui s'arrête à sa hauteur ne lui fasse pas l'affront de lui donner le dos.

Alors que nous avançons péniblement vers l'objectif de Mme Mulonga, un cri se fait entendre : *Au voleur ! Au voleur !* Nous nous arrêtons net, et comme la foule des commerçantes et de leurs clients, nous tendons le cou pour voir qui appelle ainsi à l'aide, et surtout qui est l'accusé. D'abord, nous ne voyons rien. Puis très vite, un attroupement se forme dans un coin du marché, non loin de l'endroit où Kwin propose ses plantains. Je tressaille intérieurement. Généralement, la foule est sans pitié pour les voleurs, même seulement supposés. Il ne leur est jamais laissé le temps de s'expliquer. Voudraient-ils restituer leur butin souvent maigre, qu'ils ne le pourraient pas. Dans un pays gouverné par des brigands impunis, la population passe sa rage sur le menu fretin. La plupart du temps, dans les marchés tels que celui-ci, il s'agit d'enfants affamés. Plusieurs jours de jeûne forcé leur ayant fait tourner la tête, ils ont eu l'audace d'étendre la main vers un petit poisson fumé. Il semble que ce soit le cas, aujourd'hui comme hier, aujourd'hui comme demain. La scène qui se joue devant nous n'est qu'une répétition du quotidien. Rien d'étonnant : dans la langue des habitants de Sombé, hier et demain se disent de la même façon. C'est le même mot. Un garçonnet malingre est traîné au milieu de l'attroupement dont nous nous sommes approchées, Mme Mulonga ayant d'abord rouspété contre ces sauvages qui lui font perdre son temps. Elle qui ne voulait qu'acheter de la morue... *Si je n'y vais pas, tu peux être sûre que ce gosse ne verra pas le soleil se coucher.* Je sais qu'elle a raison. Personne ne défendra ce petit. Chacun voudra le rosser à tour de rôle, lui mettre de la poudre de piment dans les plaies ou dans les yeux, le châtier pour toutes les injustices qui sévissent dans le pays. D'ailleurs, je trouve Mme Mulonga bien confiante. Elle est certes naturellement autoritaire, mais il n'y a rien à ma connaissance qui puisse arrêter une foule déchaînée.

On ne compte plus les cadavres qui jonchent les trottoirs, de prétendus voleurs rendus méconnaissables par le traitement qu'on leur a fait subir. S'il venait à leurs parents l'envie de les reconnaître, ils ne le pourraient pas. Lorsqu'elle en a le temps, la municipalité de Sombé rassemble ces corps pour les jeter dans une fosse commune, hors de la ville. Un poste a été créé à cet effet. Tant que ce travail n'est pas effectué, les passants enjambent sans ciller les dépouilles abandonnées et vaquent à leurs occupations. L'enfant sait quel sort l'attend, s'il ne se met pas immédiatement à genoux pour demander grâce comme il le fait à présent. Il ne prend pas la peine de nier, de se défendre. Il laisse couler ses larmes et demande pardon à une femme au visage précocement rassis. Elle le regarde longuement, les poings enfoncés dans la chair abondante de ses hanches, et ce regard-là ne veut prendre aucun petit voleur en pitié. Ni lui, ni quiconque. De petits poissons fumés traînent dans la boue, devant les pieds chaussés de plastique de la marchande. Ils ne sont pas perdus. Il suffira de les passer sous l'eau, de les sécher à l'aide de quelque linge et de les reposer en petits tas sur la bâche. Les hurlements des badauds couvrent les pleurs de l'enfant qui ne porte pour tout vêtement qu'un slip sale. Il a les mains écorchées, les ongles noirs de crasse, le dos recouvert de dartres, et la plante des pieds striée par de longues marches sur une terre impitoyable. Sans qu'on s'y attende, la plaignante lui assène un coup de pied à la mâchoire, qui le fait tomber à la renverse. Son corps chétif s'étale dans la boue. La foule approuve d'un long murmure qui, émis par toutes ces voix à l'unisson, devient une clameur. La commerçante y trouve la justification de ses actes, l'affirmation de son bon droit. Elle se saisit d'un pilon qu'elle garde là, sans doute pour piler le maïs de ses maigres repas. Le brandissant aussi haut que le lui permettent ses bras dodus, elle s'apprête à frapper le gamin. Deux voix fortes l'interrompent : *Tutè, arrête ! Mais vous êtes folle, madame, ce n'est qu'un enfant !* Kwin et Mme Mulonga ont parlé en même temps, pour éviter le drame. Elles ont encore fort à faire. La foule, privée de sa piètre revanche sur le sort, s'en prend à elles : *Mêlez-vous de ce qui vous regarde ! Elle a raison, il lui a volé un poisson ! Oui, je l'ai vu ! Encore un de ces enfants soldats ! Je me souviendrai toujours de cette nuit où ils sont venus mettre le feu à notre village. Pourquoi avoir pitié de celui-là ? Dieu seul sait quels crimes il a commis. Ce n'est que justice ! Tutè, corrige-le !*

D'un même mouvement, Kwin et Mme Mulonga fendent la foule et se précipitent sur le garçon. Elles le remettent sur ses jambes tremblantes et se tiennent l'une devant lui, l'autre derrière. Le petit n'ose pas lever les yeux. Il fixe ses orteils crottés. Une voix de femme s'écrie : *Regardez-moi ce petit roublard ! Il fait comme si de rien n'était, mais je l'ai bien vu chiper un poisson ! Si ce n'est pas un de ces anciens petits rebelles, c'est un sorcier. Les enfants normaux ne traînent pas seuls dans les rues...* Kwin cherche du regard l'accusatrice, la trouve et lui dit calmement : *Nous savons tous ici que seul un sorcier peut en reconnaître un autre.* La foule se tait, rappelée à l'ordre. Le langage de l'occulte est le seul qu'elle entende en toutes circonstances. Mme Mulonga ajoute : *Quelle espèce de femme peut laisser un enfant mourir de faim ? Quel peuple sommes-nous devenus...* Kwin sait que ce type de discours moralisateur ne touchera pas l'assistance. Elle ne laisse donc pas son alliée poursuivre, et s'écrie : *Paix là ! Ne sortez-vous pas tous du culte ? Je sais que la plupart d'entre vous viennent de demander la rémission de leurs fautes, la tombée de la manne, et l'anéantissement de leurs ennemis...* Vêtue de cette robe ample en tissu pagne qui est le costume traditionnel des femmes de la côte du Mboasu depuis que l'épouse d'un missionnaire britannique se mit en tête de recouvrir leur nudité, elle plonge la main dans l'unique poche de l'habit. C'est du côté droit, bien entendu, que se situe la fente où sont précieusement rangés les objets qu'on estime devoir conserver par-devers soi. Talismans, pièces d'identité, patentes autorisant le commerce en ces lieux, billets de banque soigneusement empaquetés dans un mouchoir fermement noué, écorces à mâcher pour chasser une rage de dents. La large main de Kwin farfouille dans les profondeurs du vêtement, et la foule suspendue à son geste retient son souffle. Au bout de quelques minutes, après qu'elle a palpé un nombre considérable d'objets qui n'étaient pas celui qu'elle cherchait, elle finit par exposer une Bible. *Je ne crois pas*, dit-elle, *un mot de ce qui est écrit là.* La multitude laisse échapper un grondement sourd en signe de désapprobation.

Ce qui est écrit là comme elle dit, c'est la Parole ! Pour certains, la tradition volée aux nôtres par des peuples qui ne firent que la recopier sur des monuments d'Égypte. Pour d'autres, le verbe magique qu'il suffit de prononcer en imposant les mains au-dessus d'une huile quelconque, pour qu'elle devienne un onguent sacré. Ce qui est écrit là, tous le respectent. Peu importe qu'ils aillent en catimini consulter ce sorcier qui expulse le mal par de simples jets d'eau de pluie ou en saupoudrant le sol de la demeure de quelques pincées de sel. Le Livre ne conte-t-il pas l'histoire d'un faiseur de miracles, d'un mage puissant ? Le Livre ne parle-t-il pas de sacrifices à faire pour s'attirer les grâces du Suprême ? Si, il relate ces événements. Dès ses premiers chapitres, il laisse même entendre que l'Éternel apprécie particulièrement la chair, dédaignant les produits de la terre [1]. C'est parce qu'ils sont en phase avec les désirs profonds du Tout-Puissant que les féticheurs réclament si fréquemment des bêtes à présenter en offrande. Il n'y a aucune contradiction entre les pratiques. Elles se complètent, forment un ensemble. Alors, quand Kwin affirme sa mécréance, non seulement le peuple la réprouve, mais il recule instinctivement d'un pas. Seule une envoyée du Malin, un de ses suppôts les plus gradés, peut en plein jour s'exprimer de la sorte. Déjà, on ne s'occupe plus de l'enfant qui transpire abondamment, pris entre les deux masses qui le protègent et l'étouffent, comme une minuscule saucisse qu'écrasent deux énormes tranches de pain. *Je ne crois pas,* répète Kwin, *ce que disent ces pages. Et comment le pourrais-je, sachant que ceux qui nous les ont apportées ont vite fait de s'en détourner ? Néanmoins, la manière dont vous gobez toutes ces fictions vétérotestamentaires, votre adhésion forcenée à cette prétendue Révélation qui ne promet que des horreurs, tout cela me sidère. C'est pourquoi je lis votre Livre. Peut-être finirai-je par y découvrir que vous êtes bien faits à l'image de ce Dieu qui a laissé mourir Son fils pour rien, puisque rien ici-bas ne semble irréfutablement sauvé depuis que ce pauvre Ieshoua fut couronné d'épines et*

1. Lorsque Caïn et Abel présentent leurs offrandes à Dieu (Genèse, 4, 3-5), ce dernier dédaigne les produits du sol et accepte les bêtes qui lui sont sacrifiées.

crucifié... Tout en s'adressant à la multitude qui a pris soin de s'écarter un peu et qui se prépare à détaler si cela s'avère nécessaire, elle feuillette le Livre. Apparemment, elle vise des passages précis. Les ayant trouvés, elle se sert de son index et de son majeur comme marque-page. Un instant, elle se tait. Ce silence attire encore plus l'attention. *Puisque ceci est la Parole, puisque ceci est la tradition, la loi que nul ne saurait enfreindre, je veux vous lire les mises en garde du Dieu de ce Livre à l'égard de ceux qui se détourneront de Lui.* Kwin lit les Malédictions qui attendent ceux qui rompront l'alliance avec le seul vrai Dieu. Il leur promet les pires souffrances, les pires humiliations. Faisant un commentaire de chaque verset, elle note la manière dont il se rapporte à la situation du peuple de ce pays. *C'est tellement étonnant de précision,* affirme-t-elle avec une pointe d'ironie, *que je me demande si je ne vais pas me convertir un de ces jours.* En effet, le Dieu du Livre promet à ceux qui s'écarteront de Ses voies que leurs villes ne seront plus que des ruines, et que leurs offrandes ne Lui agréeront plus. La voix profonde de Kwin interroge la foule. Elle demande si ceux qui s'apprêtent ainsi à prendre la vie d'un enfant pauvre à cause d'un de ces poissons pourris que Tutè fait fumer afin de pouvoir les vendre, n'ont pas mieux à faire, un monde à rebâtir. Elle les presse de regarder autour d'eux, pour lui dire s'ils voient autre chose de cette ville que ses décombres. D'après le Livre, les faits comme le décor prouvent la malédiction des gens d'ici. Ils ne disent rien. Ils lui en veulent, parce que c'est ce qu'ils pensent d'eux-mêmes qu'elle vient d'énoncer à voix haute. Comme ils persistent à se taire, elle leur dit : *N'ajoutez pas à votre déchéance. Passez votre route, et que Tutè se reprenne.* La masse fait un pas de plus en arrière, cependant que Kwin l'embrasse du regard. Elle lit la promesse du Très-Haut : ... *vous périrez parmi les nations et le pays de vos ennemis vous dévorera. Ceux qui parmi vous survivront dépériront dans les pays de leurs ennemis à cause de leurs fautes ; c'est aussi à cause des fautes de leurs pères jointes aux leurs qu'ils dépériront*[1].

Refermant sa Bible, elle demande à l'assistance de prendre en considération la fameuse Parole, car il est bien vrai que nous périssons parmi les nations, même si nous ne sommes pas les seuls. Il est bien vrai aussi qu'un grand nombre d'entre nous s'en vont *faire l'Europe* comme on entre soi-même dans la gueule du loup. *Je ne sais,* nous dit-elle, *si l'Europe est d'après le Livre le pays de nos ennemis. Je ne saurais même dire ce que le Livre appelle un ennemi, mais vous qui croyez, je vous invite à regagner vos demeures et à méditer ces versets. Ensuite, venez me dire si vous voulez voir le pilon de Tutè faire exploser la tête d'un enfant qui pourrait être le vôtre.* Avant qu'elle ait achevé, ils se sont dispersés. Tutè a reposé son pilon et s'est accroupie pour ramasser en maugréant sa marchandise éparpillée. Kwin soupire en se retournant vers l'enfant qui tombe de nouveau à genoux, pour remercier cette fois. Elle le remet debout et lui dit : *Apprends à demander, au lieu de voler. Si tu as faim, viens me voir.* Le garçonnet disparaît après avoir reçu un morceau de plantain grillé. Mme Mulonga semble émerveillée, et ce n'est pas seulement la bonté d'âme de son acolyte qui l'impressionne. *Madame,* lui dit-elle en exécutant presque une révérence, *je ne comprends pas ce que vous faites ici ! Vous parlez le*

1. Lévitique, 26, 38-39.

français le plus délicat et le plus précis qu'on ait entendu dans ce pays depuis des décennies. Vous devez avoir mon âge, alors vous avez sans doute un prénom ? Je m'appelle Thamar. Elle lui tend la main, mais la marchande l'ignore, répondant simplement : *Ce que je fais ici, c'est que j'existe. Pour ce qui est de mon prénom, la femme qui m'a recueillie dans la ravine où ma mère m'avait jetée, avait l'esprit très libre. Aussi ne m'a-t-elle pas nommée selon le Livre, mais selon son désir. Elle m'a appelée Queen. Les gens de ce pays le prononcent comme ils le peuvent, mais c'est cela, mon prénom : Queen.* Comme Mme Mulonga l'invite à venir lui rendre visite quand elle voudra, c'est moi que Queen regarde. Elle me dit : *Je savais que tu existerais, toi aussi. Ton âme est ancienne, et elle a déjà passé bien des tribulations. Tu sais où trouver ce que tu cherches. Fie-toi à ton jugement, et continue de croire que tu es autre chose que ce qu'on dit de toi.* Elle nous donne le dos et regagne son étal. Entourée de ses régimes de plantains que personne n'a osé toucher en son absence, elle semble régner sur un pays perdu. Nous la voyons de loin dénouer son foulard pour libérer une forêt de tresses si longues qu'elles lui caressent le milieu du dos. Elles sont poivre et sel, mais aussi drues que les lianes les plus solides de la brousse. Queen est coiffée de rotang, pétrie de la glaise des origines. Sa peau est d'un bronze lumineux. Elle n'a pas surgi de la côte d'Adam, mais des eaux saumâtres d'une ravine, et d'un amour assez fou pour la couronner avant même de savoir si elle vivrait. Je voudrais que tu m'aies trouvée, mère, et sauvée de la mort pour me coiffer d'un diadème.

Nous rentrons chez Mme Mulonga. Elle n'a pas renoncé à ses achats et la morue est là, dans son emballage de papier journal. L'encre de mauvaise qualité déteint un peu sur le poisson, mais ce n'est pas grave. Lorsque la morue aura bouilli, les bactéries les plus assassines rendront l'âme. Nous trouvons La Demoiselle assise sur la véranda. Elle a sorti un fauteuil à bascule que je n'ai jamais vu nulle part dans la maison. Certainement un élément du mobilier de sa chambre. Sans un regard pour nous, elle se balance doucement. Ses yeux s'accrochent au sol boueux de la cour. L'air est chaud et humide. Le soleil n'a pas encore tout à fait triomphé de l'orage. Alors que nous passons la porte d'entrée, La Demoiselle dit : *Il est facile, n'est-ce pas, d'aimer les enfants des autres ? Je suis ta fille, et c'est moi que tu aimeras. Si tu ne m'aimes pas, tant pis. C'est moi que tu auras. Je veux que cette petite quitte immédiatement les lieux.* Mme Mulonga ne dit rien. Elle s'était arrêtée pour écouter La Demoiselle. Elle entre dans la maison et je la suis. Elle ne me dira pas de m'en aller, mais je sais qu'il le faut. Il n'y a pas de place pour moi, entre la tristesse de l'une et le ressentiment de l'autre. Nous cuisinons et mangeons en silence. Madame la directrice du Centre préscolaire et élémentaire de Dibiyé se retire pour faire sa sieste. Je lave la vaisselle. La Demoiselle s'est enfermée dans sa chambre. Elle pousse des cris aigus. Elle demande pourquoi on refuse de répondre à ses questions. Sa voix se brise pour dire que même Dieu, depuis qu'elle le Lui demande, depuis qu'elle fait brûler des cierges et de l'encens, depuis qu'elle jeûne et dit ses prières en neuvaines, même Dieu a ignoré ses obsécrations. Elle pleure. Je l'entends. Elle pleure comme un tout petit enfant. La stridence de son chagrin me strie le cœur. Si je ne m'étais mise au monde, je serais comme elle, qui ne peut accepter d'avoir à vivre. C'est en y consentant que je peux voir le jour.

Coda : licence

L'ombre s'est dissipée alentour, c'est vers toi que je m'élance. Non pas que le jour tant espéré se soit enfin levé, pour étrangler le tourment. Il aurait pu en être ainsi, si le désespoir ne rythmait plus la cadence à grand renfort de parousies, d'invectives, de sentences... La vie n'est encore qu'une longue élégie. Elle continue de psalmodier ses invites à la fin. La vie est un exténuement. Qu'il y ait un matin ou qu'il y ait une nuit, elle n'en peut plus de ses fardeaux. Cependant, l'ombre se dissipe alentour, car je la jette au loin, comme je m'élance vers toi. Pour qu'elle ne soit plus cette opacité au-dehors qui empêche la plus timide avancée, je la chasse de mon cœur. Je sais que le jour vient. Il ne peut en être autrement. Qu'il ne me trouve pas, lorsqu'il surgira, dans mes oripeaux ténébreux ! Je laisse les chaussures auxquelles je ne suis plus habituée et qui m'écorchent les pieds. Je laisse un petit mot sur l'égouttoir à vaisselle. Mme Mulonga y trouvera mes remerciements pour la robe, pour toute l'aide qu'elle a bien voulu m'apporter. Je lui promets de revenir la voir bientôt, pour m'inscrire à l'école. En attendant, je dois poursuivre ma quête et savoir ce qu'il est advenu de toi. Cela me semble impératif, avant qu'il soit question d'envisager mon avenir. Une fois de plus, la rue m'accueille. Je marche le long des caniveaux pleins d'eau stagnante et de déchets. Partout, des bandes d'enfants des rues errent à la recherche de leur pain de ce jour. Ils sont sales. Ils sont agressifs. Leurs yeux sont des abîmes obscurs au fond desquels des questions sans réponse s'agitent inlassablement. Ils m'interpellent comme on le fait par chez nous, lorsqu'on ne connaît pas le nom d'une personne : *Hé ! la fille-ci ! Hé ! celle-là !* Je passe. Ce n'est pas parce que ce sont des *enfants de quartiers* que je les ignore. Rien ne me permet de savoir d'où ils viennent, quelle est leur histoire. De toute façon, il est inutile d'en connaître les détails. Je sais qu'ils sont comme moi. Personne ne les cherche et on trouvera peut-être leur cadavre sur l'asphalte usé d'une ruelle, d'ici quelques heures. Je passe. Ils ne me font pas peur. Je ne veux pas appartenir à une bande. Je ne veux pas m'habituer à souffrir, à courir après des miettes de vie. Cette terre est la mienne. Elle me doit plus que cela.

Ils me laissent passer. Ils voient bien que je n'ai rien à leur donner, que je ne veux pas parler. Pour la forme, ils me lancent des injures. Ils ne savent pas quoi dire, alors ils me demandent ce que je m'imagine, et pour qui je me prends. Ils ont un peu raison. Je m'imagine des choses, et me prends pour quelqu'un. Il n'est pas nécessaire que je leur dise combien leur souffrance me touche, que c'est la savoir si dense qui me fait presser le pas. Si cela pouvait leur être d'un quelconque secours, j'aurais à leur intention mille mots. Je leur parlerais d'amour et d'apaisement, de leur droit inaliénable à la lumière de lendemains flamboyants. Je leur dirais de résister plutôt que d'endurer. Si la résistance peut prendre l'apparence de l'endurance, elle n'a pas le même sens. Elle aboutit ailleurs. Je leur dirais d'inventer et de croire. Ils me répondraient en riant que cette génération n'a pas les moyens d'une telle politique, qu'elle peut seulement vivre la vie qui lui a été donnée, une vie de crottes de chèvre jonchant la poussière. Ils me répondraient que cette génération n'a rien à faire au monde, puisque ceux qui l'y ont fait venir se sont détournés d'elle. Où aller en partant de nulle part ? Je peinerais à leur expliquer ce qu'il m'est encore impossible de prouver, mais que je sens en moi : qu'être au monde confère le droit de vivre. Qu'exercer ce droit doit signifier un peu plus que repousser comme on peut la mort qui finira quand même par avoir le dessus. Qu'il faut chercher ceux qui ne vous cherchent pas, marcher vers les autres. Il y aura bien quelqu'un, même ici. Toutes les portes ne sont pas fermées. Tous les regards ne fixent pas les ténèbres. Toutes les bouches n'appellent pas la fin du monde. Tous les cœurs ne sont pas irrémédiablement glacés. Il y a encore un battement, quelque chose qui se dresse contre les apparences, qui voit par-dessus leur épaule, une autre vérité. Sur notre terre brûlée, quelque chose pousse encore. Je n'ai cessé de le voir, depuis que tu m'as chassée. J'ai rencontré Kwin, Ayané, Wengisané, Mme Mulonga. J'ai même appris de Kwédi. Elles ne pouvaient pas tout, mais elles pouvaient beaucoup. Elles étaient la lumière frêle mais indéniable, qui brille sur l'autre face de l'obscur.

L'ombre a quitté mes jours. Elle ne se tient plus en toile de fond de mon existence. C'est sereine que je marche vers toi. Je fais ce que j'aurais dû faire depuis le premier jour, depuis que j'ai quitté la maison dans la brousse. Quelles qu'aient pu être les déambulations de mon esprit, tu n'as pu suivre qu'un chemin, en réalité. Je le connais. Voici notre quartier. Je vois notre maison. Les voisins sont les mêmes. Ils ne me reconnaissent pas. Si mon visage leur est familier, ils ne songent pas que ce puisse être moi, que je ne sois pas morte. Ceux qui le pensent me craignent. Si j'ai survécu, c'est que je suis puissante. Ils ne me feront pas de mal. La maison est là. Une famille l'habite, qui nous ressemble en mieux. Il y a une petite fille. Sa maman pousse une balançoire installée dans le jardin. La fillette rit, sa mère aussi. Le portail est ouvert, et les *enfants de quartiers* n'ont pas peur d'entrer pour réclamer leur balle perdue. Ils jouent au football avec un ballon de mousse qui roule dans la poussière, propulsé par leurs coups de pied énergiques, mais qui n'a pas assez de souffle pour rebondir. Ce n'est pas grave. Ils jouent. Ils marquent des buts. Je m'approche de la maison. La dame qui pousse la balançoire me sourit. Elle existe. Ici, sur notre terre brûlée. Elle ne se méfie pas d'une gamine en robe rouge qui va nu-pieds, qui pourrait bien être une sorcière.

Un homme apparaît sur le pas de la porte. Il tient un plateau avec des choses à grignoter. Sa femme et sa fille le rejoignent. Il serre sa femme dans ses bras, soulève son enfant de terre. Cet homme qui ne semble pas de papier existe, lui aussi. Ici. Sur cette terre que nous avons brûlée avec acharnement, comme pour éprouver sa capacité à se régénérer. Je fais un signe de la main à cette famille heureuse. Ils me saluent en retour, comme s'ils me connaissaient, parce que c'est normal entre les membres d'une communauté. Des sanglots vibrent doucement sous mes côtes. Je ne suis pas triste. Je me sens pleine de quelque chose d'indéfinissable, qui veut se tourner vers les autres et célébrer avec eux le fait que nous soyons là. Nous tous. C'est cet ineffable qui vibre en moi. Tant de peuples ont disparu, dont les noms ne sont que des inscriptions froides, couchées sur les pages des encyclopédies. Nous sommes là. Nous avons encore à faire. Alors que je m'éloigne, je croise une vieille femme voûtée. Elle tire un diable chargé de sacs de toile qui semblent contenir tout ce qu'elle possède en ce monde. Nul n'a d'yeux pour elle, à part moi. Pour les autres, elle n'est qu'une ombre que le soleil étire sur le sol. Ils marcheraient dessus. C'est Sésé. Elle me reconnaît. Elle s'arrête pour me regarder. Ses yeux sont d'étranges crevasses noires cernées de rouge. Ses lèvres sont si tuméfiées qu'on dirait que le bas de son visage porte une plaie inguérissable. Je la laisse. Il ne faut pas tendre l'autre joue à n'importe qui. Je ne la hais pas. Lorsqu'elle mourra, cette vieille femme emportera bien des secrets. Ils ne sont pas utiles à nous projeter vers demain. L'inventaire finira bien par s'imposer d'un moment à l'autre, et nous admettrons que la patine du temps ne peut suffire à conférer de la valeur à tous nos usages. Nous nous remettrons en marche, au lieu de nous tenir ainsi ahuris devant notre destin.

J'avance, et je ne suis pas seule. Dans des recoins ignorés de ce pays, d'autres sont mes homologues dans l'espérance. D'autres sont des invaincus de la douleur. Ici et dans tous les lieux dédaignés des puissants. Ils ont comme moi aboli l'amertume et la vindicte, pour que leur vie ne s'écoule pas en perpétuels regrets. Le jour qui vient leur appartient. J'avance et je ne suis pas seule. Un garçon me suit. Il doit avoir quinze ans. Je l'ai aperçu le soir où j'ai fui le *Soul Food*. Il faisait des bonds pour attraper des sauterelles.

Et tout à l'heure, il était parmi les jeunes errants. Il s'imagine que je ne le vois pas marcher lentement dans l'ombre d'une grosse femme vêtue d'un ensemble bariolé, se cacher derrière l'énorme tronc d'un arbre dont la pluie a fait tomber quelques branches. Je le vois. Je sais qu'il a les jambes un peu arquées, que son corps est long et sa figure ovale. Je sais que sa peau est marron foncé, qu'il n'a pas de chaussures, qu'il porte un bermuda pour tout vêtement. Il me dira son nom. Pour l'heure, je veux voir jusqu'où son désir de me connaître le poussera. Je prends mon temps. Tu n'as pas dû te dépêcher, le jour où il t'a fallu quitter la maison. Tu n'as pas pris de raccourci. Il fallait repousser le moment de frapper aux portes : celle d'Epéti, qui m'a tout à l'heure fermé son cœur comme elle le fit avec toi ; celle de la case originelle, la matrice, la source acide où tu ne voulais plus tremper les lèvres. Je n'irai pas voir ta sœur rivale, ta presque jumelle. Je l'ai déjà vue. Je fais ce à quoi tu t'es résolue, pour ne pas crever seule dans la rue. Tu as lambiné comme je le fais maintenant, avant de te rendre où il fallait bien que tu ailles, puisqu'on ne pousse pas sans terre. C'est là que mes pas me conduisent, après une longue marche dans Sombé. Je découvre la ville comme je ne l'ai jamais connue, et même pas supposée.

Bientôt, ce n'est plus une ville, même ravagée par la guerre, même surpeuplée de pauvres gens. Ce n'est plus une ville, même semée de grappes d'enfants rejetés traînant là, comme autant de plants qu'on n'a pas mis en terre, et qui moisissent avant d'avoir poussé. Ce n'est plus une ville, même hantée par de faux pasteurs criant au coin des rues que le monde va finir, et qui précipitent ses derniers jours dans la terreur de l'autre, quand ce serait le moment ou jamais de se reconnaître en lui. Ce n'est plus une ville, et c'est pire que toutes les images qui s'étaient formées dans mon imagination lorsque, petite fille, je songeais au lieu de ta naissance. Voici Embényolo. Comme je te comprends. Il n'est pas possible de vivre ici. C'est sur la terre, et c'est en dessous de tout. C'est noir de monde, et il n'y a pas un millimètre carré de terrain qui ne soit pris d'assaut par les ordures. Elles se décomposent sur le sol, macèrent en elles-mêmes, se transforment en un condensé compact de crasse. On ne peut dire ce qu'il y avait à l'origine, ce qui a été jeté, ce qu'on a bien pu y ajouter, avant que cela devienne cette sauce épaisse qui fuit à travers les ruelles anarchiques du quartier, comme de la lave s'écoulant d'un volcan pour se solidifier au pied des habitations. Voici donc Embényolo, le lieu où tu naquis. Je m'arrête, saisie d'épouvante. Il y a des gens ici. Ils respirent la puanteur de leur propre fumier. Ils vivent baignés dans les insoutenables effluves de leur mort. C'est le cadavre que cela sent. Ne ferait-on pas tout, n'importe quoi, pour s'évader de cette fosse ? Il y a des gens ici. Leurs pieds s'engluent dans la chose visqueuse qui recouvre et asphyxie la terre. Leurs enfants ont le ventre rebondi, les membres rachitiques, les narines qui coulent, et la bouche qui avale. On déjoue la famine en absorbant ce qui sort de soi.

Je me retourne pour voir si je pourrais reculer, si la route qui m'a menée jusque-là n'a pas disparu, engloutie comme ces mondes oubliés, par ce fluide mortifère qui n'en finit pas de prendre possession de chaque millimètre carré de sol. Mes yeux rencontrent ceux du garçon. Il est là, et le chemin aussi. Il me regarde effrontément. Son silence orgueilleux me dit :

Tu m'as vu, et alors ? Alors je sais qu'il m'attendra. Il ne bombe pas ainsi le torse pour que l'occasion de me montrer ce qu'il a dans le ventre lui soit refusée. Il ne m'a pas suivie jusqu'ici pour me perdre si vite. J'avance sans savoir où aller, sans oser d'abord m'adresser à quiconque. Je vois que ces gens me ressemblent, qu'ils ont des jambes, un tronc, des membres supérieurs et une tête. Je me dis qu'ils doivent pouvoir parler. Même si en regardant ce quartier d'en haut, on ne doit rien voir qu'une gigantesque décharge. Nyambey ne sait pas qu'il y a des humains ici. Il est trop loin pour les voir se débattre sous les ordures. Lui que nous appelons Créateur du ciel, de la terre et des abîmes, ne sait pas dans Son omniscience, que des gouffres se sont creusés d'eux-mêmes ici-bas. Les excavations que Sa main a forées afin d'y loger la part d'ombre que le monde doit supporter pour reconnaître la lumière sont de ridicules bacs à sable à côté de cela. Les prédicateurs ne viennent pas par ici. J'avance et mes pas me font approcher un corps dont je ne saurais dire s'il est mâle ou femelle, jeune ou vieux. Ce qui m'apparaît seulement, c'est qu'il est à cette heure le plus proche de moi, mon unique chance de trouver mon chemin. Je dis : *Bonjour.* L'être ne répond pas. J'ajoute : *Je cherche la maison d'une vieille dame qui vit avec ses onze filles.* On ne me dit rien. Je précise, voyant que sans en avoir l'air, on m'écoute avec attention : *Elle a douze filles en réalité, mais l'une d'elles est mariée, et...* Le corps tend le bras pour m'indiquer une direction, un point sombre au loin, qui doit être une maison, un abri quelconque. Celui ou celle qui possède ce corps poursuit sa route. Chacun de ses pas fait un bruit étrange, entre l'aspiration et le crachat. Mes pas font le même bruit, comme si mes pieds suçaient et régurgitaient ce qu'il y a sur le sol. Au moins, on ne glisse pas. C'est collant, là par terre. On va à pas pesants, on se charge à la moindre enjambée parce que cela s'agrippe à la plante des pieds. Il ne faut pas perdre le nord. Je fixe l'endroit qu'on m'a pointé. Ce n'est pas si loin, en réalité. Il faut y arriver, voilà tout. Je sens sous mes pieds que la chose visqueuse qui cache la terre est habitée. Cela remue, cela mord peut-être. Je ne ferme pas les yeux. Je refuse de penser qu'il faudra repasser par là, pour quitter les lieux. Pour le moment, j'avance et je vois que le courage dont je fais preuve pour affronter ce péril gluant n'impressionne personne alentour. On peut toujours venir ici, parler des sept fléaux, d'Armaggedon. Il y a longtemps que les sept coupes contenant les pires calamités furent déversées ici, et il ne semble pas qu'un nouveau monde ait vu le jour. C'est que l'avènement d'un autre monde prend du temps. Sans doute. Ceux qui vivent là auraient bien besoin de l'onction des millionnaires, mais ils n'ont rien à sacrifier, que leur vie. Quand même ils seraient prêts à en faire l'offrande, il n'est pas dit que *La Porte Ouverte du Paradis* ne referme pas ses grilles sur leur face émaciée. Je progresse prudemment en me demandant comment tu faisais pour rentrer propre chez nous, après tes rares visites aux tiens. Tu nous revenais aussi bien enveloppée dans les effluves de *Shalimar* qu'au moment où tu nous avais quittés. Tes escarpins non plus ne portaient aucune marque.

J'atteins la bicoque qui n'était qu'un point au loin. Trois gros parpaings s'enfoncent dans la vase, qui forment un marchepied vers des planches qu'on a jetées là, tout autour de l'habitation. Cette plate-forme sèche semble complètement incongrue, comme un îlot paisible au milieu des eaux troubles. Sans m'inquiéter de rien, je grimpe sur les planches. La maison donne le dos à la vase malodorante. Il faut en faire le tour, pour atteindre l'entrée. De l'autre côté, c'est sec. Une cour soigneusement balayée précède un petit potager. Des robes sont suspendues sur une corde à linge attachée à deux papayers. Une cabane dans le fond doit servir de cuisine. Ce spectacle me surprend autant que celui qui m'a accueillie tout à l'heure. Un instant, je me demande combien de mondes existent dans cette ville de Sombé. Combien de galaxies pour un seul univers. Reprenant mon avancée qui macule la plateforme de bois, je trouve la porte d'entrée, où je tombe nez à nez avec une vieille aux yeux jaunes et aux joues creuses. Elle est en train de verser du sel sur le pas de la porte, d'un geste affirmé qui dessine une croix au-dessus du sol. Elle me dit : *N'avance pas, petite. Je dois conjurer les maléfices du seuil. On ne sait jamais, dans un coin comme celui-ci, ce que les gens peuvent déposer devant ta maison. Ni toi ni moi ne pourrons passer cette porte avant que j'en aie terminé.* Elle achève le saupoudrage et recule en récitant quelque chose que je n'entends pas vraiment. Je la regarde. Elle est petite et sèche. Ses cheveux blancs sont tressés en nattes qui lui courent le long du crâne qu'on aperçoit entre les raies, luisant, parfaitement propre. Je ne l'imaginais pas ainsi, vêtue de cette robe blanche à bretelles et volants, la mine apaisée et le regard certes jaune, mais vif. On ne dirait pas qu'elle a eu douze enfants. Ses incantations achevées, elle me rejoint sur les planches et me sourit : *Alors, à qui es-tu ? Je pensais connaître tous les enfants de ce quartier. Comment se fait-il que je ne t'aie jamais vue ?* Je lui réponds que si elle ne m'a jamais vue, c'est que je ne suis pas d'ici. *Alors, que viens-tu faire là ? Personne ne sait que cet endroit existe.* Je lui dis que je le sais moi, parce que ma mère est née ici. *Ah ? Et qui est donc ta mère ? Ewenji,* lui dis-je. *Je suis la fille d'Ewenji.* Elle se tait et me fixe de ses yeux jaunes qui ressemblent aux tiens, sans ce feu mauvais que j'y ai vu parfois, sans cette fièvre qui ne les quittait pas. Elle me fait signe de ne pas bouger et rentre prestement dans sa bicoque. Tout à coup, mon cœur bat la chamade. C'est seulement maintenant que je me rends compte que je suis bien là, et que cette femme est ma grand-mère.

Elle revient avec une bassine d'eau et se baisse pour me laver les pieds. Ses mains me frottent la peau, me massent la plante et les orteils, comme si j'étais encore un nourrisson dont le corps doit être raffermi à force de soins et d'amour. Elle ne craint pas la souillure qui s'est attachée à mon corps. En un rien de temps, elle m'en débarrasse. Elle me sèche les pieds à l'aide d'une petite serviette immaculée. Lorsqu'elle se lève, nous pleurons toutes les deux en silence. C'est elle qui parle la première : *Je pensais mourir sans jamais te revoir. Viens dans la maison.* Je la suis dans l'unique pièce qui constitue sa demeure, comme il semble que cela soit le cas pour tous ceux qui vivent ici. Dans ce quartier surgi de terre il y a quelques décennies pour tenter de se greffer aux promesses de la grand ville, l'habitat fait de bric et de broc a conservé une architecture rurale. Les matériaux ont changé, mais pas la configuration. Ceux qui s'établirent ici il y a longtemps déjà, n'étaient pas des autochtones de cette plaine côtière du Mboasu. Ils n'étaient pas les fils de l'eau, les descendants des pêcheurs qui régnèrent autrefois sur la Tubé et sur ses environs. C'étaient des paysans venus de l'ouest, du nord, des pays voisins. On leur avait dit qu'on pouvait faire fortune à Sombé, ancien comptoir colonial devenu place forte du commerce dans cette partie de l'Afrique. Ils s'imaginaient que si on avait du cœur on trouvait aisément un emploi au port, au service de quelque marchand. Certains ont dû trouver ce qu'ils cherchaient. Au début. Pour ceux qui les suivirent quelques années plus tard, ce ne fut pas si simple. Les habitants de Sombé ne voulaient plus de ceux qu'ils appelaient *des étrangers*. Des Bantous, mais des *étrangers*. Des gens qui partageaient en grande partie leurs usages et leurs croyances, mais *des étrangers*, parce que l'altérité est parfois tellement proche, parce que l'autre, c'est d'abord celui qui nous ressemble. Les étrangers sont restés ici. Ils n'allaient pas retourner d'où ils étaient venus pour y être raillés. Ils n'allaient pas si vite abandonner l'espoir de s'instruire, de travailler, de vivre dans une vraie maison en dur.

Je regarde autour de moi, la case de ma grand-mère. La pièce est vaste, avec deux fenêtres ouvertes sur le jardin. Le sol est en terre battue, mais il est propre. Un balai fait de nervures de palmes est posé dans un coin. Il y a aussi des jarres et des marmites sur un petit banc de bois. Un gros bidon métallique doit contenir de l'eau et plusieurs nattes roulées ensemble sont adossées au mur du fond. C'est parfaitement ordonné et on ne sent pas l'odeur fétide du dehors. Nous sommes assises face à face sur des bancs. Le mien tangue un peu et je ne sais si c'est parce que je suis un peu nerveuse. Pour masquer mon embarras, je pose une question absurde : *Grand-mère, comment t'appelles-tu ?* Elle rit. Moi aussi. Je lui dis que je m'appelle Musango. Elle répond qu'elle le sait, qu'elle l'a entendu dire, que son nom à elle est : *Rachel. Mais personne ne m'appelle comme cela, ici. Tout le monde m'appelle Mbambè, parce que je suis vieille et que je pourrais être leur grand-mère à tous.* Elle me raconte ce que tu n'as jamais dit à personne. La véritable histoire de ma naissance : *La dernière fois que je t'ai vue, tu étais aussi petite qu'un haricot, et personne ne pensait que tu pousserais si haut un jour. Ewenji avait eu une mauvaise grossesse. Elle avait dû garder le lit durant des mois, pour que tu ne t'échappes pas d'elle. Elle avait si peur de te perdre. Jamais elle n'a voulu révéler qui était l'auteur de tes jours, mais j'ai mon idée là-dessus, à présent que je te vois. En ce temps-là, elle fréquentait deux hommes, espérant se faire épouser de l'un d'eux. Ces deux hommes étaient mariés, mais celui qu'elle aimait avait été quitté par sa femme. C'est celui-là qui t'a élevée. Cependant, c'est à l'autre que tu ressembles.* Elle s'interrompt brièvement pour me demander : *Je ne te choque pas, hein, Musango ? Une petite assez courageuse pour traverser ce marécage afin de venir à ma rencontre peut affronter la vérité...* Je lui dis que oui, je peux entendre la vérité, que je l'ai toujours sue, que ce n'est pas mon père que je cherche. Elle continue : *Ewenji a toujours été une enfant difficile. Depuis le premier jour. Il m'a fallu quarante-huit heures de travail, ici dans cette case, pour la convaincre de se détacher de mes entrailles. Je l'avais déjà portée dix mois ! C'est pour cette bataille menée contre elle afin de l'enfanter que je lui ai donné ce nom : Ewenji*[1]*. Nous n'avons cessé de lutter, elle et moi. Une fois née, elle voulait demeurer sous mes jupes, accrochée à mon pagne, comme pour ne pas voir ce monde dans lequel je l'avais contrainte à venir. Souvent, il m'a fallu la repousser. Je sais que je l'ai blessée, qu'elle avait*

1. *Ewenji*, c'est la lutte, en langue douala.

besoin de plus d'attention, mais elles étaient nombreuses. Je ne pouvais avoir de préférences. J'ai toujours veillé à prendre le même ton, pour prononcer leurs noms. Elles n'ont jamais pu me reprocher de donner plus à l'une qu'aux autres. Ewenji voulait une place à elle, être distinguée.

Elle fait silence un moment, et ses yeux se perdent dans le vague, comme pour contempler le souvenir de ces jours passés. Je lui demande pourquoi elle a eu autant d'enfants. Elle sourit. *Je sais,* me répond-elle, *ce que tu as entendu dire. En général, je ne prends pas la peine de démentir ces ragots... J'ai eu douze filles, il est vrai. Je n'en ai porté que deux. Toutes les autres, je les ai recueillies.* Elle m'explique que seules Epéti et toi êtes de son sang, que votre père est un homme qu'elle a connu tard, alors qu'elle avait trente ans et qu'elle s'était résolue depuis longtemps à vivre sans compagnon. Pour une raison qu'elle ignorait, son cœur s'était soudain emballé. Elle avait eu Epéti et tu étais arrivée par un retour de couches huit mois plus tard. Mbambè avait fait ses adieux à l'homme qui n'acceptait pas d'élever tous ces enfants adoptés. Elle avait enfoui au fond d'elle la mémoire de sa chaleur, et continué de ramasser les petites filles jetées dans les égouts ou abandonnées au coin des rues alors qu'elles étaient encore en âge de téter leur mère. Elle en avait déjà six à la naissance d'Epéti. Jamais elle n'avait fait de différence entre celles qu'elle avait portées et les autres. Tu le lui reprochais. Tu détestais ta sœur Epéti, la seule qui à tes yeux pouvait également prétendre à cet amour inconditionnel que tu réclamais. Vous vous battiez souvent, et de manière interminable. Vos deux corps malingres s'élançaient l'un contre l'autre, dans un fracas de branches sèches. Vous vous liguiez toutes deux contre quiconque voulait vous séparer, farouchement unies dans la défense du lien vénéneux qui vous attachait l'une à l'autre. *Je n'ai eu d'ennuis qu'avec ces deux enfants. D'abord, la maladie : celle qui est dans mon sang et à cause de laquelle je ne voulais pas enfanter, et donc pas connaître d'homme. Ensuite, cette compétition incessante pour attirer mon attention, se démarquer des autres. Epéti avait une autre stratégie que ta mère. Elle ne quémandait pas. Elle travaillait bien en classe, se montrait responsable et se soumettait sans un mot aux règles de la maison. Ainsi, ta mère qui était plus émotive et plus fragile pouvait-elle passer pour la perturbatrice, celle qui rompait l'unité. Parfois, il m'arrivait de les regarder en me demandant quelles parts de moi elles pouvaient bien être, l'une et l'autre. La réponse m'échappe encore.* Je demande à Mbambè ce que sont devenues mes tantes, les dix que je ne connais pas, celles que tu cachais dans la cuisine lorsqu'elles venaient te demander de l'aide. Elle me répond que toutes ont un foyer à présent, et que celles qui ne sont pas mariées vivent dans leur propre case. *Alors, pourquoi venaient-elles demander de l'argent à maman ?* Ma question la fait un peu sursauter. *Je ne crois pas,* me dit-elle, *que toutes aient fait cela. À mon avis, il n'y en a que deux qui aient pu s'y résoudre de temps en temps, lorsque j'étais malade et qu'elles craignaient de me perdre. Aucune ne l'aurait fait pour d'autres raisons. Et si parfois tu les as trouvées méchantes avec ta mère, ce n'était que parce qu'elles souffraient de devoir lui demander quoi que ce soit, à elle qui les détestait tant.* Je soupire et elle aussi. Nous avons chacune nos raisons. Nous sommes assises l'une en face de l'autre et nous faisons connaissance. Elle sait que je te cherche et je sais qu'elle me dira où te trouver. Je lui dis que je suis fatiguée, que j'aimerais bien m'allonger. Elle dit que c'est d'accord, que je mangerai un morceau à mon réveil et que nous continuerons à parler. Elle aura d'ailleurs quelque chose à me montrer. Elle se lève et déroule les nombreuses nattes assemblées et adossées à un mur. Elle en choisit une petite pour moi et rassemble à nouveau les autres. Je lui demande pourquoi elle en a autant, puisqu'elle vit seule désormais. *Parfois,* dit-elle, *j'accueille des personnes sans abri. D'autres fois, mes filles et leurs enfants viennent me dorloter un peu. Ta mère est venue souvent, mais pas vraiment pour me cajoler.*

Mon cœur bat un peu plus vite lorsqu'elle prononce ces paroles, mais je ne dis rien. Je ne lui demande pas si tu es en vie, où tu es, comment tu vas, si tu m'as cherchée, si je t'ai manqué, si je te manque encore. Elle étend pour moi la petite natte de raphia bordée de motifs rouges et verts. Je m'allonge. Elle me recouvre d'un pagne qui sent le savon végétal avec lequel on l'a lavé. Mes yeux se ferment alors qu'elle se rassied. Je suis dans la maison d'Embényolo, où il n'était pas question que tu passes tes jours. J'ai une grand-mère qui dit que je suis chez moi et qui chante pour m'endormir. Elle chante un vieux conte, une de ces histoires qui se passent dans la brousse et dans lesquelles les animaux parlent. C'est la première fois qu'on chante pour moi. J'ai eu des jouets à la pelle. J'ai eu des atlas, des dictionnaires, des encyclopédies, et même une bible illustrée. Papa s'est assis près de moi à la nuit tombée pour me lire *Le Spectre des Canterville* d'Oscar Wilde, mais il n'a jamais chanté. Je m'endors en oubliant ce qu'il y a au-dehors, cette mélasse gluante au sol, cette puanteur dans l'air, comme si Nyambey avait mauvaise haleine. Ici, cela sent seulement la terre et le savon végétal. Je suis une petite fille. Il a fallu marcher si longtemps, pour enlacer ne serait-ce qu'un instant, la silhouette de mon enfance... Lorsque je m'éveillerai, je serai de nouveau comme les autres. Mon enfance aura été hachurée, j'aurai trop vite mûri, je ne saurai pas comment y retourner et ne pourrai peut-être jamais me le permettre. Alors, je me recroqueville sur la natte. Mon corps en chien de fusil tente d'emprisonner les sensations de l'enfance, pour s'en souvenir lorsqu'il faudra de nouveau prendre la route et qu'il fera mauvais temps. Mbambè s'approche, alors que le sommeil m'attire doucement vers des contrées merveilleuses qu'il ne m'avait jamais montrées. Elle se penche, et puisque les bises ne sont pas notre usage, elle frotte son front contre le mien et me laisse l'odeur de sa peau.

Je me réveille à l'heure où la nuit tient la rampe pour monter sur les planches, comme une prima donna tonitruante et autoritaire, afin d'en déloger le jour qui a épuisé le temps imparti à ses péroraisons. Le moment est venu maintenant d'un récital ombrageux, où bruissent des créatures souveraines à cette heure, qu'elles soient visibles ou non. La nuit porte un long manteau dont la couleur change à chaque enjambée, et en deux minutes ou moins, le ciel passe du bleu sombre au noir profond, après que le soleil a exhalé quelques brefs soupirs mauves et orangés. Mbambè est assise devant la maison. Elle a sorti un banc pour s'installer face à un petit foyer. Les braises sont d'un rouge ardent, constant, cependant que des flammes s'élèvent gracieusement vers une grille de métal, pour caresser de longs épis de maïs. Mbambè se retourne en entendant mes pas. Elle sourit : *Tu as dormi longtemps.* D'une main agile, elle évente le maïs et les morceaux de charbon noir qui n'avaient pas encore pris feu s'embrasent d'un coup, pour donner naissance à des flammèches légères qui viennent soutenir celles qui vacillent. Le feu tremble, mais il tient. Des étincelles s'en échappent, qui s'en vont échouer au sol, non loin de là. Elles forment une constellation rousse qui clignote un temps avant de disparaître, nous laissant le souvenir d'une beauté qui ne se renouvellera pas. Il y aura d'autres nuits au coin du feu, d'autres émerveillements, et la mémoire de celui-là. Une trace mémorielle vaut bien toutes les autres. Ce qui vit n'est pas seulement ce qu'on peut voir. C'est tout ce qu'on conserve. Tout ce qu'on chérit. Tout ce qu'on se rappelle. Ce qui s'en est allé, mais qu'on peut convoquer à l'envi, pour se régénérer. J'ai dormi longtemps, mère. Et je dormais encore, alors que je marchais. Alors que je faisais sauter les verrous de mes chaînes, alors que je cheminais le long de la folie des hommes en quête de ma voie, je dormais encore. Alors qu'il me fallait quitter ceux qui m'avaient trouvée parce que ma place n'était pas parmi eux, je n'avais qu'à peine entrouvert les yeux. Je les ouvre à présent, et je vois. Ici, c'est la ville que je ne connaissais pas. C'est le pays désolé dont on ne parle pas, où les fous de Dieu ne viennent pas prêcher le repentir et la fin de tout. Et c'est ici que se trouve La Maison. C'est bien parce que c'est La Maison, que la porte en est ouverte aux errants.

Je les imagine. Ils ont marché tout le jour. Ils ont été chassés. Ils ont dû s'enfuir. Ils font un long voyage et ont besoin d'une halte où on ne leur demande rien d'autre que de bien vouloir prendre place. C'est ce qu'ils font. Tous. Lui aussi. Le seul qui soit ici ce soir.

J'ai dormi longtemps et il a dû en avoir un peu assez de m'attendre. M'a-t-il suivie jusqu'ici, ou connaissait-il La Maison ? Je n'aurai pas à le lui demander. Il rompt le silence et apostrophe : *Mbambè, tu la connais, cette petite prétentieuse ?* C'est de moi qu'il parle. Je continue de manger mon maïs, plongeant mes yeux dans les siens. Elle dit : *C'est Musango, ma petite-fille. Elle est venue me rendre visite et j'espère bien qu'elle restera. Pourquoi la traites-tu de prétentieuse ?* Il hausse les épaules et soupire : *Parce que je l'ai déjà vue marcher dans les rues de Sombé, le nez en l'air et pleine d'elle-même. On dirait qu'à la différence de nous tous, elle n'a pas été baptisée avec l'eau des caniveaux !* Mbambè rit, et sa voix est si douce... Elle dit : *Ni elle ni toi n'avez été baptisés avec l'eau des caniveaux, mon petit. Vous allez seulement venir au monde.* Il se tait. Il mange son maïs en me regardant, et jette l'épi au loin une fois qu'il a fini. Mbambè lui tend un bout de canne à sucre qu'il épluche avec les dents. Ensuite, il en mâche les fibres avant de les recracher sèches, débarrassées de tout leur jus. Il n'a pas de manières. Je l'aime bien. Je pense à cette dame morte de n'avoir pas trouvé Kunta Kinté. Il ne fallait pas le chercher dans les villas de Sombé, derrière ces hauts murs d'enceinte qui n'abritent qu'un monde faisandé. C'est dans la rue, et même sur le bas-côté, que j'ai trouvé Kunta Kinté. Demain, je lui raconterai mon histoire. En attendant, je le regarde me regarder. Mbambè rit encore. Elle dit que c'est à peine croyable, de voir autant d'orgueil chez des enfants. Puis, s'adressant à moi, elle ajoute : *Musango, je te présente Mbalè. Je vois que vous vous entendez bien !* C'est la première fois que je m'entends bien avec quelqu'un, que j'ai envie qu'on me connaisse.

Au point du jour, un coq chante. Je me réveille et Mbalè dort encore, la tête enfouie au creux d'un bras qu'il a agité une bonne partie de la nuit, comme pour chasser une nuée de mouches invisibles. Je crois l'avoir vu quitter la case à un moment donné, alors que le sommeil découvrait pour moi les figures insoupçonnées qui nous promettent des lendemains. Où a-t-il pu se rendre, au lieu de faire comme moi des songes illuminés ? Il me dira son histoire. Plus tard. Je sors de la maison et Mbambè est là. Je lui demande si avant de s'asseoir devant la case, elle nous a préservés *des maléfices du seuil.* Elle dit que oui, bien entendu, et qu'elle me prie de ne pas rire de ces choses. Elle répète le rituel chaque fois que la porte de la maison est demeurée fermée plus de trois heures et que quelqu'un a pu déposer sur le seuil sa rancœur et son impuissance. Elle me prend par la main et me dit : *Nous attendrons Mbalè, pour manger. Viens, je dois te montrer quelque chose.* Elle m'entraîne au fond du jardin. Derrière les cordes à linge suspendues à des papayers, il y a un champ de maïs. Il y a aussi un petit potager où poussent des tomates rouges, des plants d'arachide et des tubercules. Il y a encore un bananier. Un seul. Il porte sous les feuilles un minuscule régime de bananes, qui pendra bientôt jusqu'au tronc. Grand-mère me dit : *Voici l'arbre sous lequel nous avons enterré le placenta et le cordon ombilical de ta naissance. Bientôt, nous en mangerons les fruits. Cela fait douze ans qu'il est là, et c'est la première fois qu'il porte des bananes.* Tout passe, mère, tu vois. Je sais que je n'aime plus les fruits à pépins. Désormais, je mangerai des bananes, un point c'est tout. Une joie indicible me gonfle la poitrine parce que cet arbre vit, parce que pendant toutes ces années une vieille femme a pensé à moi tous les jours. Chaque fois qu'elle a marché dans ce jardin, elle a pensé à moi. Mbambè me tient la main et me raconte : *Tu es née au mois de mars, à cette heure-ci, la première heure du soleil. Tu étais si petite que nous ne pensions pas que tu vivrais. D'ailleurs, il n'était pas encore temps. Tu es née avant terme. Ewenji est restée ici, avec Epéti, ses autres sœurs et moi-même. Nous avons attendu quelques jours pour voir si tu résistais. Un matin, ta mère t'a prise dans ses bras. Elle est partie en disant qu'elle voulait faire une promenade. Je ne l'ai revue que deux ans plus tard...*

Alors, tu t'étais enfuie pour rejoindre papa, t'accrochant à ta progéniture comme à une bouée de sauvetage, poursuivant ton rêve d'être distinguée, élue. Tu avais trouvé la maison où il ne t'avait jamais invitée, se contentant de chambres d'hôtel pour abriter vos ébats. Tu as dit : *C'est ta fille.* Et tu t'es installée. Il t'a laissée faire. Il s'ennuyait. Tu as tourné le dos à la case aux quatre vents, la maison trop grande ouverte où on ne t'avait pas couronnée des brillants que tu espérais. Tu as ruminé ton ressentiment durant deux longues années, avant de venir dire à ma grand-mère que je vivais, que j'allais bien, que je t'avais d'ailleurs dévoré les seins. Mbambè t'a reproché ton départ. Ce qui l'attristait surtout, c'était que tu te sois enfuie au moment où elle devait prendre soin de moi, afin que tu regagnes la couche de ton époux. *De toute façon,* dit Grand-mère en faisant la moue, *il n'était pas son mari. Je ne parle pas du mariage qui s'écrit sur les papiers, à la mairie. Je parle du vrai mariage, celui qui prend le temps de savoir qui est l'autre, afin que les cœurs s'unissent. Cet homme n'est jamais venu ici me saluer. Je ne l'ai aperçu que par hasard, un jour que je voulais parler à ta mère. Ils ne m'ont pas ouvert.* Elle se tait. Je regarde alentour la terre que ne recouvre pas la glue qu'on voit de l'autre côté. J'aperçois des sentiers bordés de buissons sauvages et de touffes d'herbe drue. Je demande où mènent ces chemins. Mbambè me dit qu'ils vont partout où on peut vouloir se rendre. Elle ajoute que Mbalè me montrera comment regagner le centre de la ville sans me salir. *Tu as bien vu qu'il avait les pieds secs en arrivant hier soir ? Il connaît le chemin.* Comme nous parlons de lui, il apparaît, le visage froissé et l'œil rouge. Il marmonne un bonjour encore ensommeillé. Mbambè lui dit qu'il aurait pu dormir encore un peu, s'il en avait envie. *Tu sais,* dit-elle, *le petit déjeuner ne s'enfuira pas. Il ne peut pas s'échapper tout seul de la marmite... Ah, Mbambè,* lui répond-il, *ne me provoque pas. Ce n'est pas la faim qui m'a réveillé. C'est tout ce raffut que vous faites toutes les deux.* Une lueur malicieuse égaie les yeux encore rouges de Mbalè. Je vois qu'ils s'apprécient, qu'ils ont l'un pour l'autre une affection pudique. Grand-mère lui dit : *Puisque tu es debout, tu nous serviras le repas comme d'habitude ?* Il écarquille les yeux : *C'est qui, nous ? Mais nous trois, voyons,* répond Grand-mère. *Tu le sers bien quand nous ne sommes que deux,* ajoute-t-elle, faussement boudeuse. *Oui,* concède-t-il, *mais lorsqu'il y a des filles, ce sont elles qui servent. Je peux lui expliquer,* dit-il en me regardant, *ce n'est pas difficile.* Mbambè fait mine de se fâcher : *Musango vient seulement d'arriver et je ne veux pas la faire travailler. Puisque tu refuses de me faire plaisir, je servirai moi-même la bouillie...* À ces mots, il capitule en se plaignant à voix haute on n'a jamais vu ça, un homme contraint à faire le *boy* pour une fille qui n'a même pas encore de poitrine. Il dit que j'aurais pu insister pour prendre ma part des tâches ménagères, mais que bien sûr je suis trop prétentieuse. Je le regarde se diriger vers la cuisine, une petite case en tôle derrière le potager. Il a les mollets aussi secs que des morceaux de pain abandonnés au soleil, aussi durs que les rochers de granit qui bordent la Tubé. Je ris intérieurement. C'est un gentil garçon.

Il revient et nous trouve assises dans la maison. D'une main, il tient fermement l'anse de la marmite contenant la bouillie de manioc. L'autre enserre trois écuelles d'émail. Il pose au sol la marmite et nous tend nos écuelles. Il nous dit de patienter un moment, qu'il n'a que deux mains et qu'il s'en va à présent chercher les couverts. Très vite, nous le voyons revenir avec le nécessaire pour servir et manger. D'un geste solennel, il sert d'abord Mbambè. Ensuite, c'est mon tour. Je vois qu'il rechignait pour la forme, que cela ne le dérange aucunement de remplir ma gamelle. Il se sert en dernier. Alors que je m'apprête à porter à la bouche une cuillerée de bouillie, il s'exclame : *Ne te jette donc pas comme ça sur ton assiette ! Il faut remercier Mbambè d'avoir préparé ce repas et de bien vouloir le partager avec nous.* Je lui dis qu'elle sait que je la remercie. Il me demande comment elle peut savoir ce que je ne dis pas. Je le toise du regard, avant de commencer à manger. Nous aurons l'occasion de nous disputer plus tard. C'est d'ailleurs ce que dit Mbambè. Elle ajoute : *Mbalè, dis-moi plutôt si tu l'as vue hier.* Le visage soudain grave, il répond : *Oui. Elle va bien. Je l'ai surveillée une partie de la nuit. Elle est entrée dans le cimetière, mais elle ne s'est dirigée vers aucune tombe en particulier. Elle est seulement restée là, comme quelqu'un qui cherche son chemin mais qui n'arrive à s'engager sur aucune voie. Avant, elle restait à l'entrée. Cela fait quelques jours qu'elle passe la grille, qu'elle fait quelques pas et qu'elle se tient ensuite immobile pendant des heures. Je te parie que* les travailleurs du clair de lune *la prennent pour un fantôme. Plus personne ne vient profaner les tombes, depuis qu'elle se tient debout, dos tourné à la rue.* Grand-mère hoche la tête et dit : *C'est bien, je te remercie. Sais-tu d'où elle vient lorsqu'elle arrive au cimetière ?* Toujours aussi sérieusement, il lui répond que oui, qu'un de ses copains *la* suit dans la journée. En ce moment, *elle* habite une petite maison délabrée, dans un quartier de Sombé. Avant, c'était une voyante du nom de Sésé qui vivait là. *Elle* l'a délogée. D'après les voisins, *elle* l'a défigurée à coups de manche à balai, et si on ne l'avait pas retenue, *elle* l'aurait tuée avec une pierre à écraser. Je comprends que c'est de toi qu'il s'agit. Je n'ai plus faim. Je ne dis rien. L'heure approche, et plus vite que je ne le crois. Grand-mère soupire : *Cette nuit, tu emmèneras Musango avec toi. C'est sa mère.* Il me regarde. Son espièglerie et sa feinte muflerie l'ont quitté. Je vois que ses yeux m'interrogent et compatissent. Il finit de manger, avant que ce soit froid.

J'attends la nuit. Mbalè s'en est allé rejoindre ses amis. Grand-mère dit qu'il devrait retourner à l'école, au lieu de perdre son temps de cette façon. Mais il n'ose pas. Il dit qu'il a passé son tour pour ces choses-là, que la rue lui a désappris la subordination. Il ne se voit pas assis entre quatre murs, à écouter des fables et des leçons de géographie. Elle espère encore le convaincre de faire des études. Il faudra de la patience et de la détermination, pour le persuader de ne pas tenter la traversée du désert. *Tout le monde ne peut pas* faire l'Europe *pendant que le pays se désagrège,* dit-elle. *Ils s'en vont pour avoir ce qui leur manque ici, sans se dire que ce qu'on est a plus de valeur que ce qu'on possède. Là où ils vont, ils ne sont rien pour personne. C'est ici que leur nom signifie quelque chose.* Grand-mère est triste. Elle dit que depuis un moment cette terre ne sait plus aimer ses enfants, mais que ce n'est pas une raison pour l'abandonner. Elle me regarde dans les yeux : *Toi, tu cherches bien ta mère malgré tout. Il vaut mieux veiller la mère malade et pauvre qui ne vous reconnaît plus, plutôt que se prosterner aux pieds d'une riche marâtre qui n'a que haine et mépris...* Elle espère qu'il comprendra, qu'il épousera la signification de son nom [1], comme je l'ai fait avec le mien. Elle dit que papa aura au moins fait quelque chose de bien dans sa vie, en me choisissant ce nom-là. Nommer un être, c'est le définir, lui indiquer une direction. On est le nom qu'on porte, et il ne faut pas vivre là où ce nom n'est rien, là où sa vibration est étouffée. Grand-mère affirme qu'elle ne s'en fait plus tellement pour Mbalè, qu'il m'a maintenant pour lui dire qui il est. Comme je lui réponds que je ne vois pas comment je pourrais accomplir cela puisque je le connais à peine, elle déclare que je me trompe. *Tu le connais bien et vous aurez besoin l'un de l'autre. Ce sera à toi de discipliner ton orgueil, sinon vous gâcherez ce qui vous a été donné.* Je ne dis rien. Peut-être qu'elle a raison, après tout. La pensée m'effleure du moment où il me faudra retourner à l'école, parmi des enfants ordinaires. Ils ne pourront pas, aussi bien que Mbalè, comprendre ce que je suis. Je n'aurai pas envie de leur raconter mon histoire. Alors, peut-être que Mbambè a raison. La nuit se fait attendre, et ce n'est pas son genre. Aujourd'hui, elle laisse le jour s'épuiser tout seul. Nous le voyons clignoter, puis mourir sur la voûte céleste.

---

1. *Mbalè*, c'est la vérité, en langue douala.

La nuit tombe alors d'un coup, comme une vague noire se jetant en silence sur le monde. Nous sommes assises devant la maison. Comme Grand-mère allume une lampe tempête et qu'elle se rend dans la cuisine pour chercher son petit brasero plein de charbon de bois, Mbalè apparaît. Soudain, il est devant moi et je me demande quel sentier il a emprunté. Il ne dit rien et me fixe des yeux. Pour dissimuler mon trouble, je lui demande à quelle heure nous partirons. Son silence me semble durer une éternité, puis il répond à voix basse que rien ne presse. Il me conseille même de dormir un peu. Nous nous en irons assez tard, ne précédant que de quelques heures le lever du jour. Il ajoute : *Ne t'en fais pas, elle y sera encore. Mes amis la surveilleront pour moi cette nuit.* Je le remercie sans trop savoir quel effet la nouvelle de nos retrouvailles produit sur moi. On dirait que je quitte ma geôle après des siècles d'enfermement : le cachot était obscur et bas de plafond. À la rencontre du jour, la lumière m'éblouit et mon corps ankylosé ne sait plus se mouvoir. Je m'écroule. Cette liberté retrouvée m'effraie. Lorsque je t'aurai vue, une fois que j'aurai dit les mots d'amour que tu n'attends pas, qu'adviendra-t-il ? Je me suis figuré qu'il me fallait faire cela pour envisager ma vie, qu'il me serait impossible d'être au monde sans plus rien savoir de toi. Revoir ton visage et vivre enfin. À présent, je ne sais plus. Je me dis seulement que puisque je suis là, puisque tout est arrangé... Grand-mère revient avec le foyer. Mbalè se précipite pour l'aider, non sans m'avoir lancé un regard noir. Il a raison, évidemment. Ce n'est pas l'avis de Mbambè, qui lui dit : *Musango est encore mon invitée. Quand elle me dira que cette maison est la sienne et qu'elle veut bien y demeurer, alors elle fera ses corvées.* Elle nous sourit à tous les deux :

Asseyez-vous là, mes enfants. Je vais vous raconter une histoire. Tandis qu'elle parle, elle pose le brasero et le sac chargé d'épis de maïs qu'elle porte à l'épaule. Ce soir, il y a aussi une belle brassée de *saos,* ces petits fruits violacés qu'on fait griller et qu'on retire du feu lorsque leur chair grasse bien chauffée en fait craquer la peau. Ils sont un peu acides, mais loin d'être dédaignée ou camouflée, cette saveur est très prisée. Les *saos* ne se sucrent pas et on les sale à peine.

Grand-mère fait flamber les braises et pose sur le foyer la grille de métal noircie par l'usage. Elle attend que le feu baisse, pour poser le maïs et les *saos.* Nous la regardons faire en silence, attendant le début de l'histoire promise. Sa tâche achevée, elle se redresse et s'installe plus confortablement sur son banc. Elle se plaint de ses reins qui la font horriblement souffrir, se masse un peu les mollets qu'elle dit las de porter son corps jour après jour. Nous savons que rien de tout cela n'est vrai, que c'est seulement sa manière de s'assurer notre attention et de nous faire languir. Elle exhale un long soupir, comme si le conte n'allait décidément pas pouvoir sortir de ces chairs flétries. Enfin, elle lance : *Enguinguilayé*[1] *!* Nous répondons vivement : *Ewésé !* La réponse doit être aussi vive que l'appel du conteur, afin de témoigner de la qualité d'écoute de l'assistance. Nous sommes tout ouïe. Elle commence : *D'autres sont venus ici, il y a bien*

---

1. *Enguinguilayé* est un appel que lance le conteur, chez les Doualas du Cameroun. Il est répété à intervalles réguliers, pour vérifier que l'auditoire écoute bien. Le public ainsi interpellé répond : *Ewésé.* C'est un peu comme le *Yé Krik* (appel) *Yé Krak* (réponse) des Antillais. Cela fait partie des choses qui ne se traduisent pas.

longtemps, nous raconter le monde à leur façon. Enguinguilayé ! Nous répondons d'une seule voix : *Ewésé !* Grand-mère hoche la tête pour saluer notre vigilance et continue : *Éblouis par ce qu'ils possédaient, nous avons oublié qui nous étions. Enguinguilayé ! Ewésé,* font nos voix impatientes de connaître la suite. Nous savons que nous sommes ici pour un moment, que la parole de l'ancienne empruntera les voies les plus sinueuses, les plus jonchées d'obstacles, pour en venir à la chute, à la morale. Ici, les contes ne servent pas à endormir, mais à éveiller. Ce sont des leçons de vie, destinées aux petits comme aux grands. Grand-mère prend le temps de retourner les *saos,* d'éventer quelques épis lents à dorer, et même d'envoyer Mbalè chercher une assiette pour poser tout cela. Elle se traite d'étourdie, prétend qu'elle n'y a pas pensé, qu'elle n'a plus de tête à son âge. Mbalè regagne le fond de la cour à la vitesse d'une fusée et revient moins de trente secondes plus tard, essoufflé. Il tient trois assiettes. Mbambè l'interroge du regard. Il lui dit : *Je n'ai pas encore ton âge, mais je connais bien des tours. Je les apporte toutes pour que tu ne m'envoies plus à la cuisine. J'ai pris de l'eau aussi. Nous n'avons besoin de rien d'autre.* Grand-mère hausse les épaules et feint la contrariété : *Tu me fais perdre le fil de mes propos, avec tes bêtises. Où en étais-je ?*

Nous nous empressons de lui résumer ce qu'elle a dit jusque-là, Mbalè terminant mes phrases, et moi ponctuant les siennes d'inutiles *exactement* et *oui, c'est bien ce que tu as dit*. Plus tard, dans très longtemps, nous nous souviendrons de ce soir, et de la finesse de cette vieille femme pour nous rapprocher. Alors que nous parlons, elle sourit intérieurement en songeant qu'elle a raison de penser que nous allons bien ensemble. Suspendus à ses lèvres, nous ne voyons pas comment nous sommes assis l'un près de l'autre sur la plate-forme de bois par laquelle on accède à la maison de Grand-mère. Nous n'avons plus d'orgueil, et lorsqu'elle tend un épi de maïs doré à Mbalè, il le casse en deux parts égales. Il m'en donne un bout comme il le ferait avec un frère. Nous mâchons comme des damnés, comme s'il s'agissait à la fois du premier repas depuis des siècles, et du dernier avant longtemps. Elle nous regarde sans en avoir l'air, et nous ne remarquons pas sa mine réjouie. Elle dit doucement : *Heureusement que vous êtes là, pour vous rappeler les paroles de ma bouche quand ma tête les oublie. D'autres sont venus, disais-je. S'ils ont jadis creusé des routes, c'était pour accéder à chaque millimètre de terrain dont il y avait quelque chose à tirer. S'ils ont soigné nos maux, c'était parce que nous devions être forts pour travailler. S'ils ont bâti des écoles, c'était pour nous apprendre à ne plus nous aimer, et à oublier le nom de nos ancêtres. Ils ne voulaient pas seulement notre terre et notre sueur. Il leur fallait notre âme. Enguinguilayé !* lance-t-elle alors que, plongés dans le flot du verbe, nous commençons à nous laisser porter. Il nous faut répondre : *Ewésé !* Ravie de ses ruses, elle cache mal son envie de rire. Puis, elle reprend avec pondération le cours de son histoire. Grand-mère affirme que l'âme des peuples ne se dérobe pas ainsi. Quand même ils seraient prêts à la donner, elle se rebiffe, elle mord. Elle fait comme elle peut valoir ses droits. Mbambè ajoute : *C'est parce que cette âme n'est pas morte que je veux vous dire de n'avoir aucune haine. La colère est une illusion. Elle n'a rien à voir avec la force qu'elle simule mal. Ce que vous devez faire pour épouser les contours du jour qui vient, c'est vous souvenir de ce que vous êtes, le célébrer et l'inscrire dans la durée. Ce que vous êtes, ce n'est pas seulement ce qui s'est passé, mais ce que vous ferez. Si la paix, qui est aussi l'amour, s'allie à la vérité, qui est une autre figure de la justice, ce que vous accomplirez sera grand. Enguinguilayé,* crie Grand-mère. Nous répondons en chœur : *Ewésé !*

Lorsque Nyambey, le créateur du ciel, de la terre et des abîmes façonna l'Homme, ce n'est pas homme et femme qu'il les créa. Il fit seulement l'humain, et l'investit des principes masculin et féminin. À cette créature qu'Il avait faite pour lui tenir compagnie dans le vaste univers où il tournoyait seul avec lui-même, il donna la terre. Chacun avait ainsi son espace où régner. En ces temps bénis, Nyambey conversait à voix haute avec Sa créature, et ne se dérobait pas à sa vue. Pendant longtemps, tout se passa bien. Et puis, l'Homme s'enivra. Le pouvoir qui lui avait été donné sur les choses de ce monde lui monta à la tête. Il lui prit le désir de dominer, de violenter et d'asservir ce avec quoi il était supposé faire corps. Alors, il se fractura. Il rompit son unité, et c'est ainsi que l'homme et la femme naquirent. Séparés, les principes commencèrent de s'affronter, chacun prenant à tour de rôle la haute main, chacun définissant l'autre et lui assignant une place conformément à cette définition. De cette fracture originelle, surgirent les guerres et les inimitiés entre les peuples. Cette rupture de l'unité se traduisit bientôt dans tout ce qui était ici-bas, et la terre elle-même se mit à craquer de toutes parts, pour enfanter mille nations là où il n'y en avait qu'une. Enguingui... Ewésé ! Comme nous répondons avant qu'elle ait prononcé entièrement la formule d'appel, Mbambè s'offusque en riant de notre impatience. Elle dit que nous trichons, que nous ne respectons pas la tradition, qu'il faut lui laisser encore un temps les honneurs dus à son rang de maîtresse de la parole. Notre heure viendra plus vite que nous le pensons, et qu'aurons-nous à dire si nous n'avons rien écouté ? Le genre humain est un, c'est ce qu'affirme cette vieille femme qui n'a vu du monde que cette plaine côtière du Mboasu. Elle nous rappelle que le signe de croix qu'elle esquisse au-dessus du sol pour chasser le mal n'est pas celui qu'ont apporté ceux qui vinrent autrefois, mais le nôtre : *Par ce geste, c'est la totalité dispersée de l'Homme que nous rassemblons symboliquement. C'est le point de jonction entre les forces écartelées que nous formons.* Grand-mère nous dit qu'il est possible de recréer l'unité perdue des hommes, mais que pour y parvenir, c'est en nous-mêmes qu'il faut la réhabiliter. Nous devons faire résonner la vibration de notre nom, car elle contient le sens de notre mission sur terre. Nous devons faire la paix dans nos cœurs, pour que nos yeux s'ouvrent sur la vérité. *C'est du plus petit que part le plus grand, comme la minuscule graine qui donne naissance à un arbre dont le feuillage peut s'étendre d'une rive à l'autre de la Tubé.*

Nous avons mangé, sans nous en apercevoir, tout le maïs et tous les *saos*. Grand-mère nous laisse à méditer cette énigme du plus petit qui construit le plus grand. Nous y penserons souvent, et la comprendrons lorsque viendra l'heure d'en appliquer la leçon. Mbalè m'invite au repos, comme il me l'avait proposé. Je ne dors pas et lui non plus. Dans un coin de la case, Mbambè ronfle comme un vieux moteur. C'est le bruit familier et rassurant de ces vieilles choses qui ne vous lâchent jamais. Elles ont bien des bosses et des fissures, mais elles ronronnent encore comme il faut. Bien après le milieu de la nuit, alors qu'il ne reste que quelques heures avant le lever du jour, nous quittons la maison. Les sentiers qui partent d'Embényolo vers le cœur de Sombé sont légion, et Mbalè les connaît tous. Nous avançons côte à côte, d'abord sans nous dire un mot. Et puis, parce qu'il me sent préoccupée, il me demande d'un ton enjoué ce que je voudrais faire plus tard. Je lui dis que je voudrais fabriquer des figurines. Des grandes et des petites. Elles raconteraient des histoires, et les gens voudraient les avoir chez eux pour écouter en silence leurs secrets. Il pourrait même y en avoir dans la ville, des figures qui diraient ce qu'une abondance de paroles exprime mal. Il rit aux éclats. Ce n'est pas un métier, de créer des poupées. Et puis, cela n'a rien d'original ! Il s'imaginait qu'une petite prétentieuse telle que moi voudrait travailler dans un bureau, à écrire sur des papiers et à tapoter sur le clavier d'un ordinateur. Je lui dis que ma prétention place ses lubies ailleurs. Et puis, au lieu de s'esclaffer comme il le fait, est-ce qu'il pourrait me dire comment il envisage de remplir ses journées ? Il cesse de rire et bombe son maigre torse. Des affaires, bien entendu. Il fera des affaires. Par-delà les mers, il fera fortune et son nom sera connu sur une étendue si vaste que jamais le soleil ne s'y couchera. Un peu comme le nom d'Al Capone. *Je parie,* me dit-il, *que tu ne sais même pas qui c'est. En tout cas, je sais comment il a fini !* Ma réponse l'amuse, et comme la nuit commence à cligner de l'œil, j'aperçois une lueur d'espièglerie dans le fond de ses yeux. Il aime bien me faire tourner en bourrique, me regarder faire des efforts pour ne pas me fâcher. Il le reconnaît à sa manière : *Tes narines vont finir par s'envoler à force de frémir, si tu te contiens quand je te pique un peu.*

Explose donc ! Tu crois que je ne vois pas le piment que tu caches sous tes airs de princesse ? Je hausse les épaules, pour dire que je ne vois pas de quoi il parle. Nous approchons du cimetière, et je n'ai pas pensé à toi. Mbalè a tout fait pour m'éviter ce grand tremblement qui s'empare à présent de moi, et qui m'aurait peut-être fait rebrousser chemin.

Nous sommes en plein centre-ville. Le cimetière se trouve en face de la vieille cathédrale de Sombé, depuis longtemps désertée par ses ouailles. Le dieu qu'on y prie a démontré l'impuissance de ses pouvoirs et d'autres illusionnistes ont pris sa place. Un vieux prêtre boiteux, qui avait fait la guerre en Indochine avant d'échouer sur ce continent où l'Église disait qu'il n'y avait que des animaux bipèdes et quadrupèdes, attend derrière les murs lézardés la fin de son ministère. Tous les Blancs ne sont pas égaux devant le Noir, en ce millénaire naissant. Ceux qui ont maintenant le vent en poupe organisent des loteries pour emmener les gens dans leur paradis et donnent des hamburgers aux affamés. Ils ont des billets verts et des ministres noirs. Le technicolor est leur credo et leur hameçon. On se laisse volontiers prendre. Après tout, ce ne sont pas ces Blancs-là qui ont laissé en Afrique une monnaie de singe qui porte encore leur nom. Les amis de Mbalè apparaissent un à un. Certains sortent du jardin de la cathédrale. Je ne saurais dire avec exactitude d'où viennent les autres. Étaient-ils perchés dans les arbres alentour, cachés derrière une pierre tombale ? Ils sont seulement là, et leur compte rendu des événements de la nuit est très précis. Ils savent à quelle heure tu as quitté la maison de la vieille Sésé, que tu habites désormais. Ils disent quel chemin tu as pris, vêtue de ta robe bleue, pour arriver jusqu'ici. Tu tenais une pelle, la laissant racler bruyamment le sol cependant que tu avançais. Tu es entrée dans le cimetière et t'es tenue debout sans te diriger vers aucune tombe. Comme un seul homme, ils étendent le bras pour montrer où tu es. Je te vois. De dos. Ton chignon n'est qu'une petite touffe sur le haut de ton crâne. Tes épaules tombent un peu, sous le poids du mystère qui te fait venir là chaque nuit depuis des semaines. Alors que je m'approche, tu te mets à marcher. Tu ne te retournes pas. Tu ne m'entends pas. Je ne t'appelle pas. Je te suis. Mbalè marche derrière moi. Contrairement à l'habitude, il n'a pas donné congé à ses camarades. Il les a priés de nous attendre dehors, de nous rejoindre si nous n'étions pas revenus au bout d'un temps déterminé. Ils ont accepté. Tu marches. Je te suis. Le soleil ne s'est pas encore levé, mais en dépit de l'obscurité, c'est sans hésitation que tu poursuis ta route. Les allées entre les tombes ne sont pas rectilignes et certaines ont disparu, ensevelies par de longues touffes d'herbe folle. Mbalè marche derrière moi et son souffle retenu guette le danger qui pourrait se manifester de bien des façons dans un lieu comme celui-ci. Je suis contente qu'il soit là. Nous te suivons le long des allées et enjambons comme toi les flaques d'eau. Partout ailleurs, les traces de la dernière pluie se sont presque effacées. Ici, on dirait qu'il vient juste de pleuvoir.

Au bout d'une lente avancée, tu t'arrêtes enfin. Durant un long moment, tu contemples une tombe dont je ne vois pas la couleur. Les derniers rayons de lune ou les premiers du soleil en éclairent la surface lisse. De loin, la pierre ressemble à du métal, et quand après ton recueillement tu donnes un premier coup de pelle, cela fait un bruit de métaux s'entrechoquant. Je m'arrête, ébranlée par le bruit, étonnée de ne m'être pas posé la question de savoir à quoi une pelle pouvait bien te servir. Tu frappes, encore et encore. Ton chignon figé par la laque ou la crasse ne bouge pas. Ton corps s'érige et se replie à une cadence régulière. Bientôt, nous entendons tes ahanements. Je me retourne vers Mbalè, comme s'il pouvait m'expliquer ton étrange comportement. Il ferme les yeux pour me dire de marcher, qu'il reste derrière moi. De là où je me tiens, je ne vois pas ton visage. Il n'y a que ton corps qui se baisse et se relève à intervalles réguliers, cependant que tu tentes désespérément de briser la pierre. Tout à coup, tu te mets à crier : *N'entends-tu pas que je t'appelle ? Tu vas sortir, oui ou non ? Tu peux toujours faire la sourde oreille.* C'est à papa que tu t'adresses. Tu dis son nom. Tu lui demandes de te rendre ce qu'il te doit : la vie entière qu'il t'a volée, tout cet amour que tu lui as donné et qu'il a négligé. Toutes ces années, tu n'as vécu que pour lui plaire. Tu veux ta récompense : une vie, tout de suite. Qu'il sorte de là. Il n'a jamais tenu compte de toi, ne suivant que ses propres choix. Qu'il sorte, à présent. Il ne peut pas rester enfoui là-dessous sans t'avoir fait tenir ton sacrement, sans t'avoir légitimée aux yeux de tous. Il te doit bien une maison. Il te doit bien des honneurs. Il te doit bien la garantie de vieux jours paisibles. Tu frappes. De loin, j'aperçois un éclat luisant qui s'échappe et vole au vent. C'est une première miette de cette pierre tombale dont tu es bien décidée à venir à bout. Ta détermination ne fait aucun doute, mais la roche résiste. La famille a dû choisir du marbre véritable, afin de bâtir à papa une dernière demeure qui dise aux hommes le haut rang de la dépouille qui se décompose là. Il n'y a pas de fleurs. Personne n'est venu ici avant cette nuit. Le mort, visiblement, n'a rien à dire. Il n'y a que toi qui n'en aies pas conscience. C'était avant qu'il fallait exiger, refuser de te conformer sans compensation aux désirs d'un autre. Tu t'es oubliée. Tu n'as plus eu que son vocabulaire pour t'exprimer, tu n'as fréquenté que ses amis qui ne souhaitaient en aucun cas devenir les tiens. Dédaignant ta famille, tu ne fis jamais partie de la sienne. Que veux-tu aujourd'hui, mère, et à qui dois-tu t'en prendre ? Je constate quant à moi que ce n'est pas ta fille que tu cherches. Ce n'est pas pour moi que tu gaspilles tes dernières forces, ridiculement arc-boutée sur des ères révolues. Tu marches à reculons, mère. Il n'y a plus rien, là derrière. Rien qu'une impasse et son silence assourdissant. Même les coups de pelle ne le rompent pas. Le mort t'ignore du fond de sa tombe comme il le fit de son vivant. J'approche. Tu ne m'entends pas.

Alors que ton regard aveugle au monde qui t'entoure fixe la tombe et que tu te redresses pour asséner un coup de plus, je retiens ton bras. Nous avons presque la même taille, à présent. Il ne me semblait pas avoir tellement grandi. Je me suis toujours vue petite, insignifiante. Ce n'était pas moi que je voyais, mais le reflet d'une autre dans tes yeux. C'était ce que tu pensais de toi-même qu'ils me montraient, et je ne le savais pas. D'abord, tu ne comprends pas que la main qui entrave ton geste est bien réelle. Je suis derrière toi, tu ne veux pas me voir. Tu parles encore au mort : *Ah, tu te manifestes ! Je savais que j'aurais raison de toi. Tu ne pensais tout de même pas te cacher là sans fin, et n'avoir jamais de comptes à rendre ?* Quelques gouttes de sueur brillent sur ta nuque, et le souffle te manque un peu. Tu as le crâne pratiquement nu, là où des années durant tu t'es arraché les cheveux. Il ne te reste plus qu'un ridicule chignon tout en haut. Je murmure : *Maman, c'est moi, Musango.* Tu réponds sans te retourner, essayant toujours de te défaire de mon emprise que tu crois venue d'outre-tombe : *Musango est partie. À qui crois-tu jouer un tour ?* Je répète alors : *Maman, c'est moi, Musango. Regarde.* Lâchant le bras que je retenais, je fais quelques pas précautionneux, pour me retrouver sur la tombe. La dernière fois que je suis venue ici, cette pierre n'avait pas encore été posée. C'était le jour de l'enterrement. Le Tout-Sombé était là, vêtu de gabardine noire et de chapeaux de feutre, sous le chaud soleil d'ici. Les dames agitaient élégamment des éventails, pour faire sécher la sueur qui les démaquillait sous leur voilette de dentelle. Les chorales chantaient des cantiques et les pleureuses les relayaient. Il ne s'agissait plus, comme antan, de femmes de la famille sincèrement éplorées par la disparition. C'étaient des inconnues dont on avait loué à prix d'or les compétences lacrymales. Elles pleuraient à l'envi, n'hésitaient pas à se rouler par terre pour un petit supplément. Il n'y a pas de sot métier. Celui-là comme les autres requiert du savoir-faire. Ce jour-là, nous n'avions pas pu approcher la tombe qui n'était alors qu'un monticule de terre. Des couronnes de fleurs artificielles y avaient été déposées et on pouvait lire sur les bandeaux le nom des illustres amis du défunt. Au moment de l'enfouissement de son corps sans vie, il avait tout à coup des cohortes d'amis. Il ne les connaissait pas tous, mais cela n'avait pas d'importance. Ils s'étaient endimanchés et avaient acheté de fausses fleurs qui serviraient à une autre occasion. Il n'y aurait qu'à changer de banderole. Je suis en face de toi, le jour se lève. Tu me regardes, et c'est encore comme si tu ne me voyais pas. Au bout de quelques minutes, tu penches doucement la tête sur le côté et dis : *Musango est une toute petite fille, et elle n'a pas de robe rouge. Je déteste le rouge, surtout lorsqu'il est vif.* Tu es calme. Moi aussi. Je te répète que je suis bien ta fille, et te redis les événements qui nous ont séparées. Je te parle de Sésé, de la mort de papa, de la découverte du fait qu'il ne t'ait rien laissé. Je te raconte notre vie à trois, tout ce que moi seule peux savoir. Tu écoutes. Je te rappelle que cela fait des années que nous ne nous sommes pas vues, qu'il est donc normal que je ne sois plus une toute petite fille. D'ailleurs, ce n'est pas exactement ce que j'étais, le soir où tu m'as chassée. J'ai douze ans, à présent...

Cette fois, il semble que tu me voies. Tu me demandes d'une voix douce, baissant à terre la pelle que tu tenais encore levée : *Pourquoi t'être absentée si longtemps, ma fille ? Ne sais-tu pas que je t'ai cherchée partout le cœur serré d'angoisse ?* Jamais je n'ai entendu ces inflexions dans ta voix. Ma solitude et mon errance n'étaient pas vaines, puisqu'elles m'ont menée à ce petit matin où je sais enfin que tu m'aimes. Tu m'as cherchée. Alors que je tends vers toi mes bras grands ouverts, que mes lèvres s'apprêtent à demander pardon pour cette angoisse et que mes yeux pleurent déjà en remerciement des chances qu'il nous reste, tu t'écartes. Tu recules d'un pas pour hurler : *Où étais-tu passée, ne sais-tu pas que je t'ai cherchée ? Ce n'est pas parce que je t'ai chassée que tu pouvais te permettre de disparaître ainsi. S'il y a bien une chose au monde qui soit à moi et rien qu'à moi, c'est ta misérable vie ! Tu devais te cacher dans les environs, me laisser te trouver une fois calmée. Tu devais attendre sur le pas de la porte, pour me supplier de te reprendre une fois ma colère apaisée !* Tu me reproches d'avoir été la mauvaise fille que tu me savais disposée à devenir avant même que je me mette à marcher. De nouveau, une lueur menaçante brille au fond de tes yeux jaunes. Je connais par cœur ce mouvement qui te fait lever la pelle. Je sais de quel côté sauter, pour esquiver le coup. Je tombe à terre en faisant un bond sur la gauche. En quelques secondes, tu es sur moi. Ayant lâché ton arme, c'est à mains nues que tu veux me régler mon compte. Parce que ma vie t'appartient. Mbalè qui s'était jusque-là tenu coi vient promptement à mon secours. Il te repousse et les poings qui voulaient s'abattre sur mon visage n'ont plus que le sol boueux à heurter. Il me fait tenir sur mes jambes, et nous te regardons asséner tes uppercuts à la terre imperturbable. Si cette énergie que tu portes en toi s'était donné un objectif, tu l'aurais eue, ta vie. Toute cette force inutilisée t'a longuement fait imploser. Tes paroles confuses nous amalgament, papa et moi, dans une seule et même entité maléfique qui aurait fondu sur tes jours. Jamais personne ne t'a rien donné. On n'a rien fait d'autre que te presser comme un citron. Tu ne veux plus faire d'efforts et tu n'en feras plus. Cela ne sert à rien, tu le vois bien, de vivre entièrement tendu vers les autres. Je t'ai dévoré ta poitrine, je t'ai lacéré la peau du ventre, et papa a dérobé ton cœur et ton âme. Qu'on s'étonne à présent que ton esprit déraille ! Tout a commencé avec ta mère. C'est elle, la fautive originelle. Comment quiconque aurait-il pu t'aimer, quand elle qui t'a portée s'est avérée incapable de le faire ? Tu rugis ces paroles, étendue sur le dos maintenant, et tes poings s'agitent dans l'espace. Tes mouvements sont mal coordonnés. On dirait ceux d'un nouveau-né. Mbalè me pose une main délicate sur l'épaule, et m'interroge gravement : *Que veux-tu faire à présent, Musango ?* C'est la première fois qu'il prononce mon nom. Je hausse les épaules, déçue de n'avoir pu t'exprimer mon amour, peinée que tu ne puisses le recevoir : *Il faut sans doute la reconduire chez elle... Tes amis peuvent-ils s'en charger ? J'irai la voir plus tard.* Il acquiesce de la tête.

Tel est donc le jour qui se lève. Il durera le temps qu'il me reste à vivre. Je refuse de te laisser seule, pour accompagner Mbalè vers l'extérieur où se trouve sa petite bande. Il craint que tu m'agresses encore, mais je lui dis de ne pas s'en faire. C'est à toi seule que tu n'as cessé de faire du mal, jusqu'ici. Il approuve avec circonspection, se dépêche de sortir. Je ne veux pas te laisser seule, mais tu l'es déjà. Tu l'es depuis toujours, comme recroquevillée à l'intérieur de toi-même et inapte à faire un pas dehors. Il est trop tard, désormais. Je me demande combien de temps tu vivras encore ainsi, exilée dans une dimension inatteignable pour nous autres. À côté du monde, mais pas vraiment dedans. Tu ne dis plus un mot. Tu es seulement couchée par terre, et le soleil envoie des rayons encore doux musarder sur ton visage. La foule de gamins déguenillés vient se saisir de toi et tu te laisses faire, épuisée par tes propres désordres. C'est au fond ce que tu as toujours voulu : qu'on te porte, qu'on t'évite d'avoir à marcher par toi-même. C'est pour ne rien avoir à décider que tu t'es cachée dans l'ombre d'autrui. Les garçons sont silencieux, presque solennels. Lorsqu'ils te soulèvent de terre et s'alignent en file indienne pour te poser sur leurs épaules, ils ressemblent à ces jeunes gens qui portent parfois les cercueils qu'on va mettre en terre. Habituellement, cette tâche est dévolue aux hommes de la famille, les plus jeunes et les plus solides parmi les proches du défunt. Ils précèdent, par les rues de la ville, le cortège funèbre en marche pour le cimetière. Tu n'es pas morte, mais tu es bien sans vie. Tout ce que je peux faire pour toi, à présent, c'est ne pas réitérer cette absence. Mbalè et moi ne suivons pas la procession qui devra promener ton corps à travers la ville, afin de le déposer dans la maison de Sésé. Quelqu'un continuera à te surveiller, et j'irai te voir bientôt. D'abord, je veux retourner chez Grand-mère. Mbalè vient avec moi, et le long des sentiers qui nous ramènent à Embényolo, nous n'échangeons pas une parole. Nous nous tenons par la main. Il n'y a rien de particulier à dire. Puisqu'il m'a entendue te parler tout à l'heure, il connaît déjà une partie de mon histoire. Il a un avantage temporaire sur moi, mais je ne lui ai pas raconté ce que j'avais fait au cours des trois dernières années. Elles ont passé si vite. Il m'arrive parfois de songer que rien de tout cela ne s'est produit, que j'ai simplement marché, que je me suis perdue, et que j'ai maintenant retrouvé mon chemin.

Lorsque nous arrivons chez Mbambè, la maison est étrangement close. À cette heure-ci, nous devrions la trouver affairée dans la cour, la balayant énergiquement avec son fagot en nervures de palmes. Nous poussons doucement la porte, et au moment d'entrer, je me dis qu'elle n'a certainement pas encore chassé *les maléfices du seuil.* La pièce est sombre, les fenêtres sont encore fermées. Grand-mère est étendue là où nous l'avons laissée il y a quelques heures, mais elle ne ronfle plus. Elle ne fait pas un bruit, n'émet pas un souffle. Nous ne disons toujours rien et nous ne la touchons pas encore. Mbalè entrouvre une fenêtre pour laisser passer le jour, et la lumière pénètre timidement dans la case pour éclairer le visage paisible de l'ancienne. Ses traits conservent la douceur et l'espièglerie dont elle faisait preuve hier encore, lorsqu'elle nous racontait l'histoire du plus petit et du plus grand. Nous n'avons pas besoin de lui fermer les yeux, puisqu'elle ne les a plus ouverts depuis hier. Je m'accroupis à ses côtés, et lui passe une paume un peu moite sur le visage. Elle est encore chaude. Elle a peut-être voulu nous attendre, mais son office était rempli. Je suis triste de l'avoir rencontrée si tard, mais je me sens honorée de me trouver ici avant que son corps ne soit raide et froid. Il faudra prévenir Epéti qui devra le dire aux autres, aux dix que je ne connais pas encore. Quant à toi, je ne sais comment tu prendras la nouvelle de sa mort, ni même si tu seras en mesure de comprendre de quoi il retourne. Voudras-tu donner des gifles à sa dépouille, comme on voit parfois faire ceux qui se sentent injustement abandonnés ? Nous verrons bien. Mbalè s'assied de l'autre côté du corps de Grand-mère, et comme nous l'entourons tous les deux, je vois que ses yeux brillent un peu. Il ne sait pas quoi dire, alors je lui parle de mes figurines. Je lui dis que je voudrais que la première se tienne sur les rives de la Tubé, là où nous ne pourrons jamais lire l'obituaire des disparus sans sépulture qui forment une nation sous les flots. Il ne faut pas pleurer, geindre inlassablement et perdre au bout du compte la cause même du chagrin. Il faut se souvenir, et puis il faut marcher. Je parle aussi de toi. Toutes ces années, j'ai cru que tu ne m'avais rien donné. Ce n'était pas vrai. Tu m'as donné ce que tu as pu, et ce n'est pas sans valeur. Tu m'as indiqué sans en avoir conscience la voie à ne pas suivre, et je chéris ce savoir que je tiens de toi. Tu vois, maman, à présent c'est mon tour de vivre. J'ai gravi la montagne. Je me tiens maintenant sur l'autre versant du désastre qui n'est pas, comme je l'ai cru, la totalité du lien qui nous unit. Il était seulement comme mon abécédaire, mon tout premier manuel de vie. J'en lirai d'autres encore. Je prends la main de Mbalè, et c'est le cœur ardent que j'étreins puissamment les contours du jour qui vient.

À cette génération, je veux laisser la parole du poète :

J'ai cette terre pour dictame au matin d'un village
Où un enfant tenait forêt et déhalait rivage
Ne soyez pas les mendiants de l'Univers
L'anse du morne ici recomposée nous donne
L'émail et l'ocre des savanes d'avant temps

Edouard GLISSANT, « Pays »,
Pays rêvé, pays réel.

Postface de l'éditeur

« Spiritual »

« Spiritual » est le titre d'un morceau composé, interprété et enregistré en direct par le saxophoniste John Coltrane en 1961 au *Village Vanguard* à New York. Inspiré par un negro-spiritual dont il voulait retrouver « l'essence émotive », le tempo envoûtant, Coltrane va enchanter des générations d'amateurs de jazz parmi lesquels Léonora Miano qui aurait pu donner elle aussi ce titre « Spiritual » à son roman. En effet, elle souligne dans sa discographie l'attention toute particulière qu'elle porte à l'album intitulé *Live at the Village Vanguard*, où l'on trouve cet extraordinaire enregistrement.

Mais d'autres spirituals ont inspiré encore plus directement l'auteur. Il s'agit de « Motherless child », complainte d'un orphelin qui garde la foi, « Wade in the water », chant de ralliement des esclaves en fuite, « Endangered Species », mélopée de résurrection et « Down here below » qui annonce l'éclat du jour qui vient.

Lire ce roman comme un blues

Les auteurs des articles consacrés au roman de Léonora Miano n'ont sans doute pas suffisamment insisté sur l'importance de la musique, et singulièrement de la musique de jazz, dans le processus créatif de l'écrivain. Dans ses interviews et sur son site internet, la romancière ne cesse pourtant de mettre en avant cette dimension essentielle. Qu'on en juge :

« Je veux que mes livres donnent à penser et à sentir. Qu'ils soient un peu rêches, réalistes, âpres, mais musicaux. Oui, la vie des gens, de la poésie, de la musique. Je veux qu'on les lise comme un blues. » On remarquera, à la fin des trois dernières phrases de la citation, l'insistance de l'auteur soulignant par trois mots clés la place capitale qu'occupe le jazz dans son œuvre, qu'il s'agisse, en amont, de l'inspiration, ou, en aval, de la réception par le lecteur. Comme elle l'écrit joliment, elle « [fait] de la musique avec des histoires couchées sur le papier ».

À l'instar de Coltrane, le jazz est donc d'abord pour elle une précieuse source d'inspiration en phase directe avec cette Afrique en déshérence qu'elle veut à son tour chanter. Car qu'il soit negro-spiritual, blues ou gospel song, le chant de jazz, sous toutes les latitudes et dans tous les temps, ne cesse de dire le travail, les malheurs, la joie, la foi religieuse profonde du peuple noir dont l'histoire est si douloureuse. Il restitue dans ses rythmes saccadés les pulsations de la vie et de l'âme, et, par là même, il est aussi un chant de communion et de ferveur collective, de révolte et d'émancipation annonçant les *happy days* vers lesquels il faut s'élever.

En lisant *Contours du jour qui vient*, nous ressentons bien l'adéquation profonde entre ces chants et le roman. On la retrouve aussi dans les motifs récurrents (souffrances des Africains en quête de paix et de dignité, force des traditions, soif de spiritualité), que dans l'écriture choisie (poids des mots, rythme syncopé de la syntaxe, élans lyriques qui s'étirent en superbes vibratos).

Une composition musicale

Aux théories littéraires Léonora Miano préfère la musique qui guide les choix structurels de ses textes. Tout d'abord, le titre donné à l'ensemble de la trilogie en témoigne, puisque celle-ci s'intitulera *Suite africaine*. Ensuite, dans *Contours du jour qui vient*, les quatre mouvements du roman sont désignés par des mots empruntés au vocabulaire de la musique.

Le Prélude (absence) apporte le thème, rapidement développé car il signale la tragique séparation d'avec la mère et l'impression de vide, de manque fondamental, existentiel, qui en découle.

Puis le Premier mouvement (volition) marque le début d'une progression ascensionnelle : la volonté de Musango s'éveille.

L'Interlude qui suit (résilience) est une sorte de parenthèse, de respiration musicale, comme à l'église ce petit morceau d'orgue qui vient s'intercaler entre les deux versets d'un choral. Dans son parcours initiatique, Musango marque une pause pendant laquelle le pardon à la mère va être accordé, ce qui témoigne de sa capacité à résister au pire.

Le Second mouvement (génération) dessine la seconde phase du mouvement ascensionnel dans lequel la fillette va s'ouvrir à la vie et à l'espoir, se régénérer et montrer la voie à toute une génération.

Dernier mouvement, la Coda (licence) est un hymne à la liberté retrouvée dans l'aube du « jour qui vient ».

On le constate, le jazz délivre à Léonora Miano la force structurante et la voix poétique indispensables à l'œuvre qu'elle veut écrire. Il est aussi une clef essentielle pour le lecteur qui désire entrer totalement dans cet univers pour en partager toutes les vibrations.

Africa blues, universal music

Parmi les nombreux enseignements de cet *Africa blues*, retenons-en deux qui peuvent étonner, mais qui hissent précisément l'œuvre au niveau des maîtres livres.

Le refus de la « victimisation »

Les plaies du colonialisme sont certes mises à nu et clairement dénoncées tout au long du livre, mais Léonora Miano se refuse au « repli identitaire », même si cette position lui est souvent reprochée. Dans un numéro de la revue *Epok*, daté de décembre 2006, elle affirme avec force, pour mieux « dézinguer le tabou » :

« Le discours victimaire dans lequel se complaît l'Afrique est stérile. [Elle] souffre d'une profonde détestation de ce qu'elle est. Elle doit abandonner ce ressentiment, se réinstaller dans l'histoire universelle, accepter son passé pour enfin s'ouvrir sur l'avenir. »

Et quand on lui reproche d'écrire loin de cette terre d'Afrique, puisqu'elle est installée en France depuis seize ans, elle assume et justifie ainsi sa démarche :

« Le linge sale n'est jamais bien lavé en famille. »

Car c'est précisément parce qu'elle aime l'Afrique d'un amour « violent et exigeant » qu'elle veut éviter tout misérabilisme et dénoncer avec force les dérives suicidaires de nombre d'Africains dont certains se servent des mêmes armes que les anciens colons pour exploiter leurs frères. On pense notamment aux pratiques monstrueuses, grotesques et cyniques des sectes « évangéliques ».

Mais Léonora Miano ne se contente pas de donner à voir la boue, celle des taudis et des turpitudes humaines. À l'instar de Musango, l'Afrique s'autodétruit, mais elle n'est pas née pour rien. Riche de ses traditions et de sa culture, elle doit inscrire le passé dans la durée, s'en nourrir pour mieux se projeter en avant. Bergson, au début du siècle dernier, avait théorisé, dans *La pensée et le mouvant*, une semblable conception du temps et, par conséquent, de l'action :

« Il suffit de s'être convaincu une fois pour toutes que la réalité est changement, que le changement est indivisible, et que, dans un changement indivisible, le passé fait corps avec le présent. »

Signalons plus particulièrement deux passages du roman qui offrent la vision emblématique d'une telle conception.

La parole de la brousse africaine, d'abord, faite de « craquements et de crissements », voix (mais aussi voie) de la culture ancestrale que l'auteur nous fait entendre dans le premier mouvement du livre.

La leçon de la grand-mère ensuite, donnée dans la coda, pleine d'allégresse et d'optimisme : « Ce que vous êtes, ce n'est pas seulement ce qui s'est passé, mais ce que vous ferez. »

Musango a enfin « gravi la montagne » au terme de ce puissant *Africa blues*.

La dimension universelle du roman

C'est son autre originalité. Car « si le décor est africain, l'aventure humaine est toujours universelle ».

Universelle, la relation mère-fille. Les appels de Musango en direction de sa mère qui l'a torturée, sa quête exigeante et courageuse trouvent en nous des échos profonds, et son parcours initiatique, pour cruel et douloureux qu'il soit, est aussi le nôtre.

Universelle également, cette voix intérieure présente en chacun de nous et qu'il faut savoir écouter pour se trouver, car « on est toujours plus que ce que les autres peuvent faire de vous, par leurs paroles ou par leurs actes », et la voix de Musango-la-vieille est là pour le rappeler.

Universels enfin les personnages, figures archétypales « fonctionnant » par couples et qui se chargent d'une valeur symbolique clairement signalée, comme pour les masques africains.

Ainsi, la signification des noms choisis en langue douala est-elle précisée en notes de bas de page. Parmi les plus caractéristiques, relevons, par exemple, Ewenji – la Lutte – et Musango – la Paix –, Mbambè – la Sagesse – et Sésé – la Douleur.

Ce dernier couple est hautement symbolique, car Mbambè, la grand-mère de Musango, montre le chemin de la réconciliation, de la paix et de la vérité, alors que Sésé, la voyante responsable de l'abandon de la fillette, est celle qui au contraire mène sur les voies de l'erreur et du mensonge.

Dans un autre registre, ironique celui-ci, on pourrait remarquer les noms désopilants des pseudo-évangélistes : Don de Dieu, Lumière, Vie Éternelle, Colonne du Temple – Dieu merci, l'esprit de Voltaire n'est pas mort !

Dans tous les cas, l'*Africa blues* se mue donc sans cesse en *universal music*, ce qui est d'ailleurs le propre de toute musique de jazz.

Pour lire l'Afrique...

Mille liens me lient à mon Afrique
Mille liens me rivent à ma race
Liens ténus liens tenaces
Mille liens me lient à mon sang

Ces vers du poète camerounais François Sengat-Kuo pourraient servir d'invitation à qui veut explorer quelques belles fleurs littéraires de l'Afrique contemporaine, prolonger le grand blues romanesque chanté par Léonora Miano et mettre en perspective son œuvre.

Retenons par exemple, parmi quelques romans fondateurs, les titres suivants :

L'enfant noir, de Camara Laye, Pocket jeunesse, 2000 (livre paru en 1953)

Dans ce superbe récit, l'écrivain guinéen Camara Laye nous initie aux arcanes de la société africaine, révélant ses codes, ses rites et ses coutumes. Ce roman autobiographique est composé de douze chapitres correspondant à autant de formes d'initiation. Il restitue l'itinéraire d'un narrateur nostalgique parti sur les traces de son enfance et des traditions qu'il n'a pas choisies. Nous partageons le point de vue de l'enfant naïf observant passionnément le monde qui l'entoure et nous vivons ses joies, ses tristesses et ses interrogations. Chant universel, ce récit est un hymne à la terre natale, à l'enfant et à la mère.

Mémoires de porc-épic, de Alain Mabanckou, Seuil, 2006 (prix Renaudot 2006)

Le romancier congolais nous propose un récit écrit dans la même veine que son précédent ouvrage, *Verre cassé*, grand succès de librairie de l'année 2005. Dans cette fable philosophique qui revisite des contes africains en détournant avec dérision leurs codes narratifs, il nous conte l'histoire d'un porc-épic dont le double humain, Kibandi, assoiffé de sang, lui fait accomplir des meurtres plus rocambolesques les uns que les autres. Armé de ses redoutables piquants, il sème la terreur chez les villageois qui, par malheur, croisent sa route !

Alain Mabanckou inverse ici notre point de vue habituel. L'homme, « cousin germain du singe », est observé et jugé par un animal qui scrute ses mœurs et nous amène à remettre en cause notre prétendue supériorité. Hommage subtil à la littérature africaine et à ses fables, ce livre revêt donc, lui aussi, une portée universelle. Entre l'homme et l'animal, qui est le plus bête ?

Trop de soleil tue l'amour, de Mongo Beti, Julliard, 1999 (Pocket, 2001)

et ***En attendant le vote des bêtes sauvages***, de Ahmadou Kourouma, Seuil, 1999 (prix Livre Inter 1999)

Le premier roman de l'écrivain camerounais Mongo Beti nous peint un pays d'Afrique livré à la dictature et à la corruption, à travers les tribulations aussi tragiques que désopilantes du journaliste politique Zam.

Dans le second roman, l'auteur ivoirien Ahmadou Kourouma brosse le portrait féroce du général Koyaga, « président » de la république du Golfe, qui détourne à son profit les traditions et les peurs ancestrales liées à la magie pour mieux asseoir son pouvoir sanguinaire.

Ces deux réflexions sur l'exercice du pouvoir marquent un tournant dans la fiction africaine et, paradoxalement, vont dans le même sens. Car jusqu'à présent, Mongo Beti passait pour un « incorrigible révolutionnaire » alors que Ahmadou Kourouma avait l'image d'un « modéré ». Dans un excellent article paru dans la revue *African Studies Quarterly*, Pierre Fandio montre que, désormais, les deux écrivains « peignent indifféremment des dictateurs sanguinaires » et présentent de l'Afrique une image assez désespérée. Pour lui, dans les deux œuvres, « la contestation s'organise à visage découvert à l'intérieur même du pays, au grand désarroi des tenants du pouvoir et surtout de l'ex-parti unique qui, du coup, se trouve menacé d'effondrement ».

Dans ces deux romans, on relèvera les citations suivantes qui vont dans le même sens que la quête de Musango, entrouvrant la nuit africaine :

« Ce n'est pas parce que l'on a rendu l'âme qu'on est vraiment mort. On entame au contraire un long périple au cours duquel on traverse une forêt ténébreuse, pour émerger dans une clairière ensoleillée » (Mongo Beti).

« Au bout de la patience, il y a le ciel. La nuit dure longtemps, mais le jour finit par arriver » (Ahmadou Kourouma).

IMPRIMÉ EN FRANCE PAR BUSSIÈRE
à Saint-Amand-Montrond (Cher)
— N° d'impr. : 72031. —
Dépôt légal : janvier 2008

POCKET *jeunesse*
12, avenue d'Italie
75627 PARIS Cedex 13